KEVIN RUDD

DER VERMEIDBARE KRIEG

Die Gefahr eines katastrophalen Konflikts zwischen den Vereinigten Staaten und Xi Jinpings China

WELTKIOSK

Pappelallee 78–79, 10437 Berlin, Germany
www.weltkiosk.com

Die englische Originalausgabe *The Avoidable War* erschien bei Public Affairs in New York (© Kevin Rudd, 2022). Die deutsche Ausgabe wurde in enger Abstimmung mit dem Autor gekürzt und aktualisiert.

1. Auflage, 2023

Aus dem Englischen von John-William Boer

Umschlaggestaltung: BASICS09
Satz: Thorsten Kirchhoff
Druck und Bindung: Finidr

ISBN 978-3-942377-27-0

INHALTSVERZEICHNIS

EINLEITUNG: ÜBER DIE GEFAHREN EINES KRIEGES

Ich wünschte, ich hätte dieses Buch nicht schreiben müssen. Ich bin gerade alt genug, um mich an die alljährlichen Paraden am ANZAC-Tag zu erinnern — ANZAC steht für «Australian and New Zealand Army Corps» —, die in der Kleinstadt abgehalten wurden, in der ich aufwuchs. Ich ging mit meinem Vater hin, der am Zweiten Weltkrieg teilgenommen hatte, und mir ist noch im Gedächtnis, wie ich neben Männern in ihren 70ern marschierte, deren Schritt schon nicht mehr ganz so sicher war und die im Ersten Weltkrieg mitgekämpft hatten. Einer von ihnen, erzählte mir mein Vater, litt immer noch an einem Kriegstrauma.

Es gab keine zwangsläufige Entwicklung, die in den Ersten Weltkrieg (1914–18) führte. Der Krieg brach aus als Folge der schlechten Entscheidungen, die die politischen und militärischen Führungen im Juli und August 1914 trafen. Sie führten zum großen Blutvergießen und kosteten 40 Millionen Menschenleben, darunter die von 117000 amerikanischen, 60000 australischen und zwei Millionen deutschen Soldaten. Die Entscheidungen, wie man mit den Verliererenationen umging, legten dann die Lunte für die nächste globale Auseinandersetzung, die so grauenvoll ausfiel, dass an deren Ende 85 Millionen Tote standen — 3 Prozent der damaligen Weltbevölkerung.

Wenn ich an die großen todbringenden Kriege des vergangenen Jahrhunderts denke, fühle ich mich aufgerufen, alles in meiner Macht

Stehende zu tun, um ein weiteres Blutbad riesigen Ausmaßes zu verhindern. Um dies zu erreichen, müssen wir allerdings nicht nur den Frieden erhalten, sondern auch die nationalen und individuellen Freiheiten bewahren, für die unsere Vorfahren seit der Aufklärung gekämpft haben. Wir müssen stets das Debakel von Großbritanniens Premierminister Neville Chamberlains Erklärung in Erinnerung behalten, als er, nachdem er das Sudetenland auf der Münchner Konferenz 1938 Adolf Hitler ausgeliefert hatte, davon sprach, er sei mit einem «ehrenhaften Frieden» nach London zurückgekehrt; die Britinnen und Briten sollten «nach Hause gehen und ruhig in ihren Betten schlafen». Die unangenehme Wahrheit lautet, dass es niemals Frieden um jeden Preis geben kann.

Dies führt uns zu der sich stetig verschärfenden Krise der Beziehungen zwischen China und den Vereinigten Staaten. Die 2020er Jahre sind das entscheidende Jahrzehnt für die Dynamiken des sich wandelnden Kräfteverhältnisses zwischen ihnen. Sowohl die chinesischen als auch die amerikanischen Strategen wissen das. In Peking wie in Washington, und auch in anderen Hauptstädten, werden die 2020er Jahre eine Dekade sein, in der man «gefährlich lebt». Die Einsätze waren niemals höher, der Wettbewerb niemals schärfer, was auch immer das politische und diplomatische Personal öffentlich erklärt. Sollten die Giganten einen Weg finden, zu koexistieren, ohne ihre Kerninteressen verletzt zu sehen — was ich gemanagten oder geordneten strategischen Wettbewerb nenne —, könnte die Welt aufatmen. Sollten sie scheitern, droht die Gefahr eines Krieges, der die Zukunft beider Länder und die der Welt in einer Art und Weise neu schreiben würde, die wir uns kaum vorstellen können.

EIN STUDENT CHINAS UND AMERIKAS

Ich beschäftige mich mit China, seit ich 18 Jahre alt bin — seit Beginn meines Studiums an der Australian National University, an der ich

Kurse in Mandarin sowie in klassischer und moderner chinesischer Geschichte belegte. Als Diplomat habe ich zu verschiedenen Zeiten in Peking, Schanghai, Hongkong und Taipeh gelebt und gearbeitet und viele Freundschaften quer durch das große China geschlossen. Die vergangenen 40 Jahre bin ich immer wieder nach China und Taiwan gereist, darunter als australischer Premierminister, und bin mit Xi Jinping und anderen hochrangigen Partei- und Regierungsvertretern zusammengetroffen. Ich bewundere Chinas Jahrtausende alte Kultur samt ihrer bemerkenswerten philosophischen, literarischen und künstlerischen Traditionen, ebenso die wirtschaftlichen Erfolge in der Zeit nach Mao Zedong, die ein Viertel der Menschheit von der Armut befreite.

Zugleich bin ich stets sehr kritisch gewesen, was Maos verheerende Politik während des «Großen Sprungs nach vorn» (1958–61) angeht, die zum Hungertod von rund 30 Millionen Menschen führte. Gleiches gilt für die «Kulturrevolution», in der Mao politische Gegner in stalinistischen Schauprozessen ausschaltete, den Tod von Millionen herbeiführte und für die Zerstörung eines unschätzbaren kulturellen Erbes sorgte. Und ich war auch immer kritisch, was Menschenrechtsverletzungen angeht, die bis zum heutigen Tag anhalten. Meine Abschlussarbeit zum Ende des Grundstudiums mit dem Titel «Menschenrechte in China: Der Fall Wei Jingsheng» zwang mich, die traurige Geschichte des Konzepts von Menschenrechten sowohl im klassischen als auch im kommunistischen China genauer zu betrachten. Ich habe einfach zu viel gelesen — und gesehen — in all den Jahren, um alles höflich unter den Teppich zu kehren. Mir sind heute noch die in die Tausende gehenden jungen Gesichter vom Platz des Himmlischen Friedens Ende Mai 1989 präsent, als ich mich fast eine Woche lang unter ihnen aufhielt und mit ihnen redete, bis dann am 4. Juni die Panzer die Proteste niederwalzten. Darum konnte ich Menschenrechtsfragen nicht ausklammern, als ich 20 Jahre später zu meinem Antrittsbesuch als australischer Premierminister nach Peking zurückkehrte. Am ersten Tag meines Besuchs hielt ich eine öffentliche Vorlesung in Chinesisch an der Pekinger Universität, in der ich argumentierte, dass das klassische Verständnis von Freundschaft in der chinesischen Tradition (das Konzept von *zhengyou*) bedeute, dass man als Freunde offen miteinander sprechen könne, ohne die Freundschaft zu gefährden. In diesem Rahmen sprach ich im Laufe meiner Rede das Thema Menschenrechtsverletzungen in Tibet an. Das chinesische Außenministerium flippte aus. Das galt auch für die eher rückgratlosen Teile der australischen Politik, Geschäftswelt und Medien, die taten, was sie immer tun. Nämlich zu fragen: «Wie können Sie unsere chinesischen Gastgeber brüskieren», indem Sie das Unaussprechliche aussprechen? Die Antwort war relativ einfach: Weil es sich um die Wahrheit handelte, und diese zu ignorieren hätte bedeutet, einen Teil der komplexen Realität zu leugnen, die das Verhältnis eines jeden Landes mit der Volksrepublik China ausmacht.

Ich habe auch einige Jahre in den Vereinigten Staaten gelebt. Ich fühle mich den Amerikanerinnen und Amerikanern tief verbunden, interessiere mich sehr für amerikanische Geschichte und bewundere die außergewöhnliche Innovationskultur Amerikas. Ich bin mir der großen Unterschiede, die zwischen den beiden Ländern bestehen, durchaus bewusst, aber es gibt auch große kulturelle Werte, die beide teilen — die Liebe zur Familie, die Bedeutung, die sowohl Chinesen als auch Amerikaner der Bildung ihrer Kinder beimessen, und ihre lebendige Unternehmerkultur, die von Ehrgeiz und harter Arbeit geprägt ist. Keine Betrachtung des chinesisch-amerikanischen Verhältnisses ist frei von intellektuellen und kulturellen Vorurteilen. Bei all meiner Bildung in Sachen chinesischer Geschichte und Kultur bin ich ohne jede Frage oder Entschuldigung ein Geschöpf des Westens. Ich bin somit dessen philosophischen, religiösen und kulturellen Traditionen verbunden. Das Land, dem ich als Premierminister und

Außenminister gedient habe, ist seit über 100 Jahren ein Verbündeter der Vereinigten Staaten und unterstützt offen die liberale internationale Ordnung, die Washington aus den Trümmern des Zweiten Weltkriegs errichtet hat. Zugleich habe ich nie die Auffassung geteilt, dass ein Bündnispartner zu sein bedeute, dass man automatisch mit jedem Element der amerikanischen Außen- und Sicherheitspolitik einverstanden sein muss. Das hat sich beispielsweise darin gezeigt, dass meine Partei, die Australian Labor Party, sich sowohl gegen den Vietnamkrieg als auch den Einmarsch in Irak gestellt hat. Auch betrachte ich die innenpolitischen Vorgänge in den Vereinigten Staaten keineswegs durch eine rosarote Brille, ob es um das endemische Problem unkontrollierter Wahlkampffinanzierung, um das korrupte System von Wahlkreisschneiderei oder um *voter suppression*, also der Erschwerung oder Verhinderung der Teilnahme an Wahlen, geht. Die unhaltbare Ungleichheit, die die amerikanische Gesellschaft prägt, sehe ich ebenfalls kritisch; sie befeuert neue Formen des populistischen Extremismus.

Mein Urteil über das chinesisch-amerikanische Verhältnis ist dazu gefärbt von meiner persönlichen Abscheu vor einem überheblichen Nationalismus, der bedauerlicherweise viele Aspekte der chinesischen wie der amerikanischen öffentlichen Debatte bestimmt. Auf Nationalismus zu setzen mag für die einen emotional befriedigend und für die anderen politisch opportun sein, um sich politische Unterstützung zu verschaffen; dass er unfähig ist, gute Ergebnisse zu liefern, interessiert die Demagogen nicht weiter. Was uns die Geschichte aber lehrt, ist, dass Nationalismus eine sehr gefährliche Sache ist, wenn es um internationale Beziehungen geht.

EINE GESCHICHTE GEGENSEITIGEN MISSTRAUENS

Der aktuelle Zustand der chinesisch-amerikanischen Beziehungen ist das Produkt einer langen, komplexen und umstrittenen Geschichte.

Die Komplexität hat sich noch dadurch erhöht, dass im Laufe der vergangenen 150 Jahre die eine Seite stets die andere für die Unzulänglichkeiten des Verhältnisses verantwortlich gemacht hat. Was hervorsticht, sind wiederkehrende Themen des gegenseitigen Unverständnisses und tief sitzenden Misstrauens, unterbrochen von Perioden übertriebener Hoffnungen und Erwartungen, die angesichts fundamental unterschiedlicher politischer und strategischer Imperative dann jäh in sich zusammenfallen.

Auf dem niedrigsten Nenner basieren die modernen Beziehungen zwischen China und den Vereinigten Staaten auf wirtschaftlichen Eigeninteressen. Von Zeit zu Zeit kam ein Sinn für strategische Gemeinsamkeiten gegenüber einem äußeren Feind hinzu, zuerst die Sowjetunion, später, in weit begrenzterem Maße, der militante Islamismus. In jüngster Zeit bildete die gemeinsame Sorge um die globale Finanzstabilität und die Folgen des Klimawandels einen neuen Pfeiler. Menschenrechte sind stets ein unterschwelliger Konfliktpunkt geblieben, der die bilaterale Diplomatie der vergangenen 50 Jahre mal mehr, mal weniger geprägt hat. Wenngleich die Kommunistische Partei Chinas (KPCh) mit diversen Formen politischer Liberalisierung geflirtet hat, insbesondere während der 1980er Jahre, herrscht bestenfalls missmutige Toleranz für das jeweils andere politische System. Betrachtet man die moderne Geschichte der Beziehungen, so haben die wirtschaftlichen, geostrategischen und multilateralen Pfeiler diese insgesamt in relativ robuster Weise getragen. Aber in den vergangenen zehn Jahren haben alle diese Pfeiler Risse bekommen, die so groß sind, dass sie in den 2020er Jahren unter ihrem eigenen Gewicht zerbröckeln werden, da sich ihre jeweilige transaktionale Nützlichkeit praktisch erschöpft hat.

Die meisten Amerikanerinnen und Amerikaner, einschließlich der gebildeten Eliten, haben Schwierigkeiten, die Natur der Innenpolitik und der Entscheidungsprozesse in der Volksrepublik China zu verstehen. Das ist aufgrund der linguistischen, kulturellen und philosophischen Kluft zwischen beiden Ländern verständlich. Es führt allerdings zu einer bestimmten amerikanischen Grundwahrnehmung Chinas: Vorherrschend ist das Gefühl von Differenz, Rätselhaftigkeit und Verwirrung, wenn es darum geht zu beschreiben, was China ist, wohin es sich entwickelt und was das womöglich für die amerikanischen Interessen, Werte und die Zukunft der US-Führungsrolle in der Welt bedeutet. Auch das ist nicht überraschend. Amerikanerinnen und Amerikanern wird abverlangt, sich mit einem Volk, einer Kultur und einem politischen System auseinanderzusetzen, das weit außerhalb ihres traditionellen Referenzrahmens liegt. Wenn wir die Dardanellen in Richtung Asien durchquert haben, ob wir uns im Nahen oder Mittleren Osten oder in Fernost aufhalten: Der für uns gewohnte europäische kulturelle Blickwinkel löst sich schnell auf. Amerika ringt damit, diese alten Zivilisationen zu verstehen, mit denen man keine Annahmen über die Vergangenheit teilt, geschweige denn über die Zukunft, und die das Produkt eines kollektiven kulturellen Erbes sind. Gerade wenn es um China geht, lässt der Mangel amerikanischer Vertrautheit mit dem chinesischen kulturellen Kanon, der logographischen Sprache, den althergebrachten ethischen Konzepten und der gegenwärtigen kommunistischen Führung Amerikanerinnen und Amerikaner mit tiefem Misstrauen auf diesen kürzlich aufgetauchten Rivalen um die globale Führungsrolle blicken.

Diese tiefe Kluft des Misstrauens hat sich nicht über Nacht gebildet. Sie ist über viele Jahre entstanden, mit einer Vielzahl akkumulierter politischer und strategischer Wahrnehmungen als Antriebsfedern. In den Hauptstädten beider Länder ist heute die Ansicht tief verankert, dass den diplomatischen Formulierungen, die die eine gegenüber der anderen Seite benutzt, nicht länger zu trauen ist; dass sie diplomatische Fiktionen sind, losgelöst von der Welt strategischer Fakten, in der eine ganz andere Realität Gestalt angenommen hat. Washington glaubt nicht mehr an Chinas selbsterklärten «friedlichen Aufstieg». Insbesondere US-Außen- und Sicherheitspolitikerinnen und -politiker sind heute der Auffassung, dass die KPCh nie Skrupel gehabt hat, zu lügen, um politische oder strategische Gegner zu täuschen. Solche Formeln gelten heute im Grunde als eine diplomatische List, um politisch Leichtgläubige zu entwaffnen und um gleichzeitig Chinas Einfluss, gestützt auf militärische Macht, zu mehren, in der Region und auf der ganzen Welt. In Washington verweist man auf Chinas expansive Gebietsansprüche im Südchinesischen Meer, auf seine Marinestützpunkte im Indischen Ozean, aber auch auf seine Cyberangriffe auf US-Regierungsstellen als Beweise der Realität chinesischer Aggression.

Beide Seiten geben sich gegenseitig die Schuld. Wenn Washington betont, es habe kein Interesse daran, Chinas Aufstieg «einzudämmen», trifft dies in Peking auf Ungläubigkeit. China verweist auf die gestiegenen Waffenverkäufe Amerikas an Taiwan, die US-Versprechen entgegenstehen, gegeben in gemeinsamen Kommuniqués von 1972, 1979 und 1982, diese zu reduzieren; auf den Handelskrieg, den Peking als umfassenden Versuch sieht, seiner Wirtschaft zu schaden; und auf die amerikanische Kampagne gegen Huawei, die man als Bemühen interpretiert, Chinas technologischen Fortschritte zu drosseln. Peking liest Washingtons Beharren auf der Freiheit der Schifffahrt für sich und seine Verbündeten im Südchinesischen Meer als feindliche und aggressive Einmischung in souveräne chinesische Gewässer. Angesichts des Ausmaßes des bilateralen Vertrauensdefizits sind dem Erfolg eines strategischen Dialogs Grenzen gesetzt. Fromme Erklärungen, dass man «strategisches Vertrauen wiederaufbauen» müsse, werden in beiden Hauptstädten mit Hohn und Gelächter bedacht. Wie mir ein hochrangiger US-Militär vor kurzem sagte: «Wenn es um den Umgang mit China geht, ist strategisches Vertrauen eine sehr überbewertete Sache.» Und seine Gegenüber in der Volksbefreiungsarmee sind ziemlich genau derselben Meinung, wenn es um die amerikanische Glaubwürdigkeit geht.

DIE «THUKYDIDES-FALLE»

Wenn der entscheidende Faktor, der China bislang davon abgehalten hat, militärisch gegen die Vereinigten Staaten vorzugehen, die chinesische Überzeugung war, dass man zu schwach sei, dann schwindet diese Zögerlichkeit mit der rapiden Modernisierung der Volksbefreiungsarmee. Die prekäre Entwicklung der amerikanisch-chinesischen Machtbalance hat Harvard-Professor Graham Allison (ein guter Freund von mir) als eine entstehende «Thukydides-Dynamik» beschrieben. In Thukydides' *Geschichte des Peloponnesischen Krieges* kam der Historiker des Altertums zu dem Schluss, dass «der unaufhörliche Aufstieg Athens und die daraus resultierende Furcht der Spartaner, die Athener könnten allzu mächtig werden, den Krieg unvermeidbar gemacht hat.» Allison erklärt, dass die «Thukydides-Falle» eine «natürliche, unausweichliche Irritation» ist, «die auftritt, wenn eine aufsteigende Macht droht, die herrschende Macht zu ersetzen.» In der Logik Thukydides' verursacht die Drohung einer solchen Ablösung strukturellen Stress in den Beziehungen, die einen gewaltsamen Zusammenstoß zur Regel, nicht zur Ausnahme macht. Laut Allisons Modell, das auf seiner Untersuchung diverser historischer Beispiele fußt, ist ein Krieg wahrscheinlicher als dessen Vermeidung. Eingebettet ist die Implikation, dass es echte und wahrgenommene Kipppunkte in den infrage stehenden Großmachtbeziehung gibt, was bedeutet, dass die Frage für die politisch Verantwortlichen lautet, wie sie sich vermeiden lassen oder wie man ihnen entgegenwirken kann, bevor es zu spät ist.

Am aktuellen Punkt der sich entwickelnden Dynamik der Beziehung zwischen den Vereinigten Staaten und China ist es relativ leicht, sich eine Ereigniskette vorzustellen, die zu einer Art «Kalter

Krieg 2.0» führt, der wiederum zu einem heißen Krieg eskaliert. Die frühen Stadien könnten sich allein im Cyberraum abspielen. Zum Beispiel könnten Hacker die Infrastruktur der anderen Seite lahmlegen, von Pipelines und Stromnetzen bis hin zu Luftfahrtkontrollsystemen, mit potenziell tödlichen Folgen. Gefährlicherweise gibt es bis heute keine klaren internationalen oder auch nur bilaterale Abkommen zwischen den beiden Ländern darüber, welche Angriffe auf Cyberziele zu einem großen Krieg führen würden oder welche Ziele im Kriegsfall ausgespart werden sollten, um zivile Opfer zu vermeiden. Konventionelle militärische Auseinandersetzungen sind ebenfalls im Bereich des Möglichen. Amerika hat asiatische Verbündete, die zu verteidigen es geschworen hat; Chinas Ambitionen richten sich gegen diese Allianzen. Von Taiwan bis zum Südchinesischen Meer und von den Philippinen zum Ostchinesischen Meer und Japan testet China immer stärker die amerikanischen Verteidigungszusagen aus.

Während Pekings hauptsächliches Ziel bei der Modernisierung und dem Ausbau seiner Streitkräfte darin besteht, sich auf zukünftige Szenarien mit Blick auf Taiwan vorzubereiten, sind Chinas stetig wachsende militärischen, maritimen, Luft- und Aufklärungskapazitäten aus amerikanischer Sicht eine weit größere Herausforderung der militärischen US-Vormachtstellung in der indopazifischen Region und darüber hinaus. Die größte Sorge bereitet den Vereinigten Staaten der rapide Ausbau und die Modernisierung der chinesischen Marine und ihre wachsenden U-Boot-Fähigkeiten, ebenso Chinas Entwicklung — zum ersten Mal in seiner Geschichte — einer Tiefseeflotte, die militärische Macht weit jenseits der Küstengewässer projizieren kann. Dies hat es China ermöglicht, seine strategische Reichweite quer durch den Indischen Ozean auszudehnen, verstärkt durch eine Kette dem Land zur Verfügung stehender Häfen, die Freunde und Partner in Südostasien und Südasien bis hin nach Ostafrika, in Dschibuti und am Roten Meer, zur Verfügung stellen.

Dazu gesellt sich ein weiteres Muster militärischer Zusammenarbeit mit Russland, einschließlich der Land- und See-Übungen im russischen Fernen Osten, im Mittelmeer und in der Ostsee. Dies hat amerikanische Militärstrategen den Schluss ziehen lassen, dass Chinas militärstrategische Interessen weit über die Taiwanstraße hinausgehen. Chinas technologische Fortschritte im Weltall, im Cyberspace und bei der Künstlichen Intelligenz haben manche in Washington überzeugt: Was auch immer Pekings Erklärungen behaupten mögen, Chinas strategische Ambitionen sind regional wie global viel weitgehender. Der Erfolg — laut Medienberichten — der chinesischen Geheimdienste, in amerikanische Computersysteme einzudringen und dabei vertrauliche Verteidigungspläne ebenso wie Personalakten zu erbeuten, hat amerikanische Befürchtungen in gleicher Weise weiter angefacht wie der Diebstahl sehr fortschrittlicher amerikanischer Militärtechnologie.

In vielerlei Hinsicht sind also heute eine Reihe von Elementen der «Thukydides-Falle» in den amerikanisch-chinesischen Beziehungen vorzufinden.

DER AUFSTIEG XI JINPINGS

Veränderungen in der objektiven Machtbalance sind ein Element der strategischen Gleichung. Ein anderes ist der sich verändernde Charakter der chinesischen Führung. In den vergangenen Jahren hat sich ein neuer Standard einer selbstbewussteren, stärker auftrumpfenden und sogar aggressiven Regierungsführung herausgebildet; der frühere niederranginge, militärische und wirtschaftliche Status wird nicht länger akzeptiert. In den ersten Jahrzehnten der Post-Mao-Reformen — zwischen den 1980ern und 2012, als Xi Jinping Parteichef wurde — hielt sich Peking an die Maxime, die der Architekt der Reformen und der Öffnung des Landes, Deng Xiaoping, als Richtschnur für das Agieren der KPCh gegenüber der Welt ausgegeben hatte:

«Verschleiere deine Stärken; warte ab; übernimm nie die Führung». Xi hat diese Maxime abgeschafft. Das heute sehr viel stärkere China hat die Maske der Bescheidenheit und Zurückhaltung abgelegt, die die vorherigen Führungen in den vergangenen 35 Jahren sorgfältig kreiert hatten. Ein Ausweichen ist nicht länger notwendig, wenn, wie Xi einer Versammlung nationaler und regionaler Parteiführer 2021 erklärte, «die Zeit und das Momentum auf unserer Seite» sind.

Während die Ideologie, die die KPCh über Jahrzehnte entwickelt hat, weiter den Rahmen aller chinesischer Politik bildet, hat es seit Mao keinen so mächtigen Anführer gegeben wie heute Xi Jinping. Er steht an der Spitze des politischen Systems; sein Einfluss durchdringt jede Ebene der Partei und des Staates. Seine Machtanhäufung ist politisch durchdacht und in ihren Methoden brutal gewesen. Um nur ein Beispiel zu nennen: Die Antikorruptionskampagne, mit der er die Partei überzogen hat, hat geholfen, das Land von Korruption in geradezu industriellem Ausmaß zu «säubern». Sie hat Xi aber auch den zusätzlichen Vorteil verschafft, praktisch alle politischen Rivalen und Kritiker — durch Parteiausschlüsse und Verurteilungen zu lebenslangen Haftstrafen — «auszusortieren», die ansonsten seine oberste Autorität hätten gefährden können.

Amerikanerinnen und Amerikaner, die Deng Xiaoping idealisierten — zweimal war er der vom Magazin *TIME* gekürte «Mann des Jahres» — und davon ausgingen, dass China sich von einer sozialistischen Plan- zu einer freien Marktwirtschaft entwickeln würde, glaubten, dass China eines Tages eine liberale Demokratie werden würde. Für sie bedeutet Chinas neue Führung einen radikalen Bruch. Aus Washingtoner Sicht hat Xi Jinping alle Vorspiegelungen aufgegeben, dass China sich jemals in einen offeneren, toleranteren, liberal-demokratischen Staat verwandeln wird. Stattdessen hat er das Modell eines autoritären Kapitalismus etabliert, der weniger von Marktkräften getrieben wird, und in dem große Staatsbetriebe zu Lasten des

Privatsektors unterstützt werden. Zugleich stärkt Xi die Kontrolle der Partei über Unternehmen immer weiter. Und während Peking darauf aus scheint, die Regeln der internationalen Ordnung neu zu schreiben, sieht man in Xi jemanden, der den Furor des chinesischen Nationalismus in einer Art und Weise anfacht, die immer stärker antiamerikanisch geprägt ist. Den Vereinigten Staaten erscheint Xi entschlossen, den strategischen und territorialen Status quo im westlichen Pazifik zu verändern und eine chinesische Einflusssphäre quer durch die östliche Hemisphäre zu schaffen.

Washington ist außerdem zu dem Schluss gekommen, dass Xi sich entschieden hat, sein innenpolitisches Modell in die anderen Entwicklungsländer zu exportieren, indem er die Anziehungskräfte der chinesischen Wirtschaft nutzt, um Chinas Einfluss zu mehren, auch in außenpolitischer Hinsicht. Das letztendliche Ziel ist die Schaffung eines internationalen Systems, das den chinesischen Interessen und Werten weit stärker entspricht als das gegenwärtige. Schließlich, und das war in den vergangenen Jahrzehnten in den Hintergrund gerückt, gehen die Vereinigten Staaten davon aus, dass Chinas offizielle Weltanschauung von einem wirtschaftlich, militärisch und technologisch mächtigen chinesischen Parteistaat gestützt wird, der immer stärker auf einem selbstgewählten Kollisionskurs mit Amerika steuert. Das bedeutet, dass Washington, als Resultat strategischer Logik, sich entweder den chinesischen Interessen unterordnen und diesen entgegenkommen muss oder aber aktiv Widerstand leistet und, wenn möglich, triumphiert.

Natürlich ist der chinesische strategische Blick auf diese sich entwickelnde Realität in einer radikal anderen Weltsicht verankert. Xi ist der Auffassung, dass an Chinas politischem und wirtschaftlichem Modell nichts falsch ist; und während Peking dieses Modell anderen Entwicklungsländern anbietet, «zwingt» es keines zu dessen Übernahme. Kontrastierend dazu verweist Xi auf die beachtlichen Fehlleistungen westlicher Demokratien, wenn es um die Beherrschung der großen Herausforderungen geht, seien es die Covid-19-Pandemie, populistischer Protektionismus oder die heraufziehenden Kräfte einer Deglobalisierung. Xi argumentiert, dass China sein Militär modernisiert, um seine lange bestehenden, territorialen Ansprüche zu sichern, insbesondere die auf Taiwan, und er ist der Überzeugung, sich nicht dafür entschuldigen zu müssen, die Anziehungskräfte der chinesischen Wirtschaft zu nutzen, um nationale Interessen jeglicher Art zu verfolgen. Ebenso ungerührt setzt er seine neue globale Macht dazu ein, um die Regeln des internationalen Systems umzuschreiben und die der multilateralen Institutionen, die es stützen — mit dem Argument, dass genau dies die siegreichen Westmächte nach Ende des Zweiten Weltkriegs auch getan hätten.

Das Ziel der KPCh unter Xi ist zudem, das pro Kopf gemessene chinesische Bruttosozialprodukt bis 2035 auf «das Level anderer moderat entwickelter Länder» zu heben. Chinesische Ökonomen sprechen typischerweise von einer Zahl zwischen 20000 und 30000 Dollar beziehungsweise von einem ähnlichen Niveau wie in Südkorea. Das würde eine Verdopplung oder Verdreifachung der Größe der chinesischen Wirtschaft erfordern. Solche Ambitionen verweisen darauf, dass Xi an eine lange Karriere an der Spitze denkt, nachdem die Partei 2018 die Beschränkung auf zwei fünfjährige Präsidentschaftsamtszeiten gestrichen hat, die 1982 in die chinesische Verfassung aufgenommen worden waren. Deng hatte dies verfügt, um den Aufstieg eines neuen Mao zu verhindern, dessen politische Kampagnen zu viel Leid und Tod geführt hatten. Normalerweise wäre am Ende von Xis zweiter Amtszeit ein Nachfolger präsentiert worden, doch es gibt keinen. Xi hat mit fast 70 Jahren im März 2023 seine dritte Amtszeit angetreten; er ist zudem seit 2012 Generalsekretär der KPCh und Vorsitzender der Zentralen Militärkommission — Ende 2035 wäre er 82 Jahre alt. Angesichts der Langlebigkeit seiner Familie (sein Vater verstarb im

Alter von 88 Jahren, seine Mutter lebt noch und ist über 90) tut man gut daran, davon auszugehen, dass Xi für den Rest der 2020er Jahre und noch in den 2030er Jahren die entscheidende Führungspersönlichkeit bleiben wird. Wahrscheinlich wird unter ihm China die größte Volkswirtschaft der Welt (wenngleich Ökonomen in jüngster Zeit mit Prognosen, wann China die Vereinigten Staaten überholen wird, zurückhaltender geworden sind). Angesichts dieser Verschiebung in der globalen Machtbalance dürfte sich Xi wohl weiterhin ermutigt fühlen, in den kommenden Jahren eine wachsende Zahl globaler Ambitionen zu verfolgen — und keine wäre für ihn von größerer Bedeutung als die Rückkehr Taiwans unter Pekings Souveränität.

Ein Teil dieses Buches ist deshalb dem Versuch gewidmet, Xis wichtigste Prioritäten zu beschreiben, die die chinesische Politik in den vor uns liegenden Jahrzehnten bestimmen werden. Sie können als konzentrische Kreise verstanden werden, ausgehend von Fragen des Machterhalts sowie der wirtschaftlichen und militärischen Entwicklung Chinas. In dieser Ausgabe geht es aber vor allem um die außen- und sicherheitspolitischen Aspekte. Es ist mir wichtig, Leserinnen und Lesern einen besseren Eindruck davon zu vermitteln, wie die Welt von Xis Schreibtisch in Zhougnanhai aus betracht aussieht, dem Hauptquartier der KPCh ebenso wie der Regierung in Peking. Wie schon erwähnt, wird das chinesische politische Denken im Westen nur selten richtig verstanden. Deshalb geht es nicht zuletzt darum, Xi Jinpings Weltanschauung nachzuvollziehen. Diese ist grundlegend für jede Analyse der Wahrscheinlichkeit eines Krieges zwischen China und den Vereinigten Staaten und den Überlegungen, wie wir ihn vermeiden könnten.

XIS SICHT AUF DIE VEREINIGTEN STAATEN

In den Augen der chinesischen Führung gibt es nur ein Land, das prinzipiell in der Lage wäre, Xis Ambitionen entscheidend zu stören:

die Vereinigten Staaten. Natürlich gibt es viele interne und externe politische und wirtschaftliche Faktoren, die der Verwirklichung von Xis «chinesischem Traum» der «großen Verjüngung der chinesischen Nation» in die Quere kommen können. Aber unter den externen Kräften, die jenseits Chinas Kontrolle liegen — und große Mächte wie Russland, Japan, und selbst Indien könnten Chinas Aufstieg verkomplizieren oder hemmen —, verfügen allein die Vereinigten Staaten über ausreichend strategische und wirtschaftliche Macht, um diesen Plan gegebenenfalls entgleisen zu lassen. Deshalb nimmt Amerika im strategischen Denken der KPCh die zentrale Rolle ein. Dies bezieht sich vor allem auf das, was wir chinesische *grand strategy* nennen könnten. Aber es bezieht sich auch auf jede potenzielle chinesische Schwachstelle, einschließlich des Militärs, der Außenpolitik, der Wirtschaft, des Handel, der Investitionen, der Technologie, der Kapitalströme, der Währungsfragen, der internationalen Entwicklungshilfe, der globale Reputation in Sachen Menschenrechte und Demokratie, der Rechtsstaatlichkeit und natürlich Taiwans.

Xi selbst ist kein Neuling, wenn es darum geht, Amerika zu verstehen. Er besuchte das Land im Laufe seiner politischen Karriere mehrmals: als junger Funktionär, als er in den 1980er Jahren bei einer Familie im ländlichen Iowa lebte; und dann 20 Jahre später als chinesische Vizepräsident, als er auf Einladung des damaligen US-Vizepräsidenten Joe Biden eine Woche lang durch diverse amerikanische Städte und Bundesstaaten reiste. 2010 sandte er sein einziges Kind zum Studium an die Harvard-Universität. Xi fungierte auch als Gastgeber zahlreicher US-Besuchsdelegationen, sowohl in Peking als auch in der chinesischen Provinz. Wenngleich seine Tochter die Sprache fließend spricht, liest und spricht Xi kein Englisch, was bedeutet, dass sein Verständnis Amerikas stets durch offizielle chinesische Stellen als Quellen von Übersetzungen vermittelt wird; diese sind nicht immer für Akkuratesse, Feinsinn und Nuancen bekannt. Und offizielle Einschätzungen, die von Chinas außenpolitischen und Geheimdienstapparat produziert werden, schauen mit einem bestimmten analytischen Raster auf Amerika, das selten gutwillig ist. Hinzu kommt, dass Xi von seinen Untergebenen gefürchtet wird und der Karriere-erhaltende Wunsch vorherrscht, Analysen zu liefern, von denen angenommen wird, dass sie das enthalten, was der Präsident lesen möchte. Dennoch übertreffen Xis Erfahrungen mit Amerika die Erfahrungen, die amerikanische Spitzenpolitikerinnen und -politiker mit China gemacht haben, Joe Biden eingeschlossen. Keine beziehungsweise keiner spricht oder liest Chinesisch, und alle verlassen sich ebenfalls auf vermittelnde Stellen. Als jemand, der Mandarin spricht, war ich in der Lage, als Premier- und Außenminister Australiens direkt mit meinen Gegenübern in der chinesischen Regierung und mit anderen Funktionären in ihrer Sprache zu sprechen. Westliche Führungspersönlichkeiten werden dies in Zukunft ebenfalls tun müssen.

Aus einer Reihe von Gründen weist die Mehrheit von Amerikas Strategieexpertinnen und -experten heute die Idee eines friedlichen Aufstiegs Chinas oder die Vorstellung einer friedlichen Entwicklung zurück. Stattdessen herrscht die tief verwurzelte Ansicht vor, dass eine Form von bewaffnetem Konflikt oder von Konfrontation mit Peking unausweichlich ist — es sei denn, China lenke ein und ändere seine strategische Richtung. Unter Xi Jinpings Führung gilt ein solcher Wandel als praktisch unmöglich. Deshalb steht die Frage, wie sich eine solche Konfrontation vermeiden ließe, gar nicht mehr zur Debatte; vielmehr wird diskutiert, wann es dazu kommen werde und unter welchen Bedingungen. Und das ist zu einem großen Teil deckungsgleich mit dem Denken in Peking.

GEMANAGTER STRATEGISCHER WETTBEWERB

Deshalb besteht eine moralische und auch eine praktische Pflicht für die Freunde Chinas und die Freunde der Vereinigten Staaten, die schwierigste Frage unseres Jahrhunderts zu durchdenken: Nämlich wie wir Frieden und Wohlstand, die wir über die vergangenen 75 Jahre gesichert haben, erhalten können und zugleich der Realität des sich wandelnden Kräfteverhältnisses zwischen Washington und Peking gerecht werden können. Wir können den Ur-Annahmen der Thukydides'schen Logik folgen und den Dingen einfach ihren «natürlichen» Lauf lassen, die dann in einer Krise, in einem Konflikt oder gar in einem Krieg münden. Oder wir können potenzielle «Ausfahrtsrampen» entwerfen oder zumindest «Leitplanken», die helfen können, den Frieden zwischen den Großmächten zu wahren und zugleich die Integrität des regelbasierten Systems zu erhalten, das die Stabilität internationaler Beziehungen seit 1945 gewährleistet hat.

Um Lenins berühmte Frage zu bemühen: «Was ist zu tun?» In einem ersten Schritt müssen beide Seiten sich immer vor Augen führen, wie ihr jeweiliges Handeln auf der anderen Seite durch das Prisma akkumulierter nationaler Perzeption wahrgenommen wird; mit anderen Worten: Welche Warmlampen flackern in den Entscheidungsprozessen der anderen Seite auf, wenn die eine Seite einen bestimmten Schritt macht? Derzeit sind beide Seiten schlecht darin. Man kann gegenwärtig von *mutually assured noncomprehension*, also von garantiertem gegenseitigem Nichtverstehen, sprechen und dem Denken in Spiegelbildern, die das amerikanisch-chinesische Verhältnis schon lange Zeit prägen. Wenn wir es ernst meinen mit der Entwicklung eines gemeinsamen strategischen «Narrativs», das in der Lage ist, die Beziehungen in der Zukunft friedlich weiterzuentwickeln, müssen wir, als bloßes Minimum, uns vor Augen führen, wie strategische Sprache und Handeln sowie diplomatisches Signalisieren von der politischen Kultur, dem System und der Elite der anderen Seite interpretiert werden. Es ist diese Art von Risikobewusstsein, das uns helfen kann, die praktischen Komplexitäten in Konkurrenz stehender nationaler Interessen, Werte und Wahrnehmungen in einem stabilen, wenngleich kompetitiven Rahmen zu halten.

Eine neue Ebene der gegenseitigen strategischen Lesefähigkeit zu erlangen, ist allerdings nur der Anfang. Daran muss sich die harte Arbeit des Aufbaues eines gemeinsamen strategischen Rahmens zwischen Washington und Peking anschließen, der in der Lage ist, die folgenden drei miteinander zusammenhängenden Ziele zu erreichen:

Erstens geht es darum, sich auf Prinzipien und Prozeduren zu einigen, wie man mit den roten Linien der jeweils anderen Seite umgeht (zum Beispiel in Sachen Taiwan), die, wenn sie versehentlich überschritten würden, in einer militärischen Eskalation münden könnten.

Zweitens müssen gemeinsam diejenigen Bereiche nationaler Sicherheitspolitik — in der Außen- und Wirtschaftspolitik und wenn es um technologische Entwicklung geht (beispielsweise bei Mikrochips) — identifiziert werden, in denen uneingeschränkter strategischer Wettbewerb als normal akzeptiert ist; dies würde auch die Ideologie einschließen.

Drittens müssen diejenigen Bereiche definiert werden, in denen fortgesetzte strategische Kooperation sowohl anerkannt ist als auch gefördert wird, zum Beispiel die Klimapolitik.

Natürlich kann nichts davon einseitig erreicht werden. Eine solche Einigung kann nur hochrangigen Verhandlungsführern in bilateralen Gesprächen gelingen, die von den jeweiligen Präsidenten beauftragt sind und die Gesamtheit der Beziehungen im Auge behalten, nicht nur kleine, bestimmte Teile von ihnen. Im Falle der Vereinigten Staaten wäre das der Nationale Sicherheitsberater, schon aufgrund der vielen Koordinierungsfunktionen zwischen den einzelnen Regierungsstellen, die das Amt mit sich bringt. Im Falle Chinas wäre wohl der Direkter des Büros für Auswärtige Angelegenheiten des Zentralkomitees der KPCh am besten geeignet oder der Vizepräsident der

Zentralen Militärkommission, oder beide. Diese Personen hätten dann auch die Aufgabe, den gemeinsamen strategischen Rahmen, der in Verhandlungen auf Grundlage der oben skizzierten Kernprinzipien eines gemanagten strategischen Wettbewerbs vereinbart würde, umzusetzen und mit Leben zu füllen. Wie bei allen solchen Vereinbarungen steckte der Teufel dann im Detail — und in der Umsetzung. Eine solche Rahmenvereinbarung würde nicht auf gegenseitigem Vertrauen basieren. Sie würde ausschließlich auf ausgeklügelten Systemen nationaler Verifikation beruhen, über die die Länder bereits verfügen. In anderen Worten: Die Integrität der Vereinbarungen würde nicht von Ronald Reagans berühmten Ansatz «vertrauen, aber überprüfen» abhängen, den der damalige US-Präsident gegenüber der Sowjetunion formulierte, sondern allein auf «überprüfen».

Eine gemeinsame strategische Rahmenvereinbarung kann Krisen, Konflikte und Krieg nicht verhindern. Wenn sie aber gründlich verhandelt, effektiv umgesetzt und mit Abschreckungselementen untermauert wird, würde sie deren Wahrscheinlichkeit reduzieren. Natürlich könnte sie einen vorsätzlichen, verdeckten Angriff der einen auf die andere Seite keinen Riegel vorschieben, wenn es zu einer kompletten Verletzung der Vereinbarung käme. Tatsächlich würde ein solcher Rahmen auf der Annahme basieren, dass es nicht im Interesse beider Seiten wäre, einen unilateralen Angriff auf absehbare Zeit zu versuchen. Eine solche Rahmenvereinbarung wäre besonders nützlich, wenn es darum geht, Eskalationen und Deeskalationen zu managen — im Falle von Vorfällen auf See, in der Luft oder im Cyberraum. Läge ein Bruch der nachgeordneten Vereinbarungen über rote Linien vor (beispielsweise ein Cyberangriff), würde die Angelegenheit direkt an die Chefunterhändler weitergeleitet, um Klarheit herzustellen, bevor es zu einer Eskalation kommt.

Ich bin nicht so naiv anzunehmen, dass nach dem Eingehen einer gemeinsamen Rahmenvereinbarung über einen geordneten strategischen Wettbewerb China und die Vereinigten Staaten nicht länger Strategien gegeneinander entwickeln und ihre Fähigkeiten und Staatskunst so gut wie möglich gegeneinander in Stellung bringen würden, um langfristig die Oberhand zu behalten (oder zu gewinnen). Aber die Vereinigten Staaten und die Sowjetunion vereinbarten nach der Nahtoderfahrung der Kubakrise 1962 nach und nach einen politischen und strategischen Rahmen, um ihre angespannten Beziehungen zu managen, ohne die gegenseitige atomare Vernichtung auszulösen. Es sollte möglich sein, das Gleiche zwischen den Vereinigten Staaten und China zu erreichen, unter insgesamt wohl weniger schwierigen geopolitischen Vorzeichen als damals. Dieser Hoffnung entspringt die Idee eines gemanagten strategischen Wettbewerbs.

Der Rest der Welt, sicherlich nicht nur der in Asien, würde eine Zukunft begrüßen, in der die Temperatur des strategischen Wettbewerbs zwischen den Vereinigten Staaten und China heruntergefahren würde und in der sie nicht zu einer binären Entscheidung gezwungen werden, in einer immer stärker bipolaren Welt entweder Washington oder Peking zu unterstützen. Diese Staaten lebten lieber in einer Welt, in der eine globale Ordnung herrscht, in der jedes Land, groß oder klein, Vertrauen in die eigene territoriale Integrität haben kann sowie über politische Souveränität und einen Pfad zu nationalem Wohlstand verfügt. Sie würden zudem eine Welt bevorzugen, deren Stabilität von einem funktionierenden internationalen System getragen wird, das auch in der Lage ist, die größten globalen Herausforderungen unserer Zeit zu meistern, die keine Nation allein bewältigen könnte. Von dem, was als Nächstes zwischen China und Amerika passiert, wird abhängig, ob das immer noch möglich ist.

DIE GEFAHR DES NATIONALISMUS

Es gilt, keine Zeit zu verlieren. Hypernationalisten schlagen auf beiden Seiten immer lautere Töne an. Selbsternannte Realisten mit konfrontativen Agenden versuchen, Einfluss auf die jeweilige Außen- und Sicherheitspolitik zu erlangen. Liberale Internationalisten, von Multilateralisten ganz zu schweigen, werden als Weichlinge abgeschrieben. Die Vereinigten Staaten, erst unter Donald Trump und nun unter Joe Biden, haben formal beschlossen, dass 40 Jahren des strategischen Engagements zwischen China und Amerika ausgedient haben. Stattdessen sind wir in eine neue, nicht vorgezeichnete Ära eingetreten, in der es, zumindest fürs Erste, keine Regeln gibt. China ist zu einem ähnlichen Schluss gekommen. Deshalb ist es höchste Zeit, diese Regeln zu schreiben.

Der Zweck dieses Buches besteht nicht darin, der einen oder anderen Seite Ratschläge zu geben, wie sie sich durchsetzen könnte, sollte es zu einem finalen wirtschaftlichen, technologischen oder militärischen Duell kommen. Viele tun das bereits, öffentlich und hinter verschlossenen Türen, während sie sich frohgemut auf abschüssige Bahnen begeben, sei es Entkopplung, Eindämmung, Konfrontation oder sogar am Ende das Undenkbare selbst. Vielmehr bietet dieses Buch eine Roadmap, die den beiden großen Nationen helfen soll, einen gemeinsamen Weg in die Zukunft zu finden. Diese Roadmap ist nicht gespeist von Wunschdenken und enthält keine moralischen Standpauken; vielmehr beschreibt sie einen umfassenden realistischen Rahmen, der in den beständigen Prinzipien diplomatischer Verhandlungen, Verifizierung durch Aufklärung und effizienter Abschreckung verankert ist — und am wichtigsten: in dem des gegenseitigen Respekts.

Dieses Buch ist nicht als akademischer Text gedacht; es gibt keine Fußnoten und keine Bibliographie. Erst recht ist es keine populistische Polemik, die sich an ein Massenpublikum richtete und sich auf die deprimierend gut bekannte, althergebrachte Alchemie von Fremdenfeindlichkeit, Nationalismus und politischen Opportunismus verließe. Vielmehr richtet sich das Buch an allgemein interessierte Leserinnen und Leser, von denen es weiterhin viele in China, den Vereinigten Staaten und auch in Europa gibt, die nicht nach einfachen Antworten auf so komplexe Fragen suchen, mit denen wir hier ringen. Das Buch reflektiert meine Analyse dessen, was in den chinesisch-amerikanischen Beziehungen vor sich geht, welche Faktoren sie in eine immer konfrontativere Richtung lenken, und meine Gedanken, was man tun kann, bevor es zu spät ist.

Meiner Meinung nach ist ein Krieg nicht unvermeidbar. Wer das glaubt, leugnet das Vermögen des Menschen, als handelndes Subjekt aufzutreten. Wir wären dann Gefangene von imaginären, unwiderstehlichen historischen Kräften. Wie oben erwähnt zitiert Allison Thukydides' Beobachtung, dass «der Aufstieg Athens, und die daraus resultierende Furcht der Spartaner, die Athener könnten allzu mächtig werden, den Krieg unvermeidbar gemacht hat.» Allerdings kommt Allisons' Textanalyse des klassischen Griechisch zu dem Schluss, dass «unvermeidbar» vielleicht besser mit «wahrscheinlich» übersetzt werden sollte. Und seine Untersuchung 16 historischer Beispiele aus den vergangenen fünf Jahrhunderten, in denen etablierte und aufstrebende Mächte kollidierten, zeigte, dass es in einem Viertel der Fälle nicht zum Krieg kam. Mit anderen Worten: Sowohl die klassischen Quellen als auch moderne Beispiele besagen, dass ein Krieg unter solchen Umständen wahrscheinlich sein mag — unvermeidbar ist er aber keinesfalls. Die Geschichte hält Lehren für uns bereit, aber sie lenkt nicht unsere Geschicke.

Es ist möglich, dass wir gegen die bereits tönenden Kriegstrommeln nichts ausrichten können. Die jeweiligen Führungen können die entsprechenden Entscheidungen treffen. Aber sie sind nicht dazu gezwungen. In diesem Buch argumentiere ich, dass die beste Chance, einen Krieg zu vermeiden, darin besteht, das strategische Denken der anderen Seite besser zu verstehen und eine Welt zu konzeptualisieren, in der China und die Vereinigten Staaten im Wettbewerb miteinander koexistieren können, selbst in einem Zustand fortdauernder Rivalität, untermauert von gegenseitiger Abschreckung; eine Welt, in der die jeweiligen Führungen ermächtigt sind, über einem Wettrennen zu präsidieren, statt in einen bewaffneten Konflikt mit all seinen tödlichen Folgen abzurutschen. Wenn es uns gelingt, den Frieden in den kommenden zehn Jahren zu erhalten, mögen sich die politischen Umstände ändern, mag sich strategisches Denken angesichts der weit größeren planetarischen Herausforderungen weiterentwickeln; und die politischen Führungen mögen dann in der Lage sein, zu einer neuen Art des Denkens zu gelangen (der chinesische Begriff lautet *siwei*), bei der Zusammenarbeit über Konflikt steht, um den existenziellen globalen Bedrohungen zu begegnen, vor denen wir alle stehen. Dazu müssen wir aber zunächst durch dieses Jahrzehnt kommen, ohne dass sich die beiden Seiten gegenseitig zerstören. Derzeit ist eine Generation an der Macht, die kaum Erinnerungen an die Schrecken des Krieges hat. Sie sollte verstehen, dass die Geschichte uns lehrt: Ist ein solcher Krieg erst einmal ausgebrochen, ist es unmöglich, zum Status quo ante zurückzukehren. Krieg verändert alles in größtmöglicher zerstörerischer und überraschender Weise. Darum bedarf es aller kreativen Anstrengungen, den Frieden in der vor uns liegenden Periode zu bewahren. Wir schulden es den nachfolgenden Generationen ebenso wie den uns vorausgegangenen, einschließlich meines Vaters und der Männer, die neben ihm schritten und denen wir schworen: «Nie wieder.»

CHINA UND SEINE MARITIME PERIPHERIE

In den vergangenen 180 Jahren kamen die größten Bedrohungen Chinas von der See. Von dort aus griffen Großbritannien und Frankreich im Ersten (1839–42) und Zweiten Opiumkrieg (1856–60) erfolgreich Chinas maritime Verteidigungslinien an. Von dort aus konnte Japan zwischen 1895 und 1945 durchschlagende militärische Erfolge erzielen. Und es ist in erster Linie die See — und die dortige militärische Präsenz der Amerikaner —, die das kommunistische China seit Jahren daran hindert, Taiwan einzunehmen. Es ist daher wenig überraschend, dass China seine maritime Peripherie im Osten seit jeher als ihm besonders bedrohlich wahrnimmt.

Chinas maritime Peripherie zu sichern und strategisch weitaus tiefer in den Pazifik hineinzuragen als bisher sind und bleiben daher essenzielle Elemente der Gesamtstrategie Xi Jinpings. Dazu gehört auch, den Rückzug aller US-Streitkräfte hinter die zweite Inselkette zu erzwingen, die sich vom japanischen Archipel über Guam bis nach Papua-Neuguinea und Australien im Süden erstreckt. Diese Strategie sieht China gleich aus mehreren Gründen als absolut notwendig an: Erstens, um US-Aufklärungsflugzeuge künftig an der jahrzehntelang geübten Praxis zu hindern, direkt vor der chinesischen Küste Manöver durchzuführen. Zweitens, um Chinas Territorialansprüchen gegenüber Taiwan und im Süd- wie Ostchinesischen Meer zu untermauern. Und drittens, um — wie chinesische Marinestrategen es ausdrücken — sich endlich einen Weg durch die Disteln zu bahnen, also endlich hinter die erste Inselkette vorzustoßen, von der die chinesischen Seestreitkräfte aktuell eingeklemmt sind. Erst dann könnte China tatsächlich zu einer echten Seemacht werden.

DER AMERIKANISCHE FAKTOR

China sieht in der Stationierung von US-Truppen im ostasiatischen Raum ein zentrales Instrument, mit dem die Vereinigten Staaten ihre Macht in der Region durchsetzen und auf die Dauer erhalten. Peking ist zudem klar, dass die US-Militärpräsenz ihren strategischen Anker in der Militärbasis auf Guam und in den Seestreitkräften, Marineressourcen und geheimdienstlichen Kapazitäten findet, die sich auf die Territorien US-Alliierter wie Japan, Südkorea und Australien verteilen. In einem geringeren Maß werden sie zudem von Singapur, Thailand und den Philippinen unterstützt.

Die militärischen Fähigkeiten Amerikas in der Region, die unter dem Befehl des US Indo-Pacific Command in Honolulu stehen, können sich schon allein genommen sehen lassen. Aber die Möglichkeit, im gesamten indopazifischen Raum nach vorn gerichtet zu operieren, wird durch die «strategischen Liegenschaften», die diese Verbündeten und andere Partner bieten, erheblich verbessert. Daraus ergibt sich für China das langfristige strategische Ziel, die US-Allianzen in der Region, wenn möglich, zu zerschlagen. Die strategische Logik ist klar: Ohne seine Verbündeten wäre Amerika substanziell geschwächt und würde sich möglicherweise sogar ganz aus dem Indopazifik zurückziehen. Während China zurzeit über keinerlei strategische Tiefe im Pazifik verfügt, bieten ihre Verbündeten den Vereinigten Staaten einen außerordentlichen Vorteil. Das ist kein Status quo, mit dem Xi Jinping sich abzufinden gedenkt.

Der Schlüssel in Chinas Strategie zur Sicherung seiner weiteren maritimen Peripherie ist das Militär — der rapide Ausbau der chinesischen Luft- und Seestreitkräfte, verstärkt durch landbasierte Raketen und Cybersysteme, die in der Lage sind, amerikanische Kräfte und ihre Verbündeten zu überwältigen. Dieses Ziel könnte die Volksrepublik allein durch schiere zahlenmäßige Überlegenheit, aber auch durch Kontrolle über das Schlachtfeld der Information erreichen. Chinas wirtschaftliche Strategie zahlt auf dieselben Ziele ein wie die Militärstrategie des Landes und benutzt den ökonomischen Einfluss der Volksrepublik als Druckmittel, um US-Verbündete langsam, aber sicher aus der Allianz mit Washington herauszulösen. Die Kosten einer Oppositionshaltung zu China werden immer weiter erhöht, woraufhin Loyalität, Engagement und Verpflichtung gegenüber den Vereinigten Staaten in gleichem Maße schwinden. Dazu hat China beschlossen, neben seinen wirtschaftlichen auch seine politischen und diplomatischen Muskeln spielen zu lassen, um einzelne Länder, die chinesischen Interessen kontinuierlich zu wenig Aufmerksamkeit schenken, zur Ordnung zu rufen.

Die Absicht hier ist, an diesen Ländern Exempel zu statuieren, indem sie beispielsweise nur noch limitierten Zugang zum chinesischen Markt erhalten (in extremen Fällen greift China auch auf Vermögenswerte in diesen Ländern zu oder hält ihre Bürgerinnen und Bürger willkürlich in seinen Grenzen fest). Auf diese Weise warnt die Volksrepublik andere Länder, die ohne Zweifel denselben Preis zahlen müssten, sollten sie Pekings Forderungen nicht nachkommen. Auf der anderen Seite belohnt China diejenigen Staaten (wie beispielsweise die Philippinen in Asien oder Griechenland in Europa), die der politischen Kooperation mit den Vereinigten Staaten den Rücken kehren.

Alle drei Elemente dieser Strategie haben ein Ziel: die Solidarität innerhalb US-geführter Bündnisse zu untergraben. Während Donald Trumps Präsidentschaft konnte Peking in dieser Hinsicht bereits beachtliche Erfolge einfahren — sowohl durch seine strategischen Bemühungen als auch durch das Phänomen Trump selbst, das von ganz allein einen negativen Einfluss auf die Resilienz und den Zusammenhalt der US-Allianzen hatte.

DER QUAD TRITT AUF DEN PLAN

Eine bedeutende neue Entwicklung in den Allianzstrukturen des Indopazifiks ist seit 2019 die Wiedergeburt des Quadrilateral Security Dialogue zwischen den Vereinigten Staaten, Japan, Indien und Australien, kurz Quad genannt. Auch wenn es sich beim Quad nicht um eine formale Allianz mit gegenseitigen Beistandsverpflichtungen handelt (Indien ist beispielsweise kein Vertragspartner der Vereinigten Staaten und der weiteren Quad-Mitglieder), so hat sich der Zusammenschluss doch zur wichtigsten direkten Antwort auf die aggressive strategische Position Chinas entwickelt. Xis Reaktion auf diese neue Herausforderung entwickelt sich ebenso fort.

Als Japans Premierminister Shinzo Abe Diplomaten der Vereinigten Staaten, Indiens und Australien am Rande des Gipfels der Association of Southeast Asian Nations (ASEAN) im November 2017 zu einem Treffen lud, um über einen deutlichen Ausbau der Kooperation zwischen den Staaten zu sprechen, wiegelte Peking mit den Hinweis ab, strategische Interessen Chinas blieben davon unberührt. «Der Quad», so Chinas Außenminister Wang Yi, sei eine «Idee, die zwar Schlagzeilen macht», aber dann «wie der Schaum auf den Wellen im Pazifischen oder Indischen Ozean nach einer kurzen Zeit, während der ihm Aufmerksamkeit geschenkt wird, wieder verschwindet». Pekings Strategen sahen die Mitglieder des Quad als einfach zu verschieden in ihren strategischen Interessen an, um sich auf eine kohärente Strategie zu verständigen. Dafür gab es, aus chinesischer Sicht, auch gute Gründe.

Immerhin wurde ein Zusammenschluss des Quad schon einmal ausprobiert, in den mittleren 2000er Jahren, etwa ein Jahrzehnt zuvor.

Damals ging das Format nie über informelle Frühstücksmeetings zwischen Beamten hinaus, weil die Regierung meines Vorgängers als Premierminister Australiens, John Howard, die Idee eines solchen Zusammenschlusses kategorisch ablehnte. Abe hatte die ursprüngliche Idee für den Quad bereits 2004 im Nachgang des Tsunamis entwickelt, der damals große Teile Süd- und Südostasiens verwüstete und 227000 Menschen in 14 Ländern das Leben kostete. Zu dieser Zeit koordinierten die Vereinigten Staaten, Australien, Indien und Japan eine gemeinsame Antwort auf die Naturkatastrophe, auch wenn dies eher eine Ah-hoc-Maßnahme war. Daraus leitete Abe die Idee ab, die vier Staaten sollten den Herausforderungen der Region gemeinsam begegnen — das galt auch für die regionale Sicherheit.

In den anderen Hauptstädten war die Reaktion bestenfalls zögerlich. In Washington unterstützte zwar Vizepräsident Dick Cheney die Idee, Präsident George W. Bush war allerdings wenig begeistert. Er machte sich Sorgen, dass der Eindruck intensiverer Sicherheitskooperation zwischen den vier Staaten China verprellen und so die chinesische Unterstützung für seine Nuklearpolitik gegenüber Nordkorea und dem Iran zunichtemachen könnte. Im Dezember 2008 beruhigte die Bush-Regierung in privaten Gesprächen verschiedene Regierungen aus der Region, die Quad-Staaten würden sich niemals zusammenfinden — was die von WikiLeaks-Gründer Julian Assange, einem weiteren Australier, veröffentlichten diplomatischen Depeschen zu bestätigen schienen. In Neu-Delhi schloss Indiens Premierminister Manmohan Singh öffentlich jede echte sicherheitspolitische Kooperation zwischen den vier Staaten aus und bezeichnete die Beziehungen seines Landes zu China als «zwingende Notwendigkeit». Bevor meine Regierung überhaupt vom Quad gesprochen hatte, erklärte Singh öffentlich, der Zusammenschluss sei nie «in Gang gekommen» und nun ein Fall für die Geschichtsbücher. In Canberra war Howards australische Regierung unterdessen ebenso eifrig darauf fokussiert, gute wirtschaftliche Beziehungen mit der Volksrepublik aufrechtzuerhalten. Howard war strikt dagegen, die bestehende trilaterale sicherheitspolitische Kooperation mit den Vereinigten Staaten und Japan um Indien zu erweitern. Seine Regierung signalisierte den Partnern ihren Ausstieg aus dem Quad bei einem trilateralen Dialog zwischen den Vereinigten Staaten, Japan und Australien in Washington im Juli 2007 und machte die Entscheidung wenig später in Peking öffentlich. Als Abe, der das Bündnis am entschiedensten vorangetrieben hatte, dann überraschend im September 2008 zurücktrat, versetzte das dem «Quad 1.0» den Todesstoß. Sein Nachfolger Yasuo Fukuda unternahm keine Anstrengungen, dem Quad neues Leben einzuhauchen. Als meine Regierung Ende 2007 ihre Arbeit aufnahm, war das gesamte Engagement im Rahmen des Quad bereits seit Monaten zum Erliegen gekommen. Und als wir in den anderen Hauptstädten vorsichtig vorfühlten, schien an einer Wiederbelebung wenig Interesse zu bestehen.

DIE ENTSTEHUNG DES «QUAD 2.0»

Als Abe ein Jahrzehnt später versuchte, «die Band wieder zusammenzubringen», hatten sich die strategischen Rahmenbedingungen in der Region fundamental gewandelt. 2017 hatten sich die Beziehungen zwischen den Vereinigten Staaten und China verschlechtert, und in den Hauptstädten der Quad-Runde bewertete jede Regierung für sich ihre Beziehungen zur Volksrepublik neu. In Peking fanden diese neuen Entwicklungen derweil allerdings keinerlei Beachtung.

Bei ihrem ersten Treffen in Manila 2017 schienen die Quad-Staaten ihre charakteristische Zerstrittenheit vor aller Welt zur Schau zu stellen, als sie daran scheiterten, eine gemeinsame Abschlusserklärung zu verabschieden, die den strategischen Sinn und Zweck des Bündnisses hätte beschreiben können. Statt eines gemeinsamen Textes veröffentlichte jedes Land ein eigenes Statement, völlig unkoordiniert, was nur die Divergenz der Positionen bei wichtigen Fragen verdeutlichte. Japan ließ amerikanische und australische Formulierungen zu «Konnektivität» in der Region einfach weg (die eine Alternative zur chinesischen Belt-and-Road-Initiative sein sollte), weil man sich in Tokio die Option, sich Pekings Initiative anzuschließen, nicht verbauen wollte. Indien strich unterdessen alle Bezüge zu maritimer Sicherheit, der Freiheit der Meere und dem Völkerrecht aus dem Text. Schlussendlich war der Beschluss, sich künftig mindestens einmal im Jahr zu treffen, das Einzige, worauf sich alle teilnehmenden Regierungen einigen konnten.

Erst im September 2019 kamen die vier Außenminister der Quad-Staaten dann in New York zu ihrem ersten Treffen auf Ministerebene zusammen. Dieses Mal allerdings einigten sie sich prinzipiell, auf etwas hinzuarbeiten, was sich als Mantra des Quad erweisen sollte: einen «freien und offenen Indopazifik» zu fördern. Selbst zu diesem Zeitpunkt blieb man in Peking weitgehend gleichgültig. Erst als sich die Quad-Außenminister im Oktober 2020 in Tokio wieder trafen, begann China davon Notiz zu nehmen. Sieben Monate zuvor hatte es zudem zum ersten Mal die sogenannten «Quad-Plus»-Gespräche gegeben, in denen neben den Quad-Staaten auch Südkorea, Neuseeland und Vietnam mögliche Kooperation in Handels- und Technologiefragen sowie bei der Koordination von Lieferketten diskutierten — eine Entwicklung, die in Peking wachsende Besorgnis erregte. Dann kam es im Juni 2020 zu Zusammenstößen chinesischer und indischer Truppen entlang der gemeinsamen Grenze im Himalaja, was sich als sehr bedeutender und katalytischer Moment in der vollen Herausbildung des Quad herausstellte. Die tödlichen Scharmützel führten dazu, dass in Neu-Delhi die verteidigungspolitischen Prioritäten völlig neu geordnet wurden. Indien, zuvor der zögerlichste unter den vier Partnern, konnte sich nun gar nicht schnell genug in einen formalen sicherheitspolitischen Rahmen einfügen, der als strategisches Gegengewicht zu China dienen könnte. Im folgenden Herbst lud Indien Australien beispielsweise zum ersten Mal dazu ein, an den alljährlichen «Malabar»-Marineübungen mit Japan und den Vereinigten Staaten teilzunehmen. Diese Entscheidung sticht besonders heraus, weil die indische Regierung Australien die Teilnahme an den «Malabar»-Übungen 2018 und 2019 noch aus Angst verwehrt hatte, dadurch die militärische Komponente des Quad in den Vordergrund zu rücken und China so zu provozieren. Nach den Zusammenstößen an der Grenze 2020 aber legte Neu-Delhi alle Zögerlichkeit ab.

Als sich der Quad im folgenden Oktober in Tokio traf, sah das geopolitische Go-Spielbrett aus chinesischer Perspektive schon sehr viel problematischer aus. US-Außenminister Mike Pompeo stellte ganz offen klar, Amerikas Ziel sei es langfristig, die Beziehungen unter den Quad-Staaten zu «institutionalisieren», aus ihnen einen «echten sicherheitspolitischen Rahmen» zu machen und der Gruppe möglicherweise sogar weitere Mitglieder hinzuzufügen, um «der Herausforderung zu begegnen, die die Kommunistische Partei Chinas für uns alle darstellt». China wurde klar, dass der Quad nicht nur gesund und munter war, sondern sogar davor stand, sich zu vergrößern.

DIE CHINESISCHE REAKTION VERÄNDERT SICH

Während sich all diese Ereignisse im Laufe der Jahre 2019 und 2020 abspielten, vollzog sich unter Chinas strategischen Denkern ein bedeutender Wandel, und die Auffassung, dass der Quad eine potenzielle Bedrohung für die nationalen Sicherheitsinteressen Chinas sei, gewann an Bedeutung. Bezeichnenderweise warnten zwei Wissenschaftler der einflussreichen Zentralen Parteischule vor der «zunehmenden Institutionalisierung» des Quad. Ein anderer, von der Chinesischen Akademie für Sozialwissenschaften, stellte fest, dass sich der Quad nun von einem «informellen Kooperationsrahmen» zu einer «formellen regionalen Organisation» entwickelt habe. Das Ministertreffen des Quad im Oktober 2020 schien diese Bedenken zu bestätigen.

Diese Analyse lief auf eine relativ simple Lösung hinaus: China könnte nach wie vor mithilfe von Peitsche und Zuckerbrot einen Keil zwischen die Quad-Partner zu treiben versuchen und die bestehenden Konflikte zwischen sich widerstrebenden nationalen Interessen ausnutzen. Insbesondere die starke wirtschaftliche Abhängigkeit aller Quad-Staaten vom chinesischen Markt schien eine wichtige Schwäche zu sein, die es wert war, ausgenutzt zu werden. Einfach gesagt: Es ging darum, den Quad auseinanderzubrechen.

Mit der Umsetzung dieser Strategie begann Peking unmittelbar nach dem Quad-Treffen im Oktober 2020. Chinas Außenminister Wang Yi ließ alle bisherigen nonchalanten Anspielungen auf den Schaum der Ozeane fallen und änderte seinen Tonfall drastisch. Er kritisierte die Bemühungen um den Aufbau einer «indopazifischen NATO» und stellte klar, die Indopazifikstrategie des Quad sei «selbst ein großes Sicherheitsrisiko» für die Region. Daraufhin wählte China schnell ein Ziel aus, in dessen Richtung es seine Peitsche schwingen konnte. Ein klassisches chinesisches Sprichwort rät dazu, «einen zu töten, um einhundert zu warnen» (*shayi jingbai*). In diesem Fall aber erschien es in Peking sinnvoll, einen zu töten (Australien), um zwei zu warnen (Japan und Indien).

Zuvor schien China noch ein großes Interesse an der Verbesserung seiner Beziehungen zu Canberra zu haben. Aber dann begann die Volksrepublik plötzlich, ohne besondere Begründung, den Import australischer Kohle zu begrenzen; Fleisch, Baumwolle, Wolle, Gerste, Weizen, Holz, Kupfer, Zucker, Hummer und Wein folgten. Zur selben Zeit war in den chinesischen Staatsmedien eine Flut von Nachrichten zu lesen, denen zufolge Canberra das Quad-Treffen nur genutzt habe, um den «eigenen globalen Status zu festigen». Fragen wie:

«Wieviel Macht kann Australien mit seiner kleinen Bevölkerung und geringen Wirtschaftskraft schon ausüben?», wurden immer wieder gestellt. Warnungen wie: «Wenn Australien so erpicht darauf ist, China zu verärgern, wird es ernste Konsequenzen zu spüren bekommen», waren ebenfalls zu lesen. Ein Analyst erklärte in Chinas *Global Times* — die traditionell knallharte Botschaften an andere Länder übermitteln darf, die Regierung und Partei nicht auszusprechen bereit sind — ganz simpel: «Ein Sprachrohr der US-Aggression gegen China zu sein, wird Australien Jobs kosten.» Bei einer Pressekonferenz in Peking forderte der Sprecher des chinesischen Außenministeriums Australien dann auf, «sein Handeln zu überdenken», wenn es noch eine Chance auf die Wiederherstellung normaler Handelsbeziehungen geben solle. Auch wenn andere Elemente der australisch-chinesischen Beziehungen ebenso im Spiel waren, war die Botschaft aus Peking doch unüberhörbar und klar.

Die Kampagne wirtschaftlicher Vergeltungsmaßnahmen gegen Australien eskalierte weiter, wobei China das australische Beispiel in anderen Teilen der Welt regelmäßig als Warnung nutzte. Länder, die sich von Washington «am Nasenring herumführen» ließen, liefen nun Gefahr, von Chinas riesigem Binnenmarkt abgeschnitten zu werden. In Pekings Einschätzung war Australien von den Quad-Ländern eindeutig am wenigsten geneigt, tatsächlich mit den Vereinigten Staaten zu brechen, dazu aber am anfälligsten für wirtschaftlichen Zwang (als kleinster der vier Quad-Staaten), und es bedrohte die chinesischen Interessen am wenigsten (da es von Chinas Grenzen weiter entfernt war als Japan, Indien oder der lange Arm amerikanischer Machtprojektion).

Der zweite Teil der chinesischen Strategie bestand darin, gleichzeitig die wirtschaftlichen Beziehungen zu Indien und Japan zu reparieren. Peking bemühte sich bereits seit 2018 um ein Tauwetter in den Beziehungen zu Japan, als der chinesische Ministerpräsident Li

Keqiang zusammen mit dem südkoreanischen Präsidenten Moon Jae-in zu einem trilateralen Gipfel nach Tokio reiste. Dort einigten sich Abe und Li darauf, einen neuen Mechanismus einzuführen, der die Krisenkommunikation im Falle von Zusammenstößen in der Luft oder auf See verbessern und so dabei helfen sollte, Vorfälle im umstrittenen Ostchinesischen Meer besser zu managen. Nach einer Reihe von Treffen zwischen Abe und Xi am Rande verschiedener multilateraler Foren schienen die Beziehungen kurzzeitig im Aufwind zu sein. Ein wichtiger Besuch von Xi in Japan war für das Frühjahr 2020 geplant, wurde aber durch die Covid-19-Pandemie verzögert.

Nach dem Quad-Treffen im Oktober 2020 bemühte man sich in Peking darum, die Vorbereitungen für Xis Japan-Besuch abzuschließen, bei dem er nun Abes Nachfolger Yoshihide Suga treffen sollte. Chinas Außenminister Wang Yi reiste im November 2020 nach Tokio, um das diplomatische Eis noch weiter zum Schmelzen zu bringen, wurde allerdings äußerst frostig empfangen. Wütende Demonstranten, die gegen chinesische Menschenrechtsverletzungen in Xinjiang, Tibet und in der Mongolei protestierten, versammelten sich vor Sugas Residenz und drückten ihre Ablehnung des Besuchs aus. Parlamentsmitglieder aus Sugas Liberaler Partei formulierten eine Resolution, in der die offizielle Absage des Gipfels mit Xi gefordert wurde. Sugas Kabinettschef Katsunobu Kato übermittelte Tokios «Besorgnis über die Aktivitäten chinesischer Schiffe um die [Senkaku-] Inseln» und bezeichnete die Situation als «sehr ernst». Anfang 2021 wurde der geplante Besuch Xis in Tokio offiziell abgesagt — unter dem Eindruck eskalierender chinesischer Übergriffe auf von Japan beanspruchte Gewässer im Ostchinesischen Meer und der wachsenden öffentlichen Kritik Japans an der Menschenrechtslage in China.

Gleichzeitig bemühte sich Peking um eine Deeskalation der Spannungen mit Neu-Delhi, indem es die Grenzspannungen zu entschärfen versuchte und Indien mit Angeboten für Wirtschaftshilfen und Covid-19-Impfstoffen lockte. Letztendlich gelang es Peking jedoch kaum, Indiens Bekenntnis zum Quad zu bremsen. Das Patt an der Grenze mag zwar gelöst worden sein, das Misstrauen gegenüber China aber hatte sich tief in die indische Psyche eingegraben.

Nun, da der Quad sich immer mehr festigte und seine gemeinsamen Aktivitäten ausbaute, unter anderem durch eine Reihe neuer multilateraler Sicherheitspakte und gemeinsamer Übungen, wuchsen in Peking die Zweifel daran, das Bündnis auseinandertreiben zu können. Dass Chinas Handlungen nur dazu beigetragen hatten, die Solidarität unter den Bündnispartnern zu stärken, war noch nicht vollständig begriffen. Chinas Fähigkeit, gleichzeitig eine Strategie der gezielten Eskalation mit Australien und der Deeskalation mit Japan und Indien zu verfolgen, wurde zudem durch die mangelnde Disziplin seiner ultranationalistischen «Wolfskrieger»-Diplomaten stark beeinträchtigt, denen es gelang, regelmäßig Länder auf der ganzen Welt zu verärgern. Ein Social-Media-Beitrag der KPCh, in dem die Zahl der indischen Todesopfer im Kampf gegen Covid-19 verspottet wurde, löste beispielsweise nicht nur in Indien und im Westen, sondern auch bei vielen Social-Media-Nutzern in China Wut und Abscheu aus.

Zu guter Letzt veränderte auch die Wahl Joe Bidens zum US-Präsidenten die Dynamik, der in der Region vermehrt den Schwerpunkt auf gemeinsames Engagement mit Bündnispartnern setzte. Dadurch verlor China einen großen Teil seiner Handlungsfreiheit, die es in den *America-first*-Tagen der Trump-Regierung noch genossen hatte. Die neue Regierung in Washington war bereit, aus der Trump-Ära stammende Konflikte um Handelsfragen und US-Militärbasen mit Bündnispartnern wie Japan und Südkorea schnell beizulegen, was die Beziehungen stabilisierte. Während Peking in den Jahren der Trump-Regierung beim Ausbau seines Einflusses in der Region bei anderen

Staaten häufig offene Türen einlief, sah es sich jetzt einer einheitlichen Front aus Washington und seinen Partnern gegenüber.

QUAD-ALARM

Pekings Positionierung zum Quad änderte sich noch einmal, als die vier Staaten im März 2021 ihren ersten Gipfel auf Ebene der Regierungschefs abhielten. Bei diesem entscheidenden Treffen gaben die vier Länder zum ersten Mal eine gemeinsame Abschlusserklärung heraus. In der Erklärung, die den Titel «Der Geist des Quad» trägt, vereinbarten die Regierungschefs, «eine freie, offene, integrative und gesunde Region» anzustreben, die «auf demokratischen Werten beruht und nicht durch Zwangsmaßnahmen eingeschränkt wird». Sie beabsichtigten außerdem, die «Zusammenarbeit zu erleichtern, auch im Bereich der maritimen Sicherheit, um Herausforderungen der regelbasierten maritimen Ordnung im Ost- und im Südchinesischen Meer zu begegnen».

Die Staats- und Regierungschefs der vier Länder starteten darüber hinaus eine gemeinsame Initiative zur Verteilung von Impfstoffen im indopazifischen Raum. Indem sie vereinbarten, gemeinsam eine Milliarde Impfdosen für die Region herzustellen und zu verteilen, forderten sie auch Chinas bestehende «Impfstoff-Diplomatie» heraus. Außerdem richteten sie eine Arbeitsgruppe von Impfstoffexperten, eine Arbeitsgruppe zum Klimawandel und eine Arbeitsgruppe für «kritische und neu entstehende Technologien» zur Sicherung von Technologieversorgungsketten ein, um die Zusammenarbeit bei der Bewältigung dieser Herausforderungen in der Region zu stärken. Indiens Premierminister Narendra Modi sprach dann auch das an, was Pekings schlimmste Befürchtungen gewesen sein dürfte, als er erklärte: «Das heutige Gipfeltreffen zeigt, dass der Quad erwachsen geworden ist. Er wird eine wichtige Säule der Stabilität in der Region bleiben.»

Für Peking schien das Gipfeltreffen schlimmste Befürchtungen zu bestätigen: Das Bündnis würde China bald nicht nur sicherheitspolitisch, sondern auch in Sachen wirtschaftlicher Kooperation in der Region herausfordern — und zwar durch die Bereitstellung alternativer multilateraler Quellen zur Finanzierung von Infrastrukturentwicklung, durch Handelsinitiativen und solche zur Entwicklung anderer öffentlicher Güter sowie durch die Bereitstellung diversifizierter regionaler Versorgungsketten. Darüber hinaus schien Peking zu befürchten, der Quad könnte sich bald enger mit dem Geheimdienstverbund Five Eyes (der die Vereinigten Staaten, Kanada, Großbritannien, Australien und Neuseeland verbindet), den G7 und der NATO abstimmen, um China zu isolieren — eine Sorge, die sich als begründet erwies.

CHINAS ANGRIFF AUF DEN QUAD

Nach dem Gipfel im März 2021 nahm China eine dritte Kurskorrektur vor. Die Strategie lautete jetzt: Totale Konfrontation. Offizielle chinesische Verurteilungen des Quad als «kleine Clique» (*xiao quanzi*) häuften sich. Xi Jinping sprach in einer Rede im Mai 2021 davon, die Staaten würden «den Multilateralismus nur als Vorwand nutzen, um ideologische Konflikte anzustacheln». Ihr kollektives Ziel, so Peking, sei nichts anderes als «ein neuer Kalter Krieg». China hingegen begann mehr und mehr, sich als aufrechter Verteidiger eines «echten Multilateralismus» aufzuspielen, der untrennbar mit dem System der Vereinten Nationen verbunden sei. Zugleich stellte sich das Land als führenden Reformer dieses Systems und Verfechter von guter Regierungsführung weltweit dar. Hinweise auf die «Verantwortung großer Mächte» (*daguo dandang*) und Chinas Rolle als verantwortungsbewusste globale Führungsmacht hörte man aus Peking immer häufiger.

Die chinesische Führung ging dazu über, den Quad zu isolieren und marginalisieren, indem es die vier Staaten international übertrumpfte. Ein chinesischer Parteitheoretiker argumentierte, Peking solle seine strategischen Interaktionen mit den ASEAN-Staaten vertiefen und insbesondere die maritime Zusammenarbeit ausbauen, um eine Art Gegengewicht zum Quad zu schaffen. Ein anderer chinesischer Wissenschaftler schrieb, China täte gut daran, die panasiatische Wirtschaftskooperation durch Abkommen wie die Regional Comprehensive Economic Partnership (RCEP), die 2022 mit China als Mitglied in Kraft trat, und dem Comprehensive and Progressive Agreement for Trans-Pacific Partnership (CPTPP), bei der Peking bislang außen vor ist, zu stärken, um so das Quad-Problem und seinen negativen Einfluss auf die regionale Ordnung abzufedern. Zusammengefasst empfahl er der Volksrepublik, «größer zu denken und zu handeln» als die Quad-Staaten, um deren Einfluss auf regionaler wie globaler Bühne möglichst gering zu halten.

Denunziationen dieser Art haben es bisher allerdings nicht vermocht, die Quad-Staaten daran zu hindern, multilateralen Widerstand gegen China aufzubauen. Im Juni 2021 unternahm US-Präsident Biden eine ausgedehnte Reise nach Europa, die einen G7-Gipfel im Vereinigten Königreich umfasste, zu dem auch Australien, Indien und weitere Länder geladen waren. Im Anschluss traf sich Biden mit Vertretern von EU und NATO. In jedem einzelnen dieser Gespräche standen die Beziehungen zu China ganz oben auf der Agenda. Als Südkoreas Präsident Moon Jae-in zudem im Mai desselben Jahres nach Washington reiste, um sich mit Biden zu treffen, überredete ihn der US-Präsident dazu, sich den drei neugegründeten Arbeitsgruppen des Quad anzuschließen und das Bündnis auch öffentlich zu begrüßen. Auch wenn Moon sich vorher geweigert hatte, im strategischen Konflikt mit China Partei für die Vereinigten Staaten zu ergreifen, hatte Washington in diesem Fall Erfolg. Im Abschlusskommuniqué unterstrichen beide Staaten die «Bedeutung eines offenen, inklusiven und transparenten Multilateralismus, der den Quad einschließt». Zudem bekannten sich beide zur Aufrechterhaltung von «Frieden und Stabilität in der Taiwanstraße». Im September 2021 trafen sich die Staats- und Regierungschefs der Quad-Staaten in Washington zum ersten Mal persönlich und vereinbarten die Ausweitung der Kooperation bei der Impfstoffverteilung, der Bekämpfung des Klimawandels, der Finanzierung von Infrastrukturprojekten und beim Management wichtiger Produktionsketten für kritische und neue Technologien wie Halbleiter und 5G. Cybersicherheit gehörte ebenfalls zu den Themen.

All das verstärkte in Peking schlimmste Sorgen: Der Quad war nicht nur in der Lage, sich zu vergrößern — und durch die Aufnahme Südkoreas de facto zum «Quint» zu werden —, sondern schickte sich auch an, sich zu einem entscheidenden Baustein zu entwickeln, um unter den liberalen Demokratien Nordamerikas, Europas und Asiens eine Anti-China-Koalition zu schmieden. Ein Beispiel dieser wachsenden Angst zeigte sich im Mai 2021 darin, dass der chinesische Botschafter in Bangladesch eine deutliche Warnung an Dhaka aussprach, das Land würde seine Beziehungen zur Volksrepublik «substanziell verschlechtern», sollte es dem Quad beitreten oder auch nur mit ihm kooperieren. Diese Warnung fiel besonders auf, weil Bangladesch (das die Äußerungen des Botschafters als «aggressiv» und «sehr unglücklich» zurückwies) bislang eine strikt neutrale Außenpolitik betrieben und keinerlei Anzeichen gegeben hatte, es beabsichtige, auf irgendeine Weise mit dem Quad zusammenzuarbeiten. Dieses Ereignis verdeutlicht, dass in Peking eine an Paranoia grenzende Sorge vor einer möglichen Ausweitung des Quad und seiner Aktivitäten bestehen muss.

AUSTRALIEN UND DIE SÜDPAZIFISCHE FLANKE DES QUAD

Im Schatten der Entwicklungen veränderten sich auch Chinas Beziehungen zu Australien, Neuseeland und den 14 unabhängigen

Inselstaaten des Pazifiks. Peking betrachtet Australien seit langem als wichtigen — wenn auch nur mittelgroßen — Handels- und Investitionspartner und ist nach wie vor stark von australischem Eisenerz und Erdgas abhängig. Dazu ist Australien nach den Vereinigten Staaten weltweit das zweitbeliebteste Ziel für chinesische Studentinnen und Studenten, die im Ausland studieren möchten.

Das hat die chinesische Führung allerdings nicht davon abgehalten, Australiens enge militärische Allianz mit den Vereinigten Staaten rhetorisch zu attackieren und sie zu einem «Relikt des Kalten Krieges» und Teil einer gegen China gerichteten, umfassenderen Eindämmungsstrategie zu erklären. Schon vor der Wiederbelebung des Quad verschlechterten sich die Beziehungen rapide, nachdem die Regierung von Malcolm Turnbull 2017 neue Transparenzgesetze bei Fällen externer Einflussnahme eingeführt hatte, um den «ausländischen» (allgemein als chinesisch verstandenen) Einfluss auf die australische Politik und die chinesisch-australische Diaspora zu verringern. Dies zog eine Reihe weiterer Maßnahmen nach sich, mit denen Australien chinesisches Engagement gegenüber den Regierungen der australischen Bundesstaaten sowie den Regionalregierungen und anderen öffentlichen Institutionen zu kontrollieren versuchte. Auch chinesische Direktinvestitionen wurden auf den Prüfstand gestellt, was sich unmittelbar auf die Investitionsströme aus dem Ausland auswirkte.

Infolge der zuvor beschriebenen beispiellosen Vergeltungsmaßnahmen gegen Canberra befanden sich die australisch-chinesischen Beziehungen Ende 2020 in ihrem schlechtesten Zustand seit der diplomatischen Normalisierung 1972. Bis 2021 schrieb Peking Australien noch als gedankenlosen Vertreter amerikanischer strategischer Interessen ab. Und diesen galt es zu bestrafen, damit nicht andere seinem Beispiel folgten. Die australische Regierung setzte unterdessen weiter auf die Stärkung der Beziehungen zu Washington, Tokio und Neu-Delhi sowie London, Berlin, Brüssel und Ottawa.

China stufte Neuseeland richtigerweise als weniger proamerikanisch ein als Australien. In den 1980er Jahren beschloss Wellington, sein formelles Nachkriegs-Dreierbündnis mit Washington und Canberra aufzukündigen — eine Entscheidung, die seitdem von beiden großen Lagern der neuseeländischen Politik unterstützt wird. Das erste Freihandelsabkommen, das China mit einer entwickelten Volkswirtschaft irgendwo in der Welt unterzeichnete, wurde mit Neuseeland geschlossen. Peking betrachtet das Land seither als Schwachstelle des US-Einflusses im Südwestpazifik.

Der Ausbruch strategischer Spannungen zwischen China und Australien erschwerte jedoch die Bemühungen Wellingtons erheblich, sich aus dem Großmächtekonflikt zwischen China und den Vereinigten Staaten herauszuhalten. Neuseeland schloss sich — getrieben von den tiefen historischen Bindungen, den langjährigen bilateralen Sicherheitsbeziehungen und den gemeinsamen Werten mit Australien — nach anfänglichem Zögern dem Widerstand gegen die wirtschaftlichen Strafmaßnahmen Pekings gegen Canberra an. Und das, obwohl die Volksrepublik Australien als Neuseelands größter Exportmarkt überholt hatte. Diese neue Einigkeit zwischen Wellington und Canberra in Sachen chinesischer Vergeltungsmaßnahmen gegen Australien hat Peking vor neue Herausforderungen gestellt. Die chinesischen Bemühungen, Neuseeland von Australien und seinen weiteren Sicherheits- und Geheimdienstpartnern im Rahmen der Five Eyes herauszulösen, sind damit nicht gerade einfacher geworden. Das neuseeländische Weißbuch für Verteidigung von 2019, in dem von einer «verstärkten Verteidigungszusammenarbeit mit China» die Rede ist und in dem — im Gegensatz zur australischen Position — behauptet wird, China sei «nun tief in die internationale, auf Regeln basierende Ordnung eingebunden», verdeutlicht die Tiefe der widersprüchlichen wirtschaftlichen und politischen Prioritäten Wellingtons. Die Unterschiede in den Ansätzen Australiens und Neuseelands spiegeln sich auch in der radikal unterschiedlichen Art der politischen Debatten in beiden Ländern wider, wenn es um chinesische Einflussnahme geht. Wellington agiert hier häufig deutlich entspannter als Canberra.

Die 14 pazifischen Inselstaaten — viele von ihnen Klein- und Kleinststaaten — haben den wirtschaftlichen Druck Chinas noch sehr viel stärker zu spüren bekommen. Zusammen kommen sie auf eine Bevölkerung von nur zehn Millionen Menschen und ein Bruttoinlandprodukt von etwa 35 Milliarden Dollar, verfügen aber über eine ausschließliche Wirtschaftszone von etwa 27 Millionen Quadratkilometern Wasseroberfläche, was in etwa der dreifachen Landfläche Chinas entspricht. Pekings Interesse an den pazifischen Staaten wird von mehreren Faktoren bestimmt. Der erste sind die jeweiligen Beziehungen der Staaten zu Taiwan. Bis vor kurzem gehörten sechs der Staaten zu Taipehs schrumpfender Gruppe an ausländischen diplomatischen Partnern. Eine konzertierte Kampagne Pekings, die durch das Angebot von Infrastrukturfinanzierung und anderen Vergünstigungen Einfluss zu erkaufen suchte, hat diese Gruppe erfolgreich auf vier reduziert. Sowohl Kiribati als auch die Salomonen haben ihre Unterstützung für Taiwan zurückgenommen.

Peking ist auch an den riesigen Mineral- und Energiereserven von Papua-Neuguinea sowie an der Fischerei in der Region interessiert. China hat die Fischbestände in den Gewässern nahe dem chinesischen Festland bereits weitgehend erschöpft, die Verschmutzung der Meere hat zudem zu Bedenken hinsichtlich der Qualität der verbleibenden Fänge geführt. China ist also daran interessiert, den weiteren Südpazifik zu nutzen, um die enorme Nachfrage des chinesischen Binnenmarktes nach Meeresfrüchten zu befriedigen. Unter den Inselstaaten — insbesondere denjenigen, für die die Fischerei die einzige nennenswerte Einkommensquelle ist — wirft das Bedenken hinsichtlich ihrer eigenen Ernährungssicherheit und der Souveränität und

Sicherheit ihrer ausschließlichen Wirtschaftszonen auf. Das gilt vor allem angesichts nachgewiesener Fälle von illegalem Fischfang durch chinesische Fischereiflotten.

China hat auch immer größere Geheimdienst-, Sicherheits- und Kommunikationsinteressen im Pazifik. So setzt die Volksrepublik beispielsweise entlang der Südflanke der zweiten Inselkette, die sich südlich von Palau erstreckt, ein Netz von Unterwassersensoren und Unterwasserbojen ein. Diese sind in der Lage, Unterseeaktivitäten zu überwachen, einschließlich derer von U-Booten, die sich dem Südchinesischen Meer nähern. Chinesische Militärforscher haben zudem jüngst die Vorteile des Aufbaus von Militärstützpunkten in den Inselstaaten, insbesondere in Papua-Neuguinea, Fidschi und Vanuatu, hervorgehoben. Auf diese Weise könnte sich China die strategische Nähe zur Bismarcksee und zur Vitiaz-Straße sichern, durch die drei der fünf wichtigsten Seehandelsrouten Australiens verlaufen. Dazu gehören unter anderem auch diejenigen, die 60 bis 70 Prozent des gesamten japanischen Bedarfs an Importkohle und Eisenerz decken. Darüber hinaus würde der Zugang zu sicheren Standorten in der Region China mit einem Anker in der südlichen Hemisphäre ausstatten, der eine wirklich globale Abdeckung des Satellitennavigationssystems BeiDou gewährleisten könnte. Dies könnte auch eine Erklärung für Chinas jüngste Verhandlungen über einen langfristigen Pachtvertrag für die gesamte Insel Tulagi (in den Salomonen) sein, auf der Peking eine Bodenstation zur Ergänzung und Vervollständigung seiner Satellitenabdeckung in der südlichen Hemisphäre errichten könnte.

Schließlich bewirbt sich China aktiv um Aufträge zum Bau von Unterwasser-Telekommunikationskabeln in Teilen der Region. Zwar hat Australien den Regierungen bisher erfolgreich Gegenangebote unterbreitet (und dabei vor kurzem ein chinesisches Unternehmen bei einem Angebot für den Bau eines Glasfaserkabels nach Palau in

Zusammenarbeit mit den Vereinigten Staaten und Japan ausgestochen), doch der Wettbewerb um den künftigen Bau und die Kontrolle der kritischen Infrastruktur in der Region dürfte sich weiter verschärfen. Als nächste Stufe in diesem Prozess wird Huawei sich um den Aufbau des 5G-Netzes in der Region bemühen.

Wie auch andernorts sind Handel, Investitionen und kreditbasierte Hilfe für die chinesische Strategie auf den Pazifikinseln ausschlaggebend. China ist für die Inselstaaten bereits jetzt der größte Handelspartner und hat sein Handelsvolumen im Zeitraum von 2000 bis 2017 verzwölffacht, wodurch es Australien 2014 in dieser Rolle ablöste. Auch bei den ausländischen Direktinvestitionen ist China inzwischen der dominierende Akteur. Ein ähnliches Muster zeichnet sich bei der Entwicklungshilfe ab, auch wenn Australien mit Abstand der größte Geber in der Region bleibt. Von 2011 bis 2017 belief sich die australische Hilfe auf insgesamt 6,3 Milliarden Dollar, während der chinesische Beitrag 1,2 Milliarden Dollar betrug und damit Neuseeland auf den dritten Platz verwies. Doch Pekings Zusagen für die 2020er Jahre nähern sich denen Australiens, obwohl die australische Regierung die in der regionalen Entwicklungshilfe ursprünglich geplanten umfangreichen Kürzungen wieder rückgängig gemacht hat. Canberra hat darüber hinaus eine neue Exportkreditfazilität in Höhe von einer Milliarde Dollar zur Unterstützung des regionalen Handels und einen neuen Infrastrukturfonds für die pazifischen Inseln in Höhe von 1,4 Milliarden Dollar aufgelegt. Diese Finanzinstrumente sind Teil dessen, was die aktuelle australische Regierung als *Pacific Step-Up* bezeichnet und als direkte Reaktion auf den verstärkten chinesischen Aktivismus in der pazifischen Inselregion unter Xi Jinping initiiert hat. Im Weißbuch zur australischen Außenpolitik von 2017 wurde dies deutlich, indem sich Canberra als direkter strategischer Konkurrent Chinas um den Einfluss in einer Region präsentierte, die Premierminister Scott Morrison als «unser Revier» bezeichnete.

Das mangelnde Interesse der australischen Regierung an der Bewältigung des Klimawandels konterkariert allerdings Canberras selbstbewussteres Auftreten gegenüber Chinas wachsender regionaler Präsenz. Für viele pazifische Inselstaaten ist die Gefahr des klimabedingten Anstiegs des Meeresspiegels existenziell. Dies führte dazu, dass die Staats- und Regierungschefs der pazifischen Inselstaaten 2013 die bahnbrechende Majuro-Erklärung zum Klimawandel veröffentlichten, in der sie den Klimawandel als «die größte Bedrohung für die Lebensgrundlagen, die Sicherheit und das Wohlergehen der Menschen im Pazifik» bezeichneten — und die damit einen Wendepunkt im leidenschaftlichen Eintreten für Klimaschutzmaßnahmen markierte. Der Oberbefehlshaber der Streitkräfte Fidschis formulierte es folgendermaßen: «Der Südpazifik steht unter dem Einfluss von drei Großmächten: der Vereinigten Staaten, Chinas und des Klimawandels.» Die konservative australische Regierung hat allerdings alles getan, um die Klarheit der Kommuniqués des Pazifik-Insel-Forums zum Klimaschutz zu verwässern, sich geweigert, ehrgeizigere nationale Ziele zur Emissionsreduzierung festzustecken, und internationale Maßnahmen zum Klimawandel behindert — all das hat Australiens einst hohes Ansehen in der Region ernsthaft untergraben.

Angesichts der Rolle Chinas beim Pariser Klimaabkommen von 2015 und seines selbsternannten Status als Verfechter des «Globalen Südens» hat dies wertvolle neue politische Möglichkeiten für Peking geschaffen. Nach dem Treffen des Pazifik-Insel-Forums 2019 in Tuvalu (eine der am stärksten den Klimaveränderungen ausgesetzten Inseln in der Region) warf China Australien vor — das darauf bestand, den Wortlaut des Kommuniqués des Treffens zur Klimakrise deutlich abzuschwächen —, sich den pazifischen Inselstaaten gegenüber wie ein «herablassender Herr» zu verhalten, und bat Canberra darum, über den Zustand seiner Beziehung zu der Region noch einmal «nachzudenken». Ganz ähnlich äußerten sich auch die verärgerten pazifischen Inselstaaten selbst. Ein Premierminister aus der Region sagte damals, er sei «fassungslos» über die «unpazifische Grundhaltung und Vorgehensweise» der Regierung Morrison, deren Haltung in Bezug auf den Klimawandel er als «Nehmt das Geld und haltet die Klappe» beschrieb. Auch wenn die pazifischen Inseln nicht im Mittelpunkt der langfristigen strategischen Interessen Chinas stehen, so sind sie dennoch von Bedeutung. Dank Chinas ökonomischer Überzeugungskraft und der zögerlichen Haltung der australischen Regierung in Sachen Klimawandel macht Peking in der Region große Fortschritte.

Obwohl die Vereinigten Staaten die regionale Sicherheit im Südpazifik traditionell Australien anvertraut haben, engagiert sich Washington dort diplomatisch und militärisch immer stärker. Dies ist eine direkte Reaktion auf den verstärkten strategischen Vorstoß Chinas in die Region, die bisher als ruhiges und relativ sicheres strategisches Rückzugsgebiet galt.

DAS KOMMENDE INDOPAZIFISCHE WETTRÜSTEN

Vor diesem Hintergrund war die überraschende Ankündigung einer trilateralen Sicherheitspartnerschaft zwischen Australien, Großbritannien und den Vereinigten Staaten, besser bekannt als AUKUS, im September 2021, kurz vor dem ersten persönlichen Gipfeltreffen der führenden Vertreter des Quad, ein Paukenschlag. Der im Geheimen zwischen Morrison, Biden und dem britischen Premierminister Boris Johnson ausgehandelte Pakt wurde als Antwort auf regionale Sicherheitsbedenken gepriesen, die nach Aussage der Staats- und Regierungschefs «erheblich zugenommen» hätten — hauptsächlich aufgrund der chinesischen Politik. Kernstück des Abkommens ist eine Vereinbarung zwischen den Vereinigten Staaten und Großbritannien über den Austausch von Technologien für den Antrieb von Atom-U-Booten mit Australien, das in Adelaide mindestens acht atomgetriebene Angriffs-U-Boote bauen will. Der Pakt sieht aber auch eine umfassendere sicherheitspolitische Zusammenarbeit vor, darunter ein Abkommen über die mögliche Stationierung von US-Bombern auf australischem Territorium, den Erwerb von Langstrecken-Präzisionsraketen durch Australien und eine gemeinsame Zusammenarbeit in den Bereichen «Cyberfähigkeiten, Künstliche Intelligenz, Quantentechnologie und neue Unterwasserfähigkeiten». Peking reagierte alarmiert. Es bezeichnete das Abkommen als «extrem unverantwortlich» sowie als Schritt, der «den regionalen Frieden und die Stabilität ernsthaft untergräbt und das Wettrüsten verschärft». In Anbetracht der strategischen Lage Australiens und der relativen Schwäche der chinesischen U-Boot-Abwehr ist das aus sicherheitspolitischer Sicht nicht weiter verwunderlich.

Insgesamt hat Xi Jinping also nur eine gemischte Erfolgsbilanz vorzuweisen, wenn es um die Sicherung Chinas maritimer Flanke geht. Das Land hat eine Reihe von strategisch-diplomatischen Erfolgen erzielt, aber der Aufstieg des Quad hat den geopolitischen Widerstand gegen das gewichtige wirtschafts- und außenpolitische Durchsetzungsvermögen Chinas zu einer fokussierten institutionellen Reaktion verdichtet. Sollte der Quad — oder eine Quad-Plus-Gruppe — in Zukunft sowohl Südkorea als auch (was deutlich unwahrscheinlicher ist) Indonesien aufnehmen, würde dies das strategische Gewicht der Gruppe nochmals erheblich steigern und zur ernsthaften Herausforderung für Chinas Ambitionen werden. Selbst wenn der Quad seine Mitgliederzahl nicht erhöht, könnten sich aus eigenem Antrieb andere Staaten der Region — insbesondere in Südostasien — dazu veranlasst sehen, ihre Autonomie gegenüber Peking mutiger geltend zu machen. Der Quad ist ein klassisches Beispiel für die von Theoretikern der internationalen Beziehungen vorhergesagte Art der strategischen Koalitionsbildung, die darauf abzielt, ein Gegengewicht zu einer aufstrebenden Großmacht zu schaffen.

Dies könnte möglicherweise auch den Mitläufereffekt unter anderen kleineren Staaten aufhalten, der in den Trump-Jahren an Dynamik gewonnen hat. Selbst wenn sich diese Staaten öffentlich gegen die polarisierende Wirkung des Quad in der gesamten Region aussprechen, werden sie wohl doch insgeheim den zusätzlichen Einfluss in der Region begrüßen, den seine Existenz ihnen verschafft. Beides sind nicht unbedingt unvereinbare Szenarien.

Xi Jinpings strategische Antwort auf den Quad (wie auch auf AUKUS) wird sich wahrscheinlich erneut auf Seoul, Jakarta, Tokio und Neu-Delhi konzentrieren und dabei Chinas Bemühungen verstärken, die Gruppierung aufzubrechen und ihre langfristige Wirkung, insbesondere die Erweiterung der strategischen Solidarität unter den Mitgliedstaaten, zu begrenzen. Darüber hinaus wird China wahrscheinlich auch seine derzeitige Strategie der Diskreditierung des Quad in internationalen Institutionen fortsetzen. Xis grundlegendere Reaktion auf das Entstehen des Quad dürfte jedoch sowohl wirtschaftlicher als auch militärischer Natur sein: Erstens soll China zur unentbehrlichen Wirtschaftsmacht in der gesamten Region ausgebaut, zweitens das derzeitige militärische Expansionsprogramm drastisch verstärkt werden. So soll die Region zu der Überzeugung gebracht werden, China könne in den kommenden Jahrzehnten jeden seiner strategischen Konkurrenten, einschließlich der vereinten Streitkräfte des Quad, militärisch und finanziell übertreffen. Die Entstehung des Quad und Chinas Reaktion darauf werden das regionale Wettrüsten, das heute bereits im Gange ist, weiter beschleunigen.

AUFBRUCH NACH WESTEN: DIE BELT-AND-ROAD-INITIATIVE

Über Chinas maritime Peripherie hinaus sieht Xi seine nächste Priorität darin, strategische, diplomatische und ökonomische Macht über den riesigen eurasischen Kontinent und den Indischen Ozean auszuüben, um so den Mittleren Osten, Afrika und Europa zu erreichen. Um diesem Ziel näher zu kommen, hat Peking sich einer Reihe institutioneller Werkzeuge bedient, wie beispielsweise der Shanghai Cooperation Organization (SCO), der neben China zunächst Kasachstan, Kirgistan, Russland und Tadschikistan, mittlerweile aber auch Indien, der Iran, Pakistan und Usbekistan angehören, oder der Conference on Interaction and Confidence-Building Measures in Asia (CICA). Den Kern dieser Anstrengungen bildet allerdings die Belt-and-Road-Initiative (BRI, auch «Neue Seidenstraße» genannt), die die transeurasischen Landwege ebenso einschließt wie die maritime Routen, die sich ihren Weg durch den Indischen Ozean, das Rote Meer und schließlich das Mittelmeer bahnen.

Mit der BRI verfolgt Xi Jinping mehrere Ziele auf einmal. Es geht um den Ausbau der wirtschaftlichen Beziehungen zu Europa und dem Mittleren Osten, die Herstellung eines China wohlgesinnten strategischen Umfelds und die Stabilisierung des islamischen Süd- und Zentralasiens — all das auf einer gigantischen kontinentalen Landmasse, die für den strategischen Einfluss Amerikas weit weniger empfänglich ist als die maritimen Gebiete Ostasiens. China versucht sich darüber hinaus auch darin, neue Märkte zu erschließen, um den Ausschluss von den zukünftigen wirtschaftlichen Entwicklungsmöglichkeiten der Märkte der Vereinigten Staaten und ihrer Bündnispartner zu kompensieren.

DIE BELT-AND-ROAD-INITIATIVE

Ein Großteil der offiziellen amerikanischen Äußerungen zur BRI konzentrierte sich auf Projekte mit erheblichen Konstruktionsfehlern, die Ausbeutung lokaler Arbeitskräfte, nicht eingehaltene Umweltstandards, fehlende Transparenz und versteckte «Schuldenfallen», in die Partnerländer tappen. Man ging davon aus, dass diese Mängel — von denen es viele gibt — schon ausreichen würden, damit die BRI auf die Dauer einen selbstverschuldeten «Tod durch tausend Stiche» sterben würde. Das allerdings hat bisher nicht funktioniert, und es ist auch im Laufe dieses Jahrzehnts nicht zu erwarten, dass es dazu kommt. Während die BRI im Westen regelmäßig kritisiert wird, wird sie in vielen Entwicklungsländern — bei einigen Vorbehalten — durchaus begrüßt. Oft sind die BRI und die mit ihr verbundenen Institutionen für viele Länder die einzige Möglichkeit, Infrastruktur zu finanzieren — was sie zu schätzen wissen, egal wie unvorteilhaft Chinas Kreditprogramme für sie auch sein mögen. Auch wenn die BRI als gigantomanisches, schlecht koordiniertes geopolitisches Projekt mit einem Volumen von mehreren Billionen Dollar unter Beschuss steht, entspricht es doch der kalten, harten Realität, dass die Vereinigten Staaten als einziges Gegenprogramm während der Trump-Jahre ein 100-Milliarden-Dollar-Kreditprogramm namens «Build Act» aufgelegt haben. Im Gegensatz dazu wurden im Rahmen der BRI bis 2021 rund 2600 Projekte in 100 Ländern mit Kosten in Höhe von 3,7 Billionen Dollar finanziert.

Bei seinem Amtsantritt erklärte US-Präsident Joe Biden, Amerika könne es sich «nicht länger leisten, auf der Weltbühne abwesend zu sein», und schlug dem damaligen britischen Premierminister Boris Johnson vor, die demokratische Welt solle einen Plan zum Aufbau weltweiter Infrastruktur entwickeln, um der BRI den Rang abzulaufen. Als Biden und Johnson im Juni 2021 mit den Staats- und Regierungschefs der G7 zusammentrafen, einigte sich die Gruppe auf die Zusammenarbeit bei einer Initiative, die weithin als Alternative zur BRI gilt. Sie trägt den Namen «Build Back Better World» (B3W). Der Plan zielt darauf ab, jährlich 100 Milliarden Dollar an privatem Kapital für vier Bereiche zu mobilisieren: grüne Energie und Klimaanpassung, Gesundheit, digitale Konnektivität und Gleichberechtigung der Geschlechter. Dies soll durch Mittel zur Entwicklungsfinanzierung bewerkstelligt werden, die von den G7-Mitgliedstaaten bereitgestellt werden. Der Plan schreibt vor, dass die Investitionen «hohe Standards» einahlten, einschließlich «guter Regierungsführung», und dabei «werteorientiert» und «nachhaltig» sein. Ein hochrangiger Mitarbeiter der Biden-Regierung erklärte der Presse, die B3W solle mehr sein als «nur eine Alternative zur BRI. Wir glauben, damit die BRI schlagen zu können, weil das Programm ein qualitativ hochwertigeres Angebot ist.» Es bleibt nun abzuwarten, wie gut die G7 die organisatorischen Details des Plans mit Leben füllen — und wie viel Kapital tatsächlich in welcher Geschwindigkeit mobilisiert werden kann. Es ist richtig, dass die Regierungen vieler Entwicklungsländer in der Vergangenheit dazu tendierten, chinesische Finanzmittel auch deshalb zu nutzen, weil sie mit nur sehr geringen Compliance-Standards einhergingen — was Demokratien von der Finanzierung solcher Projekte abhalten könnte. Die chinesischen Staatsmedien kritisierten den Plan schnell: «Das B3W-Projekt ist keine Alternative», so ein Blatt. «Es lässt sich besser als reine Fachsimpelei beschreiben, die keine reale Finanzierung zusagt, den privaten Sektor zur Erfüllung der Aufgaben auffordert, dabei aber keinerlei ernsthafte Organisation, Zusammenhalt oder einheitliche

Mittel aufweist.» In der Zwischenzeit hat Peking seine Arbeit an der BRI fortgesetzt und versucht, dort Korrekturen vorzunehmen, wo die Strategie schiefgelaufen ist. Die Führung in Peking ist aber noch immer zuversichtlich, dass die Initiative ein wichtiges Instrument zur Gewinnung von Einfluss in der Welt bleiben wird.

DIE BRI IN ZENTRALASIEN

Die Belt-and-Road-Initiative ist für die Staaten Zentralasiens, dem ersten Anlaufpunkt jenseits der westlichen Grenzen Chinas, von besonderer Bedeutung. Sicherheitserwägungen stehen ganz oben auf der Liste der chinesischen Interessen in Zentralasien. Die chinesische Provinz Xinjiang — mit seiner muslimischen uigurischen Bevölkerung, für deren Unterdrückung und Kontrolle die Kommunistische Partei Chinas harsche internationale Kritik riskiert hat — grenzt an fünf mehrheitlich muslimische zentralasiatische Republiken. Deren Völker weisen in einigen Fällen auch ethnische Verbindungen zu den Uiguren in Xinjiang auf. Der Abzug der Vereinigten Staaten aus Afghanistan und das mögliche Wiederaufleben des islamistischen Terrorismus in der Region haben die chinesischen Sorgen noch verstärkt. Peking ist der Ansicht, dass ein maximaler Ausbau seiner politischen, wirtschaftlichen und sicherheitspolitischen Beziehungen zu den Staaten Zentralasiens dazu beitragen wird, die finanzielle wie öffentliche Unterstützung für die uigurische Sache sowohl innerhalb Chinas als auch auf internationaler Bühne zu minimieren. China sieht daher eine positive wirtschaftliche Entwicklung der gesamten Region als das langfristig wirksamste Mittel gegen religiösen Extremismus, Terrorismus und länderübergreifende, panmuslimische Solidarität.

In Astana, der Hauptstadt Kasachstans, hat Xi 2013 erstmals die BRI vorgestellt. Seitdem bezeichnet die kasachische Regierung ihr Land gern als «Gürtelschnalle» dessen, was Xi sein «Jahrhundertprojekt» nennt. Zentralasien ist eine wichtige Energie- und Rohstoffquelle für China — daher die Entscheidung, eine 25 000 Kilometer lange Erdölpipeline von den kasachischen Ölfeldern am Kaspischen Meer nach Xinjiang zu finanzieren und zu bauen. Wie bei vielen anderen Teilen der BRI sieht China in Zentralasien einen nützlichen neuen Markt für die chinesische Bauindustrie, da die Nachfrage im Inland mit der Zeit abnimmt. Der Aufstieg zum größten Wirtschaftspartner Zentralasiens bringt jedoch auch neue diplomatische und sicherheitspolitische Herausforderungen für China mit sich. Einige politische Führer Zentralasiens äußern immer häufiger die Befürchtung, die BRI-Kredite und Abhängigkeiten vom chinesischen Markt könnten ihre Länder in den kommenden Jahrzehnten de facto in chinesische Auslandsterritorien verwandeln. Auch Moskau ist darüber besorgt, denn alle fünf Republiken waren vor nicht allzu langer Zeit noch formell Teil der Sowjetunion. Russland betrachtet Zentralasien auch heute noch als Region von vorrangigem strategischem Interesse, weshalb es 2014 beschloss, gemeinsam mit Belarus und Kasachstan die Eurasische Wirtschaftsunion (EAWU) zu gründen, die auf früheren Modellen der regionalen wirtschaftlichen Zusammenarbeit zwischen ehemaligen Sowjetrepubliken aufbaut. China achtet sorgfältig darauf, der EAWU mit seinen BRI-Programmen nicht ins Gehege zu kommen. 2015 einigten sich Xi und Russlands Präsident Wladimir Putin sogar auf ein Protokoll, das einen formalen Streitbeilegungsmechanismus zwischen beiden Regierungen vorsieht. Dies kann zwar als vorläufiger Modus Vivendi zwischen Moskau und Peking dienen, Pekings langfristige wirtschaftliche Dominanz in der gesamten Region kann für die chinesische Führung allerdings sicherheitspolitische Auswirkungen haben, die über die aktuelle Sorge um die Kontrolle ihrer muslimischen Minderheiten weit hinausgehen. Darum besteht nach wie vor ein gewisses Risiko, dass strategische Spannungen zwischen China und Russland über ihre jeweiligen Einflusssphären in Zentralasien wieder aufflammen könnten. Die chinesische Diplomatie hat es bisher immer verstanden, die Empfindlichkeiten Moskaus zu berücksichtigen — ein weiterer Grund für amerikanische Strategieexperten, nicht zu sehr auf einen chinesisch-russischen Zusammenstoß in Zentralasien zu spekulieren. Es gibt schließlich noch immer ein vitales Interesse, das Russland und China in der Region verbindet, nämlich die Verhinderung einer langfristigen Islamisierung der gesamten Region, die beide Länder als große Bedrohung ihrer nationalen Sicherheit erachten.

DIE BRI IN SÜDASIEN

Chinas Allwetterverbündeter Pakistan ist für die gesamte strategische Architektur der BRI von zentraler Bedeutung. Die chinesischen Interessen in dem Nachbarland mit 222 Millionen Einwohnern liegen in der Notwendigkeit begründet, zu verhindern, dass sich das Land — einer der einzigen langfristigen Verbündeten Pekings — angesichts seines systemischen wirtschaftlichen Niedergangs und der bestehenden politischen Instabilität zu einem *failed state* entwickelt. China ist zutiefst besorgt über die langfristige Islamisierung der pakistanischen Politik und die sicherheitspolitischen Konsequenzen des Aufstiegs radikal-islamistischer Terrorgruppen, die auch als Risiko für Chinas wichtige BRI-Investitionen im Land gelten.

In Pakistan sollen sich über den 70 Milliarden Dollar teuren chinesisch-pakistanischen Wirtschaftskorridor (China-Pakistan Economic Corridor, kurz CPEC) die kontinentale und die maritime Seidenstraße kreuzen. Der Korridor umfasst mehrere Energie-, Straßen-, Hafen-, Industrie- und Telekommunikationsprojekte und ist damit die größte aller BRI-Initiativen der Volksrepublik. Der CPEC wurde 2014 als Plan mit drei Phasen und einer Laufzeit von 15 Jahren bis zum Jahr 2030 ins Leben gerufen. Er zielte auf eine radikale Verbesserung der pakistanischen Stromversorgung und Verkehrsinfrastruktur, gefolgt von einer Phase der raschen Industrialisierung ab 2020. In der letzten Phase soll dann eine direkte und nahtlose Verbindung für den Handel zwischen der chinesischen und der pakistanischen Volkswirtschaft geschaffen werden. Sollte die wirtschaftliche Modernisierung Pakistans — angetrieben durch den raschen Ausbau der Infrastruktur — Erfolg haben, könnte sich das Land zu einem bedeutenden neuen Markt für chinesische Waren und Dienstleistungen entwickeln.

Der geografische Endpunkt des CPEC ist der Hafen von Gwadar an der Südwestküste Pakistans, nahe der iranisch-pakistanischen Grenze. 2017 übernahm China einen 40jährigen Pachtvertrag für den Bau eines Tiefseehafens, eines 300-Megawatt-Kohlekraftwerks und einer damit verbundenen Sonderwirtschaftszone. Der Hafen von Gwadar wird — zusammen mit den bestehenden pakistanischen Häfen Karatschi und Bin Qasim — wohl «doppelt» genutzt werden und sowohl der chinesischen Marine als auch kommerziellen Zwecken dienen. Andere Hafenentwicklungen im Rahmen der maritimen Seidenstraße, die sich vom Südchinesischen Meer über den Indischen Ozean bis zum Golf, dem Roten Meer und Suez erstreckt, könnten in Zukunft in ähnlicher Weise doppelt genutzt werden.

Das gesamte CPEC-Projekt ist jedoch mit anhaltenden Sicherheitsproblemen konfrontiert. Um Gwadar zu erreichen, verläuft der CPEC durch die Provinz Belutschistan — ein Gebiet, in dem eine aufständische Separatistenbewegung aktiv ist, die das Projekt ausdrücklich als koloniale Besatzung zur Ausbeutung der Ressourcen der Provinz verurteilt hat. In den vergangenen Jahren haben verschiedene militante Gruppen eine eskalierende Serie von Anschlägen auf von China unterstützte Projekte in der Region verübt, darunter im November 2018 ein Anschlag auf das chinesische Konsulat in Karatschi, im April 2021 ein Selbstmordattentat auf das Hotel, in dem der chinesische Botschafter untergebracht war, und im Juli 2021 ein Autobombenanschlag auf einen Konvoi von Ingenieuren, die mit dem Bau eines Wasserkraftwerks betraut waren. Dabei wurden 13 Menschen getötet, darunter neun chinesische Staatsangehörige. Die Unfähigkeit Pakistans, das CPEC-Projekt ausreichend vor solchen Anschlägen zu schützen, führte über die Jahre zu wachsender Frustration in Peking, das Islamabad seit langem drängt, zusätzliche militärische Kräfte zur Bewachung bereitzustellen. Das zeigt bislang allerdings wenig Wirkung.

Noch komplexer ist die Situation für China im benachbarten Afghanistan. Obwohl die Volksrepublik bisher eine vernachlässigbare Rolle für die Sicherheit des Landes gespielt hat, ist sie zum größten ausländischen Einzelinvestor Afghanistans geworden. Dabei konzentriert sich Peking auf die unerschlossenen Mineralvorkommen des Landes, deren Wert mit etwa einer Billion Dollar beziffert wird. Darüber hinaus strebt China auch eine größere strategische Rolle an, teils im Einklang mit den Interessen Pakistans und gegen die Interessen Indiens und der Vereinigten Staaten. Der chaotische Rückzug der Amerikaner aus Afghanistan und die rasche Übernahme des Landes durch die Taliban im August 2021 haben die strategische Situation für China allerdings dramatisch verkompliziert.

Als Kabul von den Taliban eingenommen wurde — in weniger als einer Woche und nicht den 18 Monaten, die die Biden-Regierung ursprünglich für möglich gehalten hatte — und die Weltöffentlichkeit mit dramatischen Bildern von Afghanen überflutet wurde, die zuvor mit den NATO-Truppen zusammengearbeitet hatten und nun verzweifelt versuchten, mit US-Flugzeugen außer Landes zu fliehen, witterte Peking sofort einen strategischen Vorteil. In den chinesischen Staatsmedien wurde die Niederlage schnell als massiver Schlag gegen die Zuverlässigkeit und das Durchhaltevermögen der Vereinigten Staaten in den Augen ihrer Verbündeten in der ganzen Welt bezeichnet. Chinas staatliche Nachrichtenagentur Xinhua erklärte, die Situation bedeute den «Zusammenbruch des internationalen Images und der Glaubwürdigkeit der Vereinigten Staaten» und hörte schon die «Todesglocke der US-Hegemonie» läuten. Die nationalistische *Global Times* war noch direkter: «Sobald ein Krieg in der Straße von Taiwan ausbricht, werden die Verteidigungsbemühungen der Insel innerhalb von Stunden zusammenbrechen, und das US-Militär wird ihr nicht zu Hilfe kommen.»

Die kühleren Köpfe im nationalen Sicherheitsapparat Pekings werden dies jedoch, anders als die «Wolfskrieger»-Propagandisten, nüchterner betrachten. Unabhängig davon, welchen globalen Imageschaden die Vereinigten Staaten erlitten haben, ergeben sich zwei Punkte von Bedeutung. Erstens: Wenn Amerika tatsächlich an innen- und bündnispolitischer Glaubwürdigkeit eingebüßt hat, ist es deutlich wahrscheinlicher, dass Washington auf jeden Zwischenfall im indopazifischen Raum mit chinesischem Einfluss schärfer reagieren wird, als dies andernfalls der Fall gewesen wäre. Zweitens ist China nach dem Wegfall der Vereinigten Staaten als Sicherheitsgarant und Stabilisator in Afghanistan die einzige verbliebene Großmacht, die jedoch weder über die militärische Erfahrung noch über einen detaillierten Fahrplan zur Restabilisierung des Landes verfügt.

Das Problem für China besteht darin, dass es — trotz aller Schadenfreude darüber, dass Amerikas 20jährige Bemühungen in Afghanistan zum Scheitern verurteilt waren — ein entscheidendes nationales Sicherheitsinteresse an der Stabilität des Landes hat. Darum hatte Peking auch schon diplomatische Initiativen ergriffen, um den Grundstein für eine Zusammenarbeit mit den Taliban zu legen, und zu versuchen, einen Frieden zwischen den Taliban-Führern und der Regierung in Kabul zu vermitteln. Unter Einsatz der Beziehungen Chinas zu beiden Seiten und der Verbindungen der Taliban zum pakistanischen Militärgeheimdienst ISI richtete China Gespräche mit den Taliban in Peking aus. Nach dem Sieg der Islamisten war China jedoch gezwungen, viele seiner Bürger vorübergehend aus dem Land zu evakuieren, während es neue direkte Verhandlungen mit der Taliban-Führung aufnahm. Im Einklang mit seiner Politik des «Respekts vor der Souveränität» einer jeden Regierung teilte das chinesische Außenministerium den Taliban mit, dass es unabhängig von ihrer Machtübernahme weiterhin der «Zusammenarbeit mit Afghanistan Priorität einräumen und eine konstruktive Rolle beim Frieden und Wiederaufbau des Landes spielen» werde, solange sie sich an ihr einen Monat zuvor gegenüber dem chinesischen Außenminister Wang Yi in Peking gegebenes Versprechen hielten, «niemals zuzulassen, dass eine Macht afghanisches Territorium für Handlungen nutzt, die China schaden». Diese rote Linie macht Pekings brennendste Sorge deutlich: Afghanistan könnte zu einem Stützpunkt für separatistische Bewegungen in Xinjiang — wie die Islamische Bewegung Ostturkestan (ETIM) oder die Befreiungsorganisation Ostturkestan (ETLO) — werden und damit zu einer Brutstätte des Terrorismus und des Drogenhandels an Chinas Grenze.

Wie so oft wird China dieses politische Arrangement mit Kabul wahrscheinlich durch wirtschaftliche Anreize verstärken. So steht beispielsweise die Tür für eine Ausweitung des CPEC-Projekts auf Afghanistan offen, wenn die Taliban nach den chinesischen Regeln spielen. In Wirklichkeit ist Peking jedoch sehr vorsichtig. Schließlich ist China bekannt, dass sich ein pakistanischer Zweig der Taliban zu dem tödlichen, oben beschriebenen Anschlag im Juli 2021 bekannt hat, bei dem neun chinesische Staatsbürger getötet wurden. Die instabile Lage in Kabul könnte Peking zu dem Schluss veranlassen, dass es angesichts des strategischen Vakuums durch den Rückzug der Vereinigten Staaten kaum eine andere Wahl hat, als eine größere politische, wirtschaftliche und sicherheitstechnische Rolle in Afghanistan und der gesamten Region zu spielen. Ein virtuelles Treffen zwischen Xi Jinping und dem russischen Präsidenten Wladimir Putin im September 2021, bei dem die beiden Staatsoberhäupter versprachen, sich gemeinsam für die Aufrechterhaltung der Stabilität in Afghanistan und der gesamten Region einzusetzen, hat diese Möglichkeit unterstrichen. Dafür wollen beide unter anderem den Austausch nachrichtendienstlicher Erkenntnisse intensivieren und regelmäßige Sicherheitsdialoge aufsetzen. Infolgedessen ist es möglich, dass Afghanistan in den kommenden zehn Jahren mehr und mehr in den strategischen und wirtschaftlichen Orbit Chinas gerät — auch wenn Chinas außen- und sicherheitspolitisches Establishment noch unentschlossen ist, wie stark sich Peking auf diesem «Friedhof der Imperien» engagieren sollte. Mit einem direkten militärischen Eingreifen in die inneren Angelegenheiten eines anderen Staates, insbesondere eines politisch so instabilen wie Afghanistan, hat China in jüngster Zeit schlicht keine operative Erfahrung gemacht.

DIE BRI UND DER INDISCHE OZEAN

Chinas nationale Sicherheitsstrategie zielt auch darauf ab, die Anfälligkeit für eine mögliche Unterbrechung der eigenen Erdöllieferungen im Falle einer globalen oder regionalen Krise — einschließlich der Möglichkeit eines bewaffneten Konflikts mit den Vereinigten Staaten — zu minimieren. Etwa 80 Prozent aller chinesischen Erdölimporte passieren die Straße von Hormuz zwischen dem Persischen Golf und dem Golf von Oman oder die Straße von Malakka zwischen dem Indischen Ozean und dem Südchinesischen Meer. Chinas anhaltendes Interesse an der Sicherung landgestützter Erdöl- und Erdgaspipelines aus Zentralasien, Russland und möglicherweise dem Iran wird von dem Wunsch bestimmt, Schwachstellen in der Energieversorgung zu verringern. Die anhaltende Abhängigkeit von Energieimporten auf dem Seeweg — und die Tatsache, dass 80 Prozent des gesamten Welthandels auf dem Seeweg über den Indischen Ozean abgewickelt werden — verdeutlicht das große Interesse Chinas am

Ausbau seiner militärischen Kapazitäten zum Schutz seiner Verbindungslinien auf See, die den Golf über den Indischen Ozean mit Chinas Ostküste verbindet.

Zu diesem Zweck hat die Volksbefreiungsarmee eine Reihe von Häfen in der gesamten Region um den Indischen Ozean aufgebaut (von amerikanischen Strategieexperten oft als Chinas «Perlenkette» bezeichnet), um die langfristige Projektion chinesischer Seemacht zu unterstützen. Dies steht im Einklang mit der Entwicklung der chinesischen Marinedoktrin unter Xi, die darauf abzielt, «Chinas Interessen in Übersee zu schützen» — und das nicht nur in den nahen, sondern auch in ferneren Gewässern. Zum Zeitpunkt der Fertigstellung dieses Buchs entstehen beeindruckende chinesische Hafenprojekte in Kambodscha (Koh Kong), Bangladesch (Chittagong), Myanmar (ein zehn Milliarden Dollar teurer Hafen in Kyaukpyu, eine Sonderwirtschaftszone und eine Ölpipeline); und Sri Lanka (ein Pachtvertrag für den Hafen von Hambantota über 99 Jahre, den sich Peking sicherte, nachdem das Land seine enormen Schulden bei China nicht mehr bezahlen konnte, sowie ein separates Abkommen über den Hafen von Colombo). Hinzu kommen der Marinestützpunkt in Dschibuti und mehrere Hafenprojekte in Pakistan, außerdem neue Hafenanlagen an der ostafrikanischen Küste, möglicherweise in Tansania. Einige der geschlossenen Vereinbarungen übertragen China die alleinige Kontrolle. Bei anderen geht es um offene Anlagen, die auch von Schiffen anderer Nationen genutzt werden können. Die langfristigen Leasingvereinbarungen in Koh Kong, Hambantota, Gwadar und Dschibuti deuten jedoch darauf hin, dass die chinesische Marine wohl eigene Nachschub-, Reparatur- und Wartungseinrichtungen errichten wird, um eine größere chinesische Marinepräsenz im Indischen Ozean auch in Zukunft aufrechtzuerhalten.

Der wirtschaftliche Nutzen jeder dieser Investitionen erscheint angesichts der relativen Größe der Volkswirtschaften Kambodschas,

Sri Lankas und Pakistans und des bescheidenen Frachtumschlags in diesen Ländern marginal. Mit anderen Worten: Die kommerziellen Möglichkeiten allein rechtfertigen in keiner Weise die Höhe der getätigten Investitionen. Als von größerer strategischer Bedeutung wird sich längerfristig die künftige Nutzung der angrenzenden Flughäfen (zum Beispiel in Koh Kong) durch das chinesische Militär erweisen, wodurch die chinesische Luft- und Raketenmacht möglicherweise tiefer in die Region vordringen könnte — eine wesentlich attraktivere Option als der Einsatz chinesischer Flugzeugträger-Kampfgruppen im Indischen Ozean, da diese für Raketenangriffe leichte Ziele bieten.

Wenn Ihnen einiges davon bekannt vorkommt, dann ist das kein Zufall: China scheint bei der Erweiterung seines globalen Netzes von Hafenanlagen und Flugplätzen, die eine Hochseemarine unterhalten können, dem amerikanischen Skript nachzueifern. Und bislang ist China bei den Ländern der Region auf relativ offene Arme gestoßen. Ihre Reaktionen waren im Allgemeinen positiv. Regierungswechsel in Pakistan, Sri Lanka und Myanmar hatten keine nennenswerte Unterbrechung der chinesischen Pläne zur Folge. Trotz der Bedeutung der in Bahrain beheimateten Fünften US-Flotte für Washington haben die chinesischen Hafenprojekte bisher erstaunlich wenig greifbare Reaktionen vonseiten der Vereinigten Staaten hervorgerufen.

DIE BRI UND DER MITTLERE OSTEN

In den vergangenen zehn Jahren hat Chinas wachsendes Engagement im gesamten Nahen und Mittleren Osten die Vereinigten Staaten als wichtigste externe Macht in der Region immer weiter herausgefordert — und in einigen Bereichen sogar verdrängt. Wie in anderen Regionen hat das schiere Gewicht Chinas wachsender wirtschaftlicher Präsenz in den Bereichen Handel, Investitionen, Infrastruktur, Technologie und Innovation, das zum großen Teil durch die BRI vorangetrieben wird, den Weg gewiesen. Diese Wirtschaftsdiplomatie wurde von einem rasch wachsenden allgemein- und außenpolitischen Engagement in der gesamten Region begleitet. Dies ging mit einer stetig wachsenden militärischen Präsenz Chinas einher, die von Waffenverkäufen bis hin zu aktiven Einsätzen reicht. Peking rechtfertigt diese sich stetig vergrößernde militärische Präsenz mit der Notwendigkeit, die wachsende Zahl chinesischer Zivilisten und Unternehmen in den betreffenden Ländern zu schützen, sowie mit seinen kritischen Energielieferrouten durch den Golf.

Die Ausweitung der strategischen Präsenz im gesamten Nahen und Mittleren Osten erfolgte rasch und in bemerkenswerter Weise. Einmal mehr beruht Chinas Fähigkeit, seine Strategie bei minimaler öffentlicher Aufmerksamkeit umzusetzen, auf dem gewaltigen wirtschaftlichen Einfluss in jeder regionalen Hauptstadt von Bedeutung — und der Fähigkeit, dabei die Risiken, in das komplizierte Netz regionaler Verflechtungen hineingezogen zu werden, so klein wie möglich zu halten. Indem es sich nicht auf eine Seite geschlagen hat, hat China Freundschaften mit allen Kriegsparteien der Region geknüpft, entwickelt und aufrechterhalten, wobei es seine Beziehungen zum Iran, zu den arabischen Staaten und zu Israel sorgfältig austariert hat. Dabei war Peking stets bereit, wirtschaftliche Anreize zu nutzen, um jegliches Anecken auszugleichen, das durch außenpolitische Entscheidungen in die eine oder andere Richtung entstehen kann. China hat zum gegenwärtigen Zeitpunkt kein Interesse daran, die Vereinigten Staaten als wichtigsten externen Garanten regionaler Sicherheit abzulösen. Peking ist sich der finanziellen und politischen Kosten bewusst, die Amerika in den vergangenen 30 Jahren durch anhaltende amerikanische Militärinterventionen im Nahen Osten entstanden sind. Die chinesische Führung ist zu dem Schluss gekommen, dass die Streitigkeiten in der Region weitgehend unlösbar sind, die US-Interventionen darum größtenteils töricht waren, und dass die lange Geschichte der Verstrickung in die Zwietracht im Nahen und Mittleren Osten nur dazu beigetragen hat, Amerikas finanzielle Möglichkeiten und seinen politischen Willen zu erodieren.

Peking hat kein Interesse daran, das zu wiederholen, was es als Washingtons zentralen strategischen Fehler der vergangenen Jahrzehnte ansieht. Stattdessen distanziert es sich von Streitigkeiten, bei denen das Gefühl aufkommt, die Volksrepublik könnte in den unendlichen Strudel von Politik und militärischen Aktionen in der Region hineingezogen werden. Gleichzeitig freut sich China über den Rückgang des amerikanischen Einflusses, ist stets auf der Lauer nach taktischen Gelegenheiten, wo sie sich bieten, hält sich dabei aber stets offen, welche längerfristige Rolle es in Zukunft spielen könnte. Chinas sieht seine zentrale strategische Aufgabe für die kommende Zeit weiterhin in Ostasien und dem Westpazifik. Durch die systematische Förderung seiner wirtschaftlichen Interessen im Nahen und Mittleren Osten aber sammelt es politisches Kapital an, das in der Zukunft von Nutzen sein könnte.

Die wichtigste Dynamik, die Chinas Wahrnehmung der Bedeutung der Region prägt, ist die langfristige Energiesicherheit. Der Nahe und Mittlere Osten deckt 47 Prozent der chinesischen Erdölimporte und etwa 12 Prozent des Erdgasbedarfs ab — eine Abhängigkeit, die noch weiter zunehmen dürfte. Gleichzeitig ist die Bedeutung der Region für die Vereinigten Staaten bei der Deckung ihres Energiebedarfs deutlich zurückgegangen, was zum großen Teil auf die Fracking-Revolution des vergangenen Jahrzehnts zurückzuführen ist. Die Golfstaaten sind sich dieser Verschiebung sehr bewusst, da der Anteil ihrer Verkäufe an China weiter zunimmt. 2020 machte China etwa 23 Prozent der gesamten saudischen Ölexporte, 22 Prozent der irakischen Exporte, 28 Prozent der iranischen Exporte, 9,4 Prozent der Exporte der Vereinigten Arabischen Emirate und 14 Prozent der gesamten Flüssiggas-Exporte Katars aus. China ist auch der größte Exportmarkt für all diese Länder — eine Position, die vor weniger als einem Jahrzehnt noch eindeutig von den Vereinigten Staaten gehalten wurde. Heute beläuft sich der gesamte chinesische Handel mit der arabischen Welt auf mehr als 245 Milliarden Dollar, was einem Anstieg von rund 700 Prozent seit 2004 entspricht.

Die Region bietet China große Chancen, weil andere Märkte auf der ganzen Welt restriktiver mit ausländischen Investitionen umgehen. Die chinesischen Direktinvestitionen im Nahen und Mittleren Osten sind im gleichen Zeitraum exponentiell gestiegen und machen China seit 2016 zum weltweit größten Investor in der Region. Auf die Volksrepublik entfällt ein Drittel der Zuflüsse aller Direktinvestitionen, wobei sich der Großteil auf vor- und nachgelagerte Projekte im Kohlenwasserstoffsektor konzentriert. Das beinhaltet auch gemeinsame Investitionen zwischen chinesischen Staatsunternehmen und nationalen Erdölgesellschaften der Golfstaaten in den Bereichen Exploration, Förderung und Raffination. China investiert auch in großem Umfang in die Infrastruktur von Verkehrs-, Telekommunikations- und Sonderhandelszonen, einschließlich langfristiger Mietverträge für den Hafen von Haifa in Israel, den Hafen von Duqm im Oman und eine neue Sonderwirtschaftszone am Suezkanal in Ägypten. Huawei baut in der gesamten Region 5G-Mobilfunkinfrastruktur auf und hat sich Betriebslizenzen in allen Staaten des Golf-Kooperationsrats (Saudi-Arabien, Bahrain, Oman, Kuwait, Katar und die Vereinigten Arabischen Emirate) gesichert, China ist zudem Eigentümer und Betreiber einer steigenden Zahl von Unterseekabeln. Der Nahe und Mittlere Osten entwickelt sich auch zu einem Wachstumsmarkt für das neue chinesische Satellitennavigationssystem BeiDou.

In der Zwischenzeit initiierte China 2017 eine einzigartig umfassende Innovationspartnerschaft mit der israelischen Regierung, die Premierminister Benjamin Netanjahu als eine «im Himmel gestiftete Ehe» bezeichnete. Chinas ausländischen Direktinvestitionen in Israel stiegen von nur 21,9 Millionen Dollar 2010 auf 4,6 Milliarden Dollar

2018, was China zum zweitgrößten ausländischen Investor in Israel macht. Peking hat Israels Hochtechnologiesektor, einschließlich modernster Überwachungssysteme, zielstrebig ins Visier genommen und dabei die engen Verbindungen zwischen dem israelischen Innovationssektor, dem Militär und den Vereinigten Staaten ausgenutzt, wodurch eine «Hintertür» geschaffen wurde, durch die China Zugang zu einer Reihe sensibler Dual-Use-Technologien erhalten hat. Dies führte zu einer klaren, wenn auch verspäteten Gegenreaktion des nationalen Sicherheitsapparats der Vereinigten Staaten gegen Israel, einschließlich einer Initiative des Ausschusses für Ausländische Investitionen in den Vereinigten Staaten (CFIUS), die Auswirkungen israelischer Direktinvestitionen in amerikanische Unternehmen auf Amerikas nationale Sicherheit zu überprüfen.

China ist im Nahen und Mittleren Osten allgemein zu einem wichtigen Finanzakteur geworden und hat mit vielen Staatsfonds der Region gemeinsame Investitionsfonds eingerichtet. Viele dieser Fonds investieren in großem Umfang in China selbst und in Partnerschaft mit chinesischen Staatsfonds in Drittländer. Zusammenfassend lässt sich sagen, dass sich China in den frühen 2020er Jahren auf dem Weg zum unverzichtbaren Wirtschaftspartner der Region befindet.

Bislang hat China seine politischen, außen- und sicherheitsbezogenen Interessen dort bemerkenswert geschickt gehandhabt. Pekings am längsten bestehende Beziehung in der Region ist die zum Iran, obwohl das iranische Regime und dessen Unterstützung für Terrororganisationen, die in Israel, den Golfmonarchien und einem Großteil der übrigen arabischen Welt aktiv sind, als schädlich angesehen werden. Seit der iranischen Revolution 1979 ist China zu einem wichtigen Exporteur von Waffensystemen und zu einem wichtigen Importeur von iranischem Erdöl geworden. Die Beziehungen sind sowohl politisch als auch wirtschaftlich auf mehreren Ebenen eng.

Dies spiegelte sich in der Unterzeichnung eines Abkommens im März 2021 wider, worin sich China verpflichtete, über einen Zeitraum von 25 Jahren 400 Milliarden Dollar im Iran zu investieren — nicht nur in Energieprojekte, sondern auch in andere Bereiche wie das Bankwesen, Telekommunikation, Häfen, Eisenbahnen, Gesundheitswesen und Informationstechnologie — im Austausch gegen stark verbilligtes iranisches Erdöl. Beide Länder sagten auch eine engere militärische Zusammenarbeit zu, einschließlich des Austauschs von Informationen und gemeinsamer Übungen.

Bemerkenswerterweise haben die Beziehungen nicht nur überlebt, sie sind sogar noch enger geworden, trotz Pekings jüngster wirtschaftlicher und politischer Öffnung gegenüber der arabischen Welt — einschließlich Irans Erzfeind Saudi-Arabien — und Chinas Teilnahme an den Verhandlungen mit dem Westen zur Eindämmung des iranischen Atomprogramms. Natürlich ist Peking nach wie vor zutiefst besorgt über die Bedrohung, die von iranischen Aktivitäten für die allgemeine Stabilität der Energieversorgung am Golf ausgehen. Zuletzt lieferten die iranischen Angriffe auf Anlagen des saudischen Erdölförderunternehmens Aramco Grund zur Sorge. Dennoch hat China sich von diesen Bedenken nicht vollkommen leiten lassen und seine Beziehungen zu Teheran und Riad gleichzeitig ausgebaut. Im März 2023 vermittelte Peking dann die Wiederaufnahme diplomatischer Beziehungen zwischen den beiden Staaten. Ähnlich geschickt ist die chinesische Regierung in Syrien vorgegangen. Gemeinsam mit Russland und dem Iran hat China seine langfristige Unterstützung für das Assad-Regime in Damaskus trotz des Widerstands der Golfstaaten und Ägyptens gegen diese Politik aufrechterhalten. Was den israelisch-palästinensischen Konflikt betrifft, so hält sich China trotz seiner tieferen Beziehungen zu Israel weitgehend aus der Angelegenheit heraus und versucht, dies durch die Einleitung seines Nahost-Friedensprozesses auszugleichen, um ein akzeptables

Maß an Solidarität mit Ramallah zu wahren. Letztendlich spricht das chinesische Geld eine deutliche Sprache, wenn es darum geht, alle Seiten zufriedenzustellen.

Auch militärisch nimmt Chinas regionale Präsenz immer mehr Gestalt an. Das Land beteiligt sich seit mehr als einem Jahrzehnt an Antipiraterie-Operationen im Golf von Aden, die chinesischen Marine besuchen regelmäßig Häfen in der Region und verfügt über den Stützpunkt in Dschibuti. Seit 2011, als die Volksbefreiungsarmee gezwungen war, 36 chinesische Staatsangehörige aus Libyen zu evakuieren, und noch einmal verstärkt seit 2015, als sie binnen kürzester Zeit 600 Personen aus dem Jemen auf eine ihrer Fregatten retten musste, hat China seine aktive militärische Präsenz stetig erhöht und nimmt an gemeinsamen Übungen mit Staaten der Region teil. Peking entwickelt sich außerdem zu einem neuen und bedeutenden Waffenlieferanten für den Nahen und Mittleren Osten, was auch bewaffnete Drohnen und Präzisionsraketen einschließt, die die arabischen Staaten aufgrund einer Reihe politischer Beschränkungen für den Export solcher Technologien oft nicht von den Vereinigten Staaten, Großbritannien oder Frankreich beziehen können. (China unterliegt solchen Beschränkungen nicht, da es weder Mitglied des Raketentechnologie-Kontrollregimes noch anderer ähnlicher Vereinbarungen ist, die von den Vereinigten Staaten und ihren Verbündeten unterstützt werden.) Nach Berechnungen des Stockholm International Peace Research Institute gehen zwei Drittel der chinesischen Waffenexporte in den Nahen und Mittleren Osten.

Das komplexe Geflecht aus Sicherheits- und Wirtschaftsinteressen wird durch eine ausgefeilte chinesische Diplomatie zusammengehalten, die sich auf ein wachsendes Korps professioneller Arabisten und Persienexperten, einen designierten Sondergesandten für den Nahen Osten auf Vizeministerebene (der als Xis persönlicher Gesandter fungiert) und eine gut koordinierte Reihe hochrangiger Besuchsformate stützt. Diese Besuche übertreffen seit einigen Jahren die Besuche zwischen Staaten der Region und den Vereinigten Staaten an Regelmäßigkeit, Intensität und Ranghöhe. Das ermöglichte es China, diplomatische Unterstützung aus der gesamten arabischen und weiteren muslimischen Welt in Anspruch zu nehmen, wann immer Pekings außen- und sicherheitspolitische Interessen angegriffen wurden — auch wenn es um die Behandlung muslimischer Minderheiten in Xinjiang und anderswo geht (was als Zeichen gewertet werden kann, wie eng diese pragmatisch eingegangenen Beziehungen mittlerweile sind). Im Gegenzug hat sich Peking selbstverständlich geweigert, der Kritik westlicher Regierungen und internationaler Menschenrechtsorganisationen an den internen Praktiken der arabischen Staaten, des Iran und — von Zeit zu Zeit — Israels zusätzliches Gewicht zu verleihen. Aus all diesen Gründen hat Xi in den vergangenen zehn Jahren die Vereinigten Staaten in ihrer Nahost-Diplomatie praktisch bei jeder Gelegenheit erfolgreich überflügelt. Für Peking mag nicht so viel auf dem Spiel stehen wie für Washington, aber China hat im politischen, wirtschaftlichen und sicherheitspolitischen Bereich die Lücken, die von anderweitig beschäftigten US-Regierungen hinterlassen wurden, rasch gefüllt, wo immer sie sich auftaten. Dazu gehörte auch die Bereitstellung großer Mengen der in China hergestellten Covid-19-Impfstoffe für den breit angelegten Einsatz in Saudi-Arabien, den Emiraten und Bahrain (allesamt langjährige US-Verbündete) zu einer Zeit, als sich die Vereinigten Staaten fast ausschließlich auf den Impfstoffbedarf im eigenen Land konzentrierten.

Es bleibt abzuwarten, ob es China auch in Zukunft gelingen wird, ein Gleichgewicht zwischen den verschiedenen Kriegsparteien in der Region herzustellen. In dem Maße, zu dem China zu einer globalen Großmacht aufsteigt, wird die Führung in Peking gezwungen sein, immer expliziter Position zu den politischen Streitfragen der Region zu beziehen. Bislang ist es der Volksrepublik im Allgemeinen gelungen, solche Entscheidungen zu vermeiden, indem sie stets versucht hat, jedermanns Freund und niemandes Feind zu sein — eine strategisch geschickte, wenn auch ethisch neutrale Position. Die geopolitische Realität wird jedoch eine solche strategische Zweideutigkeit nicht mehr lange zulassen. Pekings Hoffnung kann nur darin bestehen, dass zu diesem Zeitpunkt die gesamte Region ökonomisch so abhängig von China geworden sein wird, dass die politischen Folgen überschaubar bleiben.

ZUKUNFTSAUSSICHTEN FÜR DIE BRI

Während die chinesischen BRI-Projekte weiter voranschreiten, scheint das Haupthindernis für die Initiative nicht der Eifer anderer Staaten zu sein, sich zu beteiligen, sondern finanzielle Beschränkungen in der chinesischen Heimat. Auch in Peking wächst die Besorgnis über die große Zahl von Zahlungsausfällen bei Krediten für BRI-Projekte. Die Konfiszierung von Vermögenswerten ist Chinas bevorzugte Reaktion, wie das Beispiel des Hafens Hambantota in Sri Lanka zeigt, der China für 99 Jahre als Pacht überlassen wurde. In anderen Fällen, wie beispielsweise in Venezuela, hat China jedoch erhebliche finanzielle Verluste erlitten. In der Zwischenzeit hat der Pariser Club der Organisation für wirtschaftliche Zusammenarbeit und Entwicklung (OECD), in dem die Gläubigerländer der Industriestaaten zusammengefasst sind, Druck auf China ausgeübt, sein Schuldenportfolio umzuschichten, um in einer postpandemischen Welt keine neuen Staatsschuldenkrisen auszulösen. Vor diesem Hintergrund hat es innerhalb der KPCh Debatten darüber gegeben, ob es klug ist, die BRI in ihrem derzeitigen Tempo und Umfang fortzusetzen. Es gibt einige Anzeichen dafür, dass Peking möglicherweise einige seiner ursprünglichen Ambitionen mäßigt, wahrscheinlich in Form einer Umorientierung auf die (weniger kostspieligen) digitalen, umweltfreundlichen und gesundheitlichen Aspekte der BRI anstatt der klassischen Infrastruktur. Ein Rückzug auf breiter Front ist jedoch schlicht keine politische Option. Die BRI begann als Xi Jinpings persönliches Projekt, und im politischen System Chinas kann der aktuell oberste Staatenlenker nie falsch liegen.

Darüber hinaus ist es wichtig zu verstehen, dass Chinas Engagement in seiner westlichen Peripherie nicht auf die BRI beschränkt ist. Die BRI ist ein wichtiges geopolitisches und wirtschaftliches Instrument für dieses Engagement. Aber sie repräsentiert nicht die Gesamtheit von Chinas jüngster Vergangenheit in Zentralasien, Südasien, dem Nahen und Mittleren Osten und dem Indischen Ozean. Und sie wird auch nicht allein die Zukunft Chinas repräsentieren. Peking verfolgt eine Vielzahl wirtschaftlicher Projekte sowie diplomatischer und militärischer Initiativen auf bilateraler und regionaler Ebene, die über den offiziellen Rahmen der BRI hinausgehen. Dies wird sich fortsetzen, da China seine Bemühungen vorantreibt, Eurasien in einen robusten Markt, ein rentables Investitionsziel und ein günstiges strategisches Umfeld zu verwandeln, um letzten Endes Chinas Sicherheits- und Wirtschaftsinteressen zu fördern und den Großmachtstatus der Volksrepublik zu stärken.

MEHR EINFLUSS IN EUROPA, AFRIKA UND LATEINAMERIKA UND EIN SPRUNGBRETT IN DIE ARKTIS

Chinas *grand strategy* ist nicht nur regional, sondern auch global ausgerichtet. Diesen Aspekt von Xi Jinpings Weltsicht erkennt man schnell in seinen Äußerungen, an dem Muster seiner Auslandsreisen und an der Intensität, mit der China diplomatische und wirtschaftliche Ressourcen in der Welt verteilt. Während Xi den Beziehungen Chinas zu den Vereinigten Staaten, Russland, Japan und Indien sowie seinen Nachbarstaaten in Ost-, Südost- und Zentralasien Priorität einräumt, sind Chinas Interessen tatsächlich globaler Natur.

In der Vergangenheit vertraten einige Expertinnen und Experten die Ansicht, China habe zwar sowohl sicherheitspolitische als auch wirtschaftliche Ambitionen im asiatisch-pazifischen Raum (beziehungsweise in dem Gebiet, das wir in jüngerer Zeit als Indopazifik bezeichnen), seine Ambitionen im Rest der Welt seien jedoch fast ausschließlich wirtschaftlicher Natur. Vor allem die Europäer hielten dies für eine zutreffende Analyse und nutzten sie als Argument, um sich den Bemühungen Washingtons zu widersetzen, die Europäische Union oder die NATO in ein breiteres Bündnis einzubinden, um auf Chinas Aufstieg zu reagieren. Doch auch wenn dies in der Vergangenheit der Fall gewesen sein sollte, stimmt es heute nicht mehr.

Chinas globale Strategie besteht darin, seinen wirtschaftlichen wie außen- und sicherheitspolitischen Einfluss in allen Regionen der

Welt zu erhöhen. Europa, Afrika und Lateinamerika sieht das Land als wichtige Märkte für seine Waren, insbesondere weil sie den verminderten Zugang zum US-Markt abfedern können. Europa wird zudem als wichtige Quelle für ausländische Direktinvestitionen und Kapitalströme nach China sowie als potenzieller Ursprung neuer Technologien angesehen. Schließlich sind alle drei Regionen von entscheidender Bedeutung für Chinas diplomatische Bemühungen, die Unterstützung für chinesische politische Positionen und Kandidaturen zu maximieren und die Kritik an seinen Menschenrechtspraktiken in internationalen Organisationen und Foren dabei so leise wie möglich zu halten.

CHINAS STRATEGIE GEGENÜBER EUROPA

China betrachtet Europa schon seit langem durch eine sehr pragmatische Brille; wirtschaftliche Möglichkeiten und wirtschaftliches Engagement stehen im Vordergrund. Diesen Ansatz hat Peking seit den Anfängen seines strategischen Bruchs mit den Vereinigten Staaten 2017 noch einmal verstärkt. Die Volksrepublik hat politisch klar erkannt, dass auf dem europäischen Kontinent viele verschiedene Standpunkte existieren, wovon einige chinesischen Interessen wohlgesonnener sind als andere. Daher hat sie sich auf kleinere europäische Staaten konzentriert, in denen ihr relativer Einfluss größer ist. China hat dann diese Beziehungen genutzt, um zu versuchen, die Solidarität von EU und NATO in Fragen von fundamentaler Bedeutung für den chinesischen Staat zu brechen. Peking erkennt jedoch auch den Primat der «großen drei» europäischen Staaten an — Deutschland, Frankreich und Großbritannien —, nicht nur wegen ihres globalen Einflusses, sondern auch, weil Berlin, Paris und — bis vor kurzem — London eine wichtige Rolle in den Entscheidungsprozessen in Brüssel gespielt haben. Unter diesen spielt Deutschland in den Augen Pekings dank seiner starken Wirtschaft, seiner relativen politischen Stabilität und seines Einflusses in ganz Europa die Schlüsselrolle, was sich in der Ernennung der ehemaligen deutschen Verteidigungsministerin Ursula von der Leyen zur Präsidentin der Europäischen Kommission 2020 widerspiegelt.

Wie bereits erwähnt, ist Chinas Europastrategie in der Wirtschaft verankert — insbesondere im Handel, in Investitionen in kritische Infrastruktur und Hochtechnologie sowie im Zugang zu den Kapitalmärkten. China sieht in Europa die einzige globale Wirtschaftseinheit, die es in puncto kritischer Masse und technologische Versiertheit mit den Vereinigten Staaten aufnehmen kann. Und während die Chinesen erkennen mussten, dass die Amerikaner ihnen die Tür vor der Nase zuschlagen, hat Europa den Willkommensteppich für die Volksrepublik noch nicht ganz wieder eingerollt. Europa ist zudem auch die Endstation der BRI. Im Einklang mit seiner Vorgehensweise in anderen Teilen der Welt hat China versucht, seinen wirtschaftlichen Einfluss für umfassendere außenpolitische Zwecke zu nutzen. Erleichtert wurde dies zum Teil, weil die traditionelle europäischen Solidarität mit den Vereinigten Staaten durch die außen- und handelspolitischen sowie anderweitigen Exzesse der Trump-Regierung ohnehin geschwächt war. Viel wichtiger ist jedoch, dass Peking auch die Bruchlinien innerhalb Europas selbst geschickt ausgenutzt hat, indem es den traditionellen europäischen Konsens aufzuweichen versucht, dem zufolge Chinas Menschenrechtsverletzungen zu verurteilen sind.

Während US-Präsident Donald Trump nie zuließ, dass Menschenrechtserwägungen seine Entscheidungen zum Umgang mit Peking trübten, betrachtet China die universellen Grundsätze der Menschenrechte zu Recht als zentralen Bestandteil der europäischen Identität. Ungeachtet der Wahl Joe Bidens zum US-Präsidenten sieht China Europa noch immer als den größten Verfechter globaler Menschenrechtsnormen an. Es überrascht nicht, dass diese Rolle Europa für

Peking äußerst problematisch macht, da es die innen- und außenpolitische Legitimität der Kommunistischen Partei Chinas infrage stellt. Die Kritik Europas an Menschenrechtsverletzungen zum Verstummen zu bringen, käme einem großen Sieg im historischen ideologischen Kampf der Partei gegen den politischen Liberalismus gleich, der bis in die Anfänge der Partei vor mehr als einem Jahrhundert zurückreicht: Das Vertrauen des Westens in die westlich liberal-demokratische Tradition in ihrer eigenen politischen Heimat zu zerstören, ist für die KPCh-Ideologen eine äußerst verlockende Aussicht. Dies ist ein langjähriges Ziel der Partei, da es den Kritikern im In- und Ausland eine endgültige Antwort geben würde, die behaupten, die liberale Demokratie sei das unvermeidliche politische Ziel der gesamten Menschheit.

Aus diesen Gründen ist Europa nach den Vereinigten Staaten und Asien eine zentrale strategische Priorität Chinas. Für Peking wäre mehr Unterstützung aus Europa oder gar eine neutralere Positionierung des Kontinents ein großer strategischer Gewinn — nicht nur ein ideologischer Triumph an sich, sondern auch ein entscheidender Faktor im globalen geopolitischen und wirtschaftlichen Wettbewerb, in dem sich die Volksrepublik mit den Vereinigten Staaten befindet. Doch aus einer Reihe von Gründen mit Bezug auf die Wirtschaftslage, Cyberstrukturen und die Menschenrechtssituation bleibt Europa für Peking eine harte Nuss, die es zu knacken gilt.

Gesamtwirtschaftlich gesehen ist Chinas Handel seine größte Stärke in Europa, weniger seine Rolle als Quelle ausländischer Direktinvestitionen oder als Kapitalmarkt. In jüngster Zeit hat sich die Kluft in Handelsfragen vergrößert, auch hervorgerufen von Pekings Zögern, den europäischen Volkswirtschaften einen fairen Zugang zum chinesischen Markt zu gewähren. 2019 wurde die EU Chinas größter Handelspartner. Zuvor war Europa nach den Vereinigten Staaten der zweitgrößte Exportmarkt Chinas, doch durch die Auswirkungen des amerikanisch-chinesischen Handelskriegs 2019 wechselten sie die Plätze: Mit einem Exportvolumen von 419 Milliarden Dollar stand Amerika nun an zweiter, Europa an erster Stelle (429 Milliarden Dollar). Insgesamt belief sich der jährliche Handel zwischen China und der EU auf 705 Milliarden Dollar, Chinas Überschuss im Waren- und Dienstleistungsverkehr betrug in jenem Jahr 175 Milliarden Dollar. Seit Chinas Beitritt zur Welthandelsorganisation (WTO) ist er jährlich um etwa 10 Prozent gestiegen, was zum großen Teil auf die chinesischen Marktbeschränkungen für europäische Dienstleistungsexporte zurückzuführen ist. Für die EU sind die Vereinigten Staaten jedoch nach wie vor der wichtigste Handelspartner. Der jährliche Handel zwischen Amerika und Europa belief sich 2019 auf 1,18 Billionen Dollar, wobei Europa einen Überschuss von 162 Milliarden Dollar erzielte, der nicht zuletzt auf die Stärke der europäischen Exporte in den weitgehend offenen amerikanischen Markt zurückzuführen ist. Bei den ausländischen Direktinvestitionen ist der Kontrast noch deutlicher. Die gegenseitigen Investitionen zwischen Europa und China sind im Vergleich zu denen zwischen Europa und Amerika verschwindend gering: Das Gesamtvolumen an ausländischen Direktinvestitionen der Vereinigten Staaten in Europa belief sich 2019 auf 2,36 Billionen Dollar, die europäischen Investitionen in Amerika auf 2,55 Billionen Dollar. Unterdessen betrug die Gesamtsumme europäischer Direktinvestitionen in China 235 Milliarden Dollar und die chinesischen Investitionen in Europa nur 82 Milliarden Dollar.

Auch die chinesischen und europäischen Kapitalmärkte sind im Vergleich zu ihren Kontrahenten in den Vereinigten Staaten und Europa in Größe und Umfang sehr begrenzt miteinander verflochten. Die Investitionen Amerikas und Europas in Schuldtitel, Aktien und weitere Kapitalmarktinstrumente der jeweils anderen Seite beliefen sich 2017 auf etwa sieben Billionen Dollar, während die vergleichbare Zahl für die chinesischen und europäischen Kapitalmärkte nur 330 Milliarden Dollar betrug. Diese eher bescheidene Performance ist auf eine Reihe von Faktoren zurückzuführen, darunter die erheblichen Beschränkungen für Chinas Kapitalverkehr insgesamt, die große Anzahl von Sektoren der chinesischen Wirtschaft, die für ausländische Direkt- und Portfolioinvestitionen gesperrt sind, und das Verhängen europäischer Beschränkungen für chinesische Investitionen, die aus Bedenken über Chinas staatlich gelenkte Vorgehensweise bei der Übernahme sensibler Technologiebranchen resultieren.

Dies unterstreicht eine lange Liste europäischer Sorgen hinsichtlich der Fairness der chinesischen Handels- und Investitionspolitik und ihrer Praktiken über viele Jahre, trotz Chinas Beteuerungen in der WTO. Die Einwände Europas entsprachen im Großen und Ganzen denen der Vereinigten Staaten, so dass die EU — angeführt von Deutschland — eine restriktivere Regelung für Investitionen chinesischer Unternehmen, die entweder staatsgeführt, staatlich subventioniert oder zumindest anderweitig staatlich unterstützt werden, eingeführt hat. Der Stimmungswandel in der europäischen Politik gegenüber dem chinesischen Wirtschaftsgebaren setzte erst nach 2017 ein und gipfelte im März 2019 in einem Beschluss des Europäischen Rates, alle künftigen chinesischen Investitionen kritisch zu überprüfen. Er empfahl den Mitgliedstaaten neue Beschränkungen für Investitionen in «kritische Infrastruktur», «kritische Dual-Use-Technologien» und «kritische Vorleistungen» sowie den Zugang zu personenbezogenen Daten zu beschränken und die Unabhängigkeit der Medien und politischen Pluralismus zu gewährleisten. Diese Leitlinien markieren einen bedeutenden Wendepunkt in den Wirtschaftsbeziehungen zwischen Europa und China.

Wirtschaftliche Belange haben sich mit den umfassenderen politischen Außen- und Sicherheitsbeziehungen Europas zu Peking verflochten. Nachdem das norwegische Nobelkomitee den Friedensnobelpreis an den inhaftierten prodemokratischen chinesischen Dissidenten Liu Xiaobo verliehen hatte, sagte Peking alle hochrangigen bilateralen Treffen ab, ebenso die Verabschiedung eines geplanten Handelsabkommens und einen Austausch zu Wissenschaft und Kunst, bevor es Sanktionen gegen norwegische Lachse verhängte. Es brauchte sechs Jahre und eine Erklärung der norwegischen Regierung, Norwegen respektiere «Chinas Souveränität und territoriale Integrität in vollem Umfang», messe «Chinas Kerninteressen und Hauptanliegen große Bedeutung bei», werde «keine Handlungen unterstützen, die diese untergraben», und stets «sein Bestes tun, um künftigen Schaden für die bilateralen Beziehungen abzuwenden», bevor Peking bereit war, die Beziehungen wieder aufzunehmen.

In der Zwischenzeit verschlechterten sich Chinas Beziehungen zu Schweden rasch, nachdem das Land gegen die Entführung und Verhaftung des schwedischen Staatsbürgers und Hongkonger Verlegers Michael Gui Protest eingelegt hatte. Gui war wegen des Verkaufs von Büchern, die von der chinesischen Führung als beleidigend aufgefasst wurden, ins Visier geraten. Er wurde 2020 zu zehn Jahren Haft verurteilt. Dieser Vorfall und die Empörung Pekings über die Entscheidung Schwedens im selben Jahr, Huawei aus seinem 5G-Netz zu verbannen, haben die bilateralen Beziehungen stark beeinträchtigt.

Diese Fälle dienen anderen Ländern als warnendes Beispiel dafür, sich nicht in «die inneren Angelegenheiten Chinas einzumischen», insbesondere wenn es um Xinjiang und Hongkong geht. Die Versuche Chinas, seinen wirtschaftlichen Einfluss auf Länder wie Griechenland und Ungarn zu nutzen, um mittels eines Vetos oder auf andere Weise den internen EU-Konsens über Chinas Menschenrechtsbilanz zu untergraben, haben die europäischen Vorbehalte nur noch verstärkt. Brüssel ist auch verärgert über das, was es als Chinas Bemühungen ansieht, Europa durch seinen jährlichen «16+1»-Gipfelmechanismus mit den osteuropäischen Staaten zu spalten. Früher handelte es sich noch um «17+1», bis Litauen das Gremium im Mai 2021 verließ und als Grund Pekings gebrochenes Versprechen eines verbesserten Marktzugangs, die aktuelle Menschenrechtslage und Chinas immer engere Beziehungen zu Russland anführte.

Die Zukunft der globalen Governance für den digitalen Raum ist ein weiterer Streitpunkt. Europa hat sich stark für Systeme eingesetzt, die die Privatsphäre der Bürgerinnen und Bürger in den Vordergrund stellen, wie die Brüsseler Datenschutzgrundverordnung (DSGVO) zeigt. 2021 verabschiedete China sein Gesetz zum Schutz personenbezogener Daten (Personal Information Protection Law, PIPL), das der DSGVO sehr ähnlich ist. Es sieht weitreichende Datenschutzbeschränkungen für den Umgang von Unternehmen mit Nutzerdaten vor und enthält Bestimmungen, die die Übertragung personenbezogener Daten chinesischer Staatsangehöriger in Länder mit niedrigeren Datensicherheitsstandards verhindern sollen (was wohl auch US-Unternehmen betreffen würde). Anders als in Europa behält der chinesische Staat jedoch vollen Zugriff auf personenbezogene Daten, da Peking die Interessen staatlicher Souveränität, staatlicher Kontrolle und staatlichen Zugriffs in den Mittelpunkt seines Ansatzes gestellt hat. Beim amerikanischen Modell der digitalen Governance steht derweil der Datenzugang für Unternehmen im Vordergrund, was — obwohl auch das vom europäischen Modell abweicht — aus Brüsseler Sicht weniger problematisch sein dürfte als Pekings Ansatz.

Die europäischen Regierungen stehen zudem im Mittelpunkt einer grundlegenden strategischen Meinungsverschiedenheit zwischen China und den Vereinigten Staaten, bei der es um die Zukunft des 5G-Mobilfunkstandards geht — insbesondere um die Rolle des chinesischen Telekommunikationsriesen Huawei. Auf dem ganzen Kontinent fand die Debatte oft zwischen den Wirtschafts- und den Außenministerien statt: Erstere argumentieren, dass es, wenn überhaupt, nur wenige erschwingliche Alternativen zur Verwendung von Huawei-Hardware und -Technologie in Telekommunikationsnetzen gibt. Sicherheits- und Geheimdienstkreise sind dagegen überzeugt, dass eine Zusammenarbeit mit Huawei ein Risiko für die nationale Sicherheit ist. Letztere argumentieren, dass die Verwendung von 5G-Systemen von Huawei auch die geheimdienstlichen Beziehungen Europas zu Washington untergraben würde, einschließlich — im Falle Großbritanniens — der Geheimdienstallianz Five Eyes. Während viele europäische Länder die Verwendung von Huawei-Systemen mittlerweile ausgeschlossen haben, bleibt weiter unklar, wie die 5G-Debatte letztendlich gelöst werden könnte. Sollten sich genügend europäische Länder für Huawei entscheiden, bedeutete dies eine erhebliche Spaltung zwischen den Vereinigten Staaten und ihren NATO-Partnern, was sowohl für China als auch für Russland von strategischem Vorteil wäre.

Die immer stärker werdenden Anzeichen eines strategischen Kondominiums zwischen Peking und Moskau verstärken auch die europäischen Bedenken gegenüber China als künftigem globalen Akteur jenseits von Asien. 2017 rechtfertigten offizielle chinesische Medien gemeinsame russische und chinesische Marineübungen im Mittelmeer und in der Ostsee damit, dass sie Chinas «Aufrichtigkeit» gegenüber Russland widerspiegelten und Moskau seine Solidarität mit Peking im Gegenzug während der chinesischen Marineübungen im Südchinesischen Meer 2016 gezeigt habe. Eine offizielle chinesische Erklärung ließ weiter verlauten, China sende «durch die Teilnahme unserer modernsten Lenkwaffenzerstörer ... ein starkes Signal an andere, die uns provozieren könnten.» Aus europäischer Sicht passte sich dies in das beunruhigende Muster einer umfassenden sicherheitspolitischen Zusammenarbeit zwischen Peking und Moskau ein, die gemeinsame Übungen, Ausbildung und verstärkte Exporte militärischer Ausrüstung zwischen den beiden Ländern umfasst. Zusammen mit Chinas wachsenden Fähigkeiten bei der Künstlichen Intelligenz, im Cyberspace und im Weltraum sind die europäischen Regierungen zu dem Schluss gekommen, dass Peking einerseits für sich selbst mittlerweile eine Rolle bei der Gewährleistung globaler Sicherheit beansprucht und gleichzeitig — durch die enge Zusammenarbeit mit Russland — die europäische und globale Sicherheit immer stärker herausfordert.

2019 bezeichnete die Europäische Kommission China erstmals als «systemischen Rivalen» und stellte fest, das «Gleichgewicht der Risiken und Chancen» habe sich seit 2016 erheblich verschoben. Daraufhin skizzierte sie eine Zehn-Punkte-Strategie für einen vorbeugenden Umgang mit Peking. Der NATO-Rat bezeichnete China 2019 zum ersten Mal «sowohl als Chance als auch als Herausforderung, die die NATO als Bündnis gemeinsam angehen» müsse. Damit änderte sich die offizielle Sprache der NATO erheblich: In der Vergangenheit kam China in den NATO-Kommuniqués überhaupt nicht vor. Jüngst nahm auch das 2022 verabschiedete neue Strategische Konzept der NATO die Sorgen des Bündnisses über die immer engere Partnerschaft zwischen China und Russland mit auf. Das bisherige Strategische Konzept von 2010 enthielt keinerlei Hinweis auf China. Die Präsidentin der Europäischen Kommission, Ursula von der Leyen, hat ebenfalls öffentlich gefordert, Europa müsse zu einem effektiven geopolitischen Akteur auf der globalen Bühne werden, anstatt sich kurzsichtig nur auf den heimischen Wohlstand und liberale Werte zu konzentrieren.

All dies spitzte sich im März 2021 zu, als die EU (in Abstimmung mit den Vereinigten Staaten, Großbritannien und Kanada) zum ersten Mal seit 1989 Menschenrechtssanktionen gegen China verhängte und damit auf die immer klarer werdenden Beweise für massive Menschenrechtsverletzungen in Xinjiang reagierte. Nach der Verhängung der Sanktionen schlug Peking sofort zurück, ohne sich über die möglichen Folgen im Klaren zu sein. Die Volksrepublik snaktionierte eine Vielzahl europäischer Think-Tanks, einzelne Wissenschaftler mit dem Forschungsschwerpunkt Xinjiang, und insbesondere mehrere Mitglieder des Europäischen Parlaments.

Europas Parlamentarier waren empört. Dieser Moment markierte einen weiteren bedeutenden Wandel in ihrer Haltung und dem grundsätzlichen Ansatz gegenüber China. Das Europäische Parlament widersetzte sich der Europäischen Kommission, indem es dafür stimmte, die Ratifizierung des Umfassenden Investitionsabkommens zwischen der EU und China (CAI) einzufrieren — ein bahnbrechendes Abkommen, das die Kommission gerade erst mit Peking unterzeichnet hatte. Die Abgeordneten versprachen, das Parlament werde nicht nachgeben, bis die chinesischen Sanktionen aufgehoben seien. Der deutsche Vorsitzende der Parlamentsdelegation für die Beziehungen zu China, Reinhard Bütikofer, bezeichnete den Vorgang als einen großen strategischen Fehler Pekings und betonte, China habe sich mit diesen harschen Sanktionen selbst sabotiert, just in dem Moment, als es mit dem CAI-Abkommen endlich eines seiner Hauptziele erreicht hatte, nämlich einen Keil zwischen die EU und die Vereinigten Staaten zu treiben. Andere Parlamentarier äußerten sich ähnlich und betonten, die Tür nach Washington stehe stets offen, um in einer engeren europäisch-amerikanischen Kooperation China in die Schranken zu weisen.

Trotzdem betonte die mächtige Europäische Kommission unter Führung der größten europäischen Länder, Deutschland und Frankreich — beides große Exportländer, die von engeren Wirtschaftsbeziehungen mit China am meisten profitieren würden — zunächst, man werde das CAI so oder so durchsetzen. Beide Länder, wie auch andere Mitgliedstaaten, sind nach wie vor sehr vorsichtig, sich Washington zu sehr anzunähern, da sie einen neuen Kalten Krieg fürchten, der ihre Volkswirtschaften grundlegend schädigen könnte.

Tatsächlich ist die politische Spaltung der Positionen gegenüber China in Europa nun deutlich ausgeprägter.

Eine Gruppe von Staaten, inspiriert vom Leitkonzept der «strategischen Autonomie» des französischen Präsidenten Emmanuel Macron, ist der Ansicht, Europa solle in Washingtons globalem und regionalem Kampf um die Vorherrschaft gegenüber Peking generell neutral bleiben, die eigenen wirtschaftlichen Chancen maximieren und Europas Stärke und Unabhängigkeit fördern. Für Washington sind die Zweideutigkeiten dieser Gruppe frustrierend und beeinträchtigen seine Bemühungen, mehr Länder hinter seiner multilateralen Koalition zu vereinen. Die bestehenden Spannungen traten im September 2021 mit dem AUKUS-Abkommen offen zutage. Da Australien im Rahmen des Abkommens Atom-U-Boote anschaffen wird, kündigte es einen bestehenden 90-Milliarden-Dollar-Vertrag über den Kauf von dieselbetriebenen U-Booten von Frankreich, ohne vorher mit Paris darüber gesprochen zu haben. Der französische Außenminister Jean-Yves Le Drian bezeichnete das Vorgehen Australiens als «Dolchstoß» und rückte es in die Nähe dessen, «was Herr Trump früher getan hat». Macron erklärte, die geheime Aushandlung des Abkommens sei ein «zwischen Verbündeten und Partnern inakzeptables» Verhalten und ging zu dem dramatischen Schritt über, Frankreichs Botschafter in Australien und den Vereinigten Staaten (zum ersten Mal überhaupt) vorübergehend abzuberufen. Für Macron und seine Gleichgesinnten in Kontinentaleuropa verstärkte der Vorfall nur den Eindruck — ob zu Recht oder zu Unrecht —, dass man sich auf die Vereinigten Staaten nicht verlassen kann. Sowohl Frankreichs Präsident als auch der Hohe Vertreter für Außenpolitik der EU, Josep Borrell, erklärten, dies verstärke die Notwendigkeit, eine europäische «strategische Autonomie» zu erreichen.

Eine zweite Gruppe, tief besorgt über die chinesisch-russische Zusammenarbeit, Fragen der Cybersicherheit, des Marktzugangs und der Menschenrechte, ist der Ansicht, die Trennlinie zwischen China und dem liberal-demokratischen Westen sei völlig klar, und Europa und die Vereinigten Staaten hätten hier eine gemeinsame Front zu bilden. Eine dritte Gruppe rechtspopulistischer und nationalistischer europäischer Parteien dagegen, die von Viktor Orbán, dem Premierminister Ungarns, angeführt wird, sieht in Chinas illiberalem politischem und wirtschaftlichem Entwicklungsmodell überhaupt kein Problem und ist der Meinung, Europa könne davon sogar etwas lernen. Als Resultat befürwortet diese Gruppe engere Beziehungen zu Peking. Derzeit ist die zweite dieser Gruppen auf dem Vormarsch — oft angeführt von einigen überraschend mutigen kleineren europäischen Staaten wie Litauen, das 2021 Pekings Zorn riskierte, als es die diplomatischen Beziehungen zu Taipeh stärkte. China betrachtet Europa jedoch nach wie vor als Teil seines größeren geopolitischen Spiels mit den Vereinigten Staaten.

CHINAS VERHÄLTNIS ZU DEN ENTWICKLUNGSLÄNDERN

Chinas Beziehungen zu Entwicklungs- und Schwellenländern in Afrika, Asien und Lateinamerika haben tiefe historische Wurzeln, die bis in die 1950er Jahre zurückreichen. Mao und Zhou Enlai spielten damals in der Bewegung der blockfreien Staaten eine wichtige Rolle. Mao sah die sogenannte Dritte Welt — den größten Teil Lateinamerikas, Afrikas und das übrige Asien mit Ausnahme Japans — als eine Zone zwischen den Vereinigte Staaten und der Sowjetunion an. Dort suchte er Verbündete im Kampf gegen die «Hegemonie», den Imperialismus und den Kolonialismus dieser Supermächte. Die KPCh organisierte auch Hilfe für und Investitionen in die blockfreien Staaten, einschließlich zinsloser oder zinsgünstiger Kredite, die nach chinesischer Auffassung auf den Grundsätzen der internationalen Solidarität beruhten, im Gegensatz zu den ausbeuterischen Praktiken des Westens. Zwischen 1953 und 1985 war China trotz der wirtschaftlichen Schwierigkeiten und Krisen im eigenen Land nach den OPEC-Staaten der weltweit zweitgrößte Geber internationaler Hilfe. Aber Pekings Handeln war schon immer zutiefst strategisch — wie auch heute noch — und basierte häufig auf Win-win-Beziehungen.

In den vergangenen 20 Jahren sind die wirtschaftlichen Beziehungen Pekings zu einem Großteil der Entwicklungsländer für viele dieser Staaten wichtiger geworden als ihre Beziehungen zu den Vereinigten Staaten — eine Tatsache, die von den politischen Entscheidungsträgern in Washington lange übersehen oder ignoriert wurde. Amerika war hingegen auf diesem Gebiet kaum präsent. Chinas Engagement besteht aus groß angelegten öffentlichen und privaten Handels- und Investitionsprojekten in Afrika, Asien und Lateinamerika, die in den vergangenen Jahren unter dem Dach der Belt-and-Road-Initiative intensiviert und koordiniert wurden. Viele dieser Projekte haben zu lokalen Kontroversen geführt, über Schulden, Umwelt- oder Arbeitsstandards. Das Beeindruckende an Chinas Strategie in den Entwicklungsländern ist jedoch einerseits seine Hartnäckigkeit und andererseits seine Fähigkeit, sich im Laufe der Zeit anzupassen und zu verändern. Westliche Wissenschaftlerinnen und Wissenschaftler haben eine Vielzahl von Feldstudien über chinesische Investitionsprojekte in den Entwicklungsländern durchgeführt. Einige dieser Projekte sind gescheitert, aber doch ist die Anzahl an Positivbeispielen darunter bemerkenswert, weil China konstant aus den eigenen Fehlern zu lernen wusste.

Chinas lange Tradition der «Süd-Süd»-Zusammenarbeit hat dem Land geholfen, eine Reihe lang gehegter Freundschaften in den Entwicklungsländern zu pflegen und zu stärken, die für den Ausbau des chinesischen Einflusses in internationalen Institutionen wie den Vereinten Nationen von entscheidender Bedeutung waren. Immer stärker sieht Peking aber auch Chancen in Regionen, die traditionell von amerikanischem Einfluss dominiert werden, darunter Lateinamerika und, wie bereits erwähnt, der Nahe und Mittlere Osten. Die Staaten dieser Regionen haben das Potenzial, in einem neuen globalen «großen Spiel» um internationalen Einfluss mit den Vereinigten Staaten als *swing states* zu fungieren. Wie in Asien sind die entscheidenden Faktoren für den chinesischen Erfolg die wachsende globale Präsenz der chinesischen Wirtschaft und der relative Rückgang amerikanischer Macht, der durch die Selbstzufriedenheit der Amerikaner und ihr mangelndes Verständnis für die Bedeutung traditioneller Freund- und Partnerschaften in der Welt, die während der Trump-Regierung vorherrschte, noch verstärkt werden.

DIE BEDEUTUNG AFRIKAS

Afrikanische Länder gehören seit mehr als einem halben Jahrhundert zu den wichtigsten Unterstützern Chinas auf der Weltbühne. Anders als andere sich entwickelnde Regionen hat Afrika sich nie eindeutig in den amerikanischen Einflussbereich eingliedern lassen. Stattdessen war es immer ein umkämpfter strategischer Raum — zunächst zwischen den europäischen Kolonial- und Postkolonialmächten, dann zwischen den Vereinigten Staaten und der Sowjetunion während des Kalten Krieges und jetzt zwischen dem Westen und einem aufstrebenden China.

Unter Xi hat Peking seine Bemühungen zur Festigung starker Beziehungen zu Afrika in den Bereichen Handel, Infrastrukturinvestitionen, Entwicklungshilfe und Sicherheitskooperation deutlich verstärkt. Im Gegensatz dazu ist Afrika unter der Trump-Regierung als amerikanische Priorität weitgehend aus dem Blickfeld geraten. Infolgedessen sind die afrikanischen Staaten zu Chinas zuverlässigsten Unterstützern in der internationalen Gemeinschaft geworden. Die Tatsache, dass die afrikanischen Staaten von den sicherheitspolitischen Auswirkungen nicht berührt sind, die Chinas expandierende geopolitische Einflusssphäre in Asien mit sich bringt, hat diese Entwicklung weiter begünstigt. Viele der Staaten sind begierig auf Wirtschaftshilfe, Handel und Investitionen.

Wie auch in anderen Teilen der Welt beginnen die Interessen Chinas in Afrika heute mit der Wirtschaft. Peking sieht den Kontinent als langfristig zuverlässigen Lieferanten von Energie und Rohstoffen und die aufstrebenden afrikanischen Volkswirtschaften als neue, milliardenschwere Verbrauchermärkte für chinesische Waren- und Dienstleistungsexporte. Gemäß der Logik seines Entwicklungsmodells hat China umfangreiche Mittel in die wirtschaftliche Infrastruktur investiert, darunter Hunderte von Straßen-, Eisenbahn-, Hafen-, Telekommunikations- und Stromversorgungsprojekten auf dem gesamten Kontinent. So ist Huawei trotz der andernorts geführten Debatten bereits zum führenden Anbieter von 4G-Telekommunikationsdiensten in Afrika geworden und hat mehr als 70 Prozent des 4G-Netzes des Kontinents aufgebaut. Die chinesische Billig-Smartphone-Marke TECNO ist zur beliebtesten in Afrika geworden und hat es so auch chinesischen mobilen Zahlungssystemen ermöglicht, auf dem Kontinent Fuß zu fassen. Zusammen halten chinesische Unternehmen einen dominierenden Marktanteil von 53 Prozent am Smartphone-Markt in Afrika; Samsung aus Südkorea folgt weit abgeschlagen mit 15 Prozent.

Im Zuge von Chinas neuer Hilfs- und Investitionsoffensive in Afrika haben chinesische Regierunsvertreter die Glaubwürdigkeit traditioneller westlicher Hilfsmodelle angegriffen, die ihrer Meinung nach bei der Armutsbekämpfung kaum messbare Erfolge gebracht haben. China argumentiert außerdem, das Nord-Süd-Entwicklungsgefälle zwischen Afrika und dem Westen habe dieser als bewusste neokoloniale Strategie beibehalten. Peking weist darauf hin, dass westliche Länder die Gewährung von Entwicklungshilfe in der Regel an politische Bedingungen und konkrete Maßnahmen geknüpft haben, wie beispielsweise die Einführung marktwirtschaftlicher oder demokratischer Reformen, um die Empfängerstaaten zu zwingen, sich in liberale Demokratien nach westlichem Vorbild zu verwandeln. Im Gegensatz dazu stellt China keine derartigen Bedingungen, sondern überlässt den lokalen Regierungen die Wahl des politischen Modells, das ihren lokalen Gegebenheiten entspricht. Nach Pekings Lesart ist der Zweck von Entwicklungshilfe nichts weiter als ein «Win-win», das beiden Seiten greifbare wirtschaftliche Vorteile verschafft.

Die Erklärung Xi Jinpings von 2018, China werde «afrikanische Länder im Expresszug der chinesischen Entwicklung willkommen heißen», zeigt, wie sehr es Peking darum geht, Afrika als Schaufenster nutzen, um die Überlegenheit des eigenen Wirtschaftsentwicklungsmodells zu demonstrieren, selbst unter Bedingungen, die sich von denen Chinas stark unterscheiden. Ein Erfolg in Afrika und anderswo in der sich entwickelnden Welt würde auch zu Chinas globalem ideologischem Ziel beitragen, den liberal-demokratischen Kapitalismus weltweit zu delegitimieren und die ideologische Legitimität der KPCh im In- und Ausland stärken. Afrika ist so Teil einer weit umfassenderen politischen Strategie und des fortgesetzten Strebens der KPCh nach langfristiger ideologischer Legitimität geworden.

Chinas unmittelbare politische Interessen konzentrieren sich jedoch darauf, die außenpolitische Unterstützung und wohlgesinnte Stimmkraft seiner afrikanischen Freunde in internationalen Institutionen zu erhalten. Afrika bietet China in der Regel einen zuverlässigen Block von etwa 50 Stimmen in jedem multilateralen Forum, wann immer chinesische Interessen auf dem Spiel stehen. Dabei ist es relativ gleichgültig, um welches Thema es gerade geht — von Menschenrechten über die Zukunft digitaler Governance bis hin zu chinesischen Prioritäten wie der Einbeziehung der BRI in UN-Resolutionen über Entwicklungsziele. Im Gegenzug erhalten afrikanische

Staaten die Gewissheit, dass China im UN-Sicherheitsrat über ein Vetorecht verfügt, das jederzeit zur Unterstützung eines Staates (oder sogar eines einzelnen politischen Führers) eingesetzt werden kann, dem in Krisenzeiten Kritik oder eine Intervention von außen droht.

China ist auch ein aktiver Sicherheitspartner einzelner afrikanischer Staaten sowie der 55 Mitglieder zählenden Afrikanischen Union geworden. 2019 gründeten China und seine afrikanischen Partnerstaaten das China-Africa Peace and Security Forum, in dessen Rahmen Peking die Verteidigungsbeziehungen mit der Region auf höchster Ebene ausbaute. Die Volksrepublik ist bereits jetzt zu einem Lieferanten von Waffen, militärischer Ausrüstung und Überwachungstechnologien für eine Reihe von Staaten auf dem Kontinent geworden. China ist sich auch der Tatsache bewusst, dass es angesichts der wachsenden chinesischen Diaspora in Afrika in der Lage sein muss, seinen Staatsangehörigen im Falle künftiger Sicherheitskrisen physischen Schutz zu bieten. Eine wachsende Sicherheitspräsenz in Afrika, sowohl als Teil von UN-Friedensmissionen als auch zur Unterstützung unabhängiger Sicherheitsmissionen der Afrikanischen Union, verschafft der Volksbefreiungsarmee unschätzbare Erfahrungen in internationalen Feldoperationen, wie es die Piratenbekämpfung im Golf von Aden für die chinesische Marine getan hat.

Beweise für Pekings expandierende Sicherheitsagenda in Afrika finden sich überall dort, wo China auf dem Kontinent präsent ist. Doch trotz einiger lokaler Kontroversen und wenig vorteilhafter Presseberichterstattung kam es kaum zu offiziellen negativen Reaktionen seitens der afrikanischen Staaten. Viel eher ist das Gegenteil der Fall. 2018 kündigte Xi an, China werde eine neue chinesisch-afrikanische Friedens- und Sicherheitsinitiative starten, der Afrikanischen Union weitere Militärhilfe leisten und mehr als 50 separate Programme zur Unterstützung der Sicherheit auf dem Kontinent ins Leben rufen. Er versprach den afrikanischen Staats- und Regierungschefs, dass «China sich für eine neue Vision der Sicherheit [in Afrika] einsetzt, die sich durch gemeinsame, umfassende, kooperative und nachhaltige Sicherheit auszeichnet».

Trotz dieser wachsenden Intensität der politischen, außen- und sicherheitsbezogenen Beziehungen ist wichtig zu erkennen, dass die Wirtschaftsdaten noch immer eine etwas andere Geschichte erzählen. Zwar stimmt es, dass China vor einem Jahrzehnt Amerika als größten Handelspartner Afrikas abgelöst hat — es steht aktuell für 200 Milliarden Dollar des gesamten afrikanischen Welthandels von rund 700 Milliarden Dollar, viermal so viel wie der gesamte afrikanische Handel mit den Vereinigten Staaten. Doch trotz der dramatisch klingenden öffentlichen Berichterstattung über hochkarätige chinesische Infrastrukturprojekte belegten Pekings ausländische Direktinvestitionen 2018 immer noch den fünften Platz in der Gesamtzahl ausländischer Direktinvestitionen in Afrika, nach den Niederlanden, Frankreich, Großbritannien und den Vereinigten Staaten. Auf diese Länder entfielen insgesamt 220 Milliarden Dollar an ausländischen Direktinvestitionen, also mehr als das Vierfache der Gesamtinvestitionen Chinas in Höhe von 46 Milliarden Dollar. Dies zeigt den großen Vorsprung, den europäische und nordamerikanische Investoren in Afrika noch immer haben. Außerdem konzentrierten sich die chinesischen Direktinvestitionen bisher eher auf einige wenige Länder (Angola, Nigeria, Äthiopien, Simbabwe und Uganda) und sind nicht gleichmäßig über den Kontinent verteilt.

Aber auch Chinas Entwicklungshilfe in Afrika spielt eine wichtige Rolle: Von 2015 bis 2018 wurden 60 Milliarden Dollar an chinesischen Entwicklungsgeldern ausgezahlt, und Xi sagte weitere 60 Milliarden Dollar für den Zeitraum 2018 bis 2021 zu. Davon wurden jedoch nur fünf Milliarden Dollar in Form von Nicht-Darlehenshilfen bereitgestellt. Mit anderen Worten: Der überwiegende Teil der chinesischen Hilfe für Afrika wird in Form von Krediten geleistet, die zurückgezahlt werden müssen, und nicht in Form von Zuschüssen, wie sie der Westen und Japan als Großteil ihrer offiziellen Entwicklungshilfe anbieten. Wie wir aus historischer Erfahrung wissen, führt die Abhängigkeit durch Schulden im Laufe der Zeit zu einer politischen Reaktion, vor allem, wenn sie zur Preisgabe nationaler Vermögenswerte führt, wie es im Fall von Hambantota in Sri Lanka auf spektakuläre Weise geschehen ist. Schnell können die Einheimischen in einem solchen Fall zu der Überzeugung gelangen, dies sei schlicht das Ergebnis einer absichtlichen «Schuldenfallen-Diplomatie», was Zorn über vermeintlich koloniale Absichten entfachen dürfte.

Bei der genauen Berechnung der Gesamtzahl aller chinesischen Hilfszahlungen stellen sich natürlich einige methodische Probleme, da China nicht an die Transparenz- und Kategorisierungsrichtlinien gebunden ist, die für die OECD-Mitgliedstaaten gelten. Die Gesamtzahl der Entwicklungshilfe könnte also höher sein. Wenn sich der derzeitige Trend fortsetzt, also die westliche Hilfe für Afrika stagniert und die chinesische Hilfe weiterhin jährlich um etwa 10 Prozent steigt, könnte bis zum Ende des Jahrzehnts sogar die kreditfreie chinesische Hilfe für den Kontinent die westliche übertreffen.

Unabhängig von den absoluten Zahlen darf man die potenziellen Auswirkungen chinesischer Darlehensprogramme nicht unterschätzen. Schließlich wird durch sie eine Unmenge derzeitiger Infrastrukturprojekte in Afrika unterstützt. In den Vereinigten Staaten wird die chinesische Entwicklungshilfe immer öfter als «Schurkenhilfe» («*rogue aid*») bezeichnet, weil sie nicht den OECD-Richtlinien oder -Annahmen entspricht. Das bedeutet jedoch nicht, dass chinesische Hilfe in Afrika unerwünscht oder unwirksam ist, wenn es darum geht, wirtschaftliche Resultate zu erzielen. Tatsächlich haben afrikanische Analysten auch die westliche Hilfe scharf kritisiert, und zwar im Hinblick auf ihre mangelnde Wirksamkeit über Jahrzehnte hinweg, ihre konditionale Agenda, mögliche vorübergehende Abhängigkeiten von westlicher Wohltätigkeit und die stets wankelmütige Unvorhersehbarkeit in Zeiten wirtschaftlicher Krisen. Darüber hinaus hat sich der Westen im Großen und Ganzen geweigert, die wirtschaftliche Infrastruktur in Afrika zu finanzieren, und stattdessen Projekte in den Bereichen Gesundheit, Bildung und guter Regierungsführung bevorzugt, während China die genau gegenteilige Strategie verfolgt. Viele afrikanische Staaten begrüßen diese Entscheidung Chinas, weil sich die Bilanzen multilateraler Kreditinstitute wie der Afrikanischen Entwicklungsbank als völlig unzureichend herausgestellt haben, um den Bedarf an Projektfinanzierung zu decken. Außerdem wird der Vorwurf, chinesische Kredite in Afrika hätten die Wahrscheinlichkeit von Zahlungsausfällen erhöht, durch die vorliegenden Daten bisher nicht bestätigt. Nur in zwei Ländern spielen chinesische Schulden eine wichtige Rolle, und selbst dort stehen sie nur gleichrangig neben den Schulden bei einer Reihe privater westlicher Finanzinstitute.

Chinas Afrikastrategie ist allerdings noch im Fluss. Fehlerhafte Projektplanung, unzureichende finanzielle Machbarkeitsstudien und lokale Abneigung gegen den anfänglich massiven Einsatz chinesischer Arbeitskräfte führten zu Problemen und in einer Reihe von Ländern zu ethnischen Spannungen. Doch China hat aus seinen Fehlern gelernt und sich im Laufe der Zeit konsequent um eine Verbesserung seiner Leistungen bemüht. Es wäre falsch anzunehmen — wie es viele in Amerika tun —, dass die Schwierigkeiten bei einzelnen Projekten oder die antichinesische Stimmung geradezu eine Flutwelle von Reaktionen gegen Chinas Afrikastrategie in Politik und Bevölkerung hervorgerufen hätte. Bislang gibt es dafür nur wenige Anzeichen. Eine panafrikanische Afrobarometer-Umfrage von 2019 zeigte, dass zwar immer noch mehr Afrikaner das US-Entwicklungsmodell dem chinesischen vorziehen (32 gegenüber 23 Prozent), die Mehrheit aber den chinesischen Einfluss auf dem Kontinent als weitgehend positiv betrachtet, auch wenn sie sich Sorgen über die Verschuldung macht. Dabei fand die Reaktion des Kontinents auf Covid-19 noch keine Berücksichtigung. Auch wenn der chinesische Ursprung des Virus die öffentliche Meinung zunächst erschüttert haben mag, war Chinas Medizin- und Impfstoffdiplomatie bis 2020 in ganz Afrika am Werk — Monate, bevor die Impfstoffstrategie der G7 überhaupt ins Rollen kam. Das trug nachhaltig dazu bei, die positive Stimmung gegenüber China auf dem Kontinent zu festigen.

Schließlich verschafft Chinas Präsenz in Afrika dem Kontinent zum ersten Mal ein Druckmittel, das es gegenüber seinen anderen Entwicklungspartnern einsetzen kann. Zuvor mussten die afrikanischen Staaten schlicht und einfach die Bedingungen akzeptieren, die ihnen der Westen vorgab. Chinas Ankunft hatte also erhebliche strategische und wirtschaftliche Auswirkungen für sie. Xis Afrikastrategie ist geduldig und agil, und seine Partner in Afrika scheinen dies im Großen und Ganzen zu schätzen.

CHINA IN LATEINAMERIKA

Anders als in Afrika haben sich Chinas strategische und wirtschaftliche Interessen in Lateinamerika erst in den vergangenen 20 Jahren herausgebildet — so spät, dass der erste Besuch eines chinesischen Präsidenten in der Region erst 2001 stattfand. Davor waren Mittelamerika, Südamerika und die Karibik ein diplomatisches Bollwerk für Taipeh. China war sich der strategischen Bedeutung der westlichen Hemisphäre für Washington bewusst, die bis in die Anfänge der Monroe-Doktrin von 1823 zurückreicht. Frühere Generationen chinesischer Staats- und Regierungschefs verstanden intuitiv, dass sie auf diesem Kontinent, der für die Vereinigten Staaten von größter geostrategischer Bedeutung ist und von allen Regionen der Welt am weitesten von Peking entfernt liegt, vorsichtig vorgehen mussten. Xi hat diese traditionelle chinesische Vorsicht aufgegeben, aber die Entwicklung hin zu einem verstärkten Engagement in der Region zeichnete sich schon unter seinem unmittelbaren Vorgänger Hu Jintao ab. Xi hat Lateinamerika und die Karibik bislang fünfmal besucht. Im Gegensatz dazu reiste Präsident Trump während seiner gesamten Präsidentschaft nur ein einziges Mal in die Region — und das zur Teilnahme an einem G20-Gipfel in Buenos Aires.

Der institutionelle Mechanismus der chinesisch-lateinamerikanischen Beziehungen hat sich durch Pekings konstante Beteiligung an multilateralen Treffen in der Region formalisiert. 2014 nahm Xi an der allerersten Jahrestagung des China-CELAC-Gipfels der Gemeinschaft der lateinamerikanischen und karibischen Staaten in Brasilia teil. Alle 33 Länder Lateinamerikas und der Karibik sind Mitglieder des Forums, das die Zusammenarbeit zwischen China und der CELAC in allen Bereichen — Handel, Investitionen und Finanzen, Energie- und Ressourcenmanagement, Bildung, Wissenschaft und Technologie, Landwirtschaft, Sport, Luft- und Raumfahrt, Armutsbekämpfung, Gesundheit und Katastrophenschutz — erleichtern soll. 2018 nahm Peking zum ersten Mal als Beobachter am Amerika-Gipfel teil, dem alle drei Jahre stattfindenden Treffen aller Regierungschefs aus Nord- und Südamerika. Trump ließ sich hingegen nicht blicken, was den Lateinamerikanern nicht entgangen sein wird. China hat Amerika in der Region als unaufmerksamen Akteur identifiziert, der sich nicht mehr aktiv in der westlichen Hemisphäre engagiert. Peking ist dabei, diese Lücke zu füllen.

An erster Stelle der unmittelbaren regionalen Interessen Chinas steht die diplomatische Isolierung Taiwans. Seit dem Sieg der vereinigungsfeindlichen Demokratischen Fortschrittspartei Taiwans bei den taiwanesischen Präsidentschaftswahlen 2016 (und der erdrutschartigen Wiederwahl von Präsidentin Tsai Ing-wen 2020) hat Xi die Samthandschuhe ausgezogen. Er setzt alle politischen und wirtschaftlichen Kräfte seines Landes ein, um die verbleibenden diplomatischen Partner Taipehs abtrünnig werden zu lassen. Bis 2020 hatten drei weitere Länder die Seiten gewechselt: die Dominikanische Republik, El Salvador und Panama. Letzteres war ein besonders wichtiger diplomatischer Erfolg für Peking, da das Land den Panamakanal kontrolliert. Allen drei Ländern wurden neue chinesische Investitionen angeboten und Panama die Schaffung einer neuen Sonderwirtschaftszone entlang des Kanals, ganz ähnlich dem Modell, das die Volksrepublik bereits am ägyptischen Suezkanal verfolgt. Pekings Werben um Taipehs verbleibende Verbündete in der Region hat sich 2020 mit dem Ausbruch der Covid-19-Pandemie erheblich beschleunigt, als China das Angebot eines billigen, schnellen Zugangs zu Impfstoffen zu nutzen wusste, um die betroffenen Staaten zu einem Wechsel ihrer Gefolgschaft zu bewegen. Das war ein wirksames Angebot. Nur ein medizinisches Soforthilfepaket Taiwans und ein Anruf des neuen US-Außenministers Antony Blinken verhinderten in letzter Minute, dass Paraguay die Seiten wechselte. Dann warnte Carlos Alberto Madero Erazo, Honduras' oberster Kabinettskoordinator (eine Art Premierminister), im Mai 2021 öffentlich, das Ausbleiben westlicher Hilfe in diesem verzweifelten Moment des Taiwan-Verbündeten bringe sie «in eine sehr schwierige Situation». Während der Pandemie, so Erazo, «begann das honduranische Volk zu erkennen, dass China seinen Verbündeten hilft, und wir begannen uns zu fragen, warum unsere Verbündeten uns nicht helfen». Er merkte zudem an, dass dies «definitiv zu Änderungen in der Außenpolitik führen» könne. Die Regierung Biden konnte durch ihre überstürzt organisierte Impfstoffhilfe für Lateinamerika diesen chinesischen diplomatischen Coup gerade noch abwenden — zumindest vorerst.

Abgesehen von Taiwan sind Chinas Hauptinteressen in Lateinamerika, wie auch in Afrika, wirtschaftlicher Natur. Auch hier sieht Peking langfristig ein großes Potenzial für chinesische Exporte und Investitionen. Innerhalb von weniger als 20 Jahren ist China zum zweitgrößten Handelspartner Lateinamerikas aufgestiegen, wobei sich der gegenseitige Handel von weniger als 18 Milliarden Dollar im Jahr 2002 auf 315 Milliarden Dollar 2020 gesteigert hat. Die Vereinigten Staaten bleiben mit 756 Milliarden Dollar (2020) der größte Handelspartner der Region. Das ist zwar immer noch ein beträchtliches Ungleichgewicht zugunsten Amerikas, aber bei den derzeitigen Entwicklungen wird Peking Washington laut Weltwirtschaftsforum um das Jahr 2035 als wichtigsten Partner der Region ablösen.

Wie in anderen Weltregionen auch ist ein solches Muster bei den ausländischen Direktinvestitionen noch nicht zu erkennen. Der Gesamtbestand an chinesischen Investitionen belief sich 2017 auf etwa 200 Milliarden Dollar, was jedoch nur etwa 8 Prozent aller in Lateinamerika getätigten ausländischen Direktinvestitionen ausmachte. Bei den offiziellen Krediten an lateinamerikanische und karibische Regierungen ist China der mit Abstand größte Geldgeber. Bis 2020 beliefen sich die chinesischen Staatskredite an die Region auf insgesamt rund 150 Milliarden Dollar, wobei der Schwerpunkt auf Venezuela (62 Milliarden Dollar), Brasilien (42 Milliarden Dollar), Argentinien (18 Milliarden Dollar) und Ecuador (17 Milliarden Dollar) lag. Venezuela ist mit seinen Krediten schon jetzt in Verzug. China hat bisher keinerlei Interesse an einem Schuldenmoratorium gezeigt, sondern darauf bestanden, dass Venezuela seine Schulden durch die Lieferung von bis zu einem Drittel der gesamten Erdölexporte des Landes an China tilgt. Während die Schuldenlast Brasiliens und Argentiniens gegenüber chinesischen Gläubigern zum jetzigen Zeitpunkt noch überschaubar ist, macht sie im Falle Ecuadors ein Drittel der gesamten Staatsschulden aus. Relativ gesehen ist Chinas offizielles Kreditbuch auf dem gesamten Kontinent größer als das der Weltbank und der Interamerikanischen Entwicklungsbank zusammen.

Wie auch in anderen Entwicklungsländern spiegelt das Muster des chinesischen Handels, der ausländischen Direktinvestitionen und der offiziellen Kreditflüsse nach Lateinamerika Pekings globalen Schwerpunkt auf Energiesicherheit, Rohstoffe und Infrastrukturinvestitionen wider. Der Großteil von Chinas Importen konzentriert sich auf nur vier Rohstoffe: Erdöl, Eisenerz, Kupfer und Soja. Etwa 90 Prozent der chinesischen ausländischen Direktinvestitionen fließen in die Bereiche Energie, Bergbau und insbesondere in die Infrastruktur. Bis 2020 waren in den Ländern der Region etwa 83 große Bauprojekte im Gange — Straßen, Schienen, Häfen, Flughäfen, Brücken, Kanäle, Baggerarbeiten und der Ausbau des öffentlichen Nahverkehrs. China investiert auch in die Telekommunikationsinfrastruktur —, zum Teil, um die Einführung des globalen 5G-Netzes von Huawei zu unterstützen, von dem sich das Land eine von China angeführte E-Commerce-Revolution in der gesamten Region erhofft. Während es in Peking eine gewisse Verärgerung über Chinas beträchtliches Kreditengagement in Lateinamerika gab — insbesondere angesichts des Ausmaßes der venezolanischen Zahlungsunfähigkeit —, kündigte Xi bei seinen jüngsten Besuchen auf dem Kontinent kühne neue Ziele für eine Ausweitung von Chinas Handels- und Investitionsverbindungen mit der Region an. Dazu gehörte die Zusage, die Handelsbeziehungen bis 2025 auf ein Volumen von 500 Milliarden Dollar zu schrauben und den Bestand an chinesischen Investitionen auf 250 Milliarden Dollar zu erhöhen.

Doch wie bereits erwähnt hat der venezolanische Zahlungsausfall in China politische Kritik an den bestehenden Auslandsinvestitionen ausgelöst. In akademischen Artikeln wird die Nachhaltigkeit Chinas jüngster Kreditstrategie öffentlich infrage gestellt, und unter chinesischen Bloggern wurden Forderungen laut, den Problemen im eigenen Land größere Priorität einzuräumen als groß angelegten Kredit- und Investitionsprogrammen in Afrika, Lateinamerika und Eurasien. Es ist bezeichnend, dass der angeschlagene venezolanische Präsident Nicolás Maduro bei seinem Besuch in Peking 2019 mit einem Blackout der chinesischen Medien begrüßt wurde, was sehr ungewöhnlich war und verdeutlicht, wie empfindlich man in Peking auf Kritik an Chinas venezolanischem Abenteuer reagiert.

In gewisser Hinsicht hat China das pakistanische Modell auf Venezuela angewandt und versucht, das Land zu Chinas «Allwetter-Verbündeten» in Lateinamerika zu machen. Dies hatte jedoch seinen Preis, da sich Maduros Regierung aufgrund akuter innenpolitischer Instabilität, schwerwiegender Vorwürfe von Menschenrechtsverletzungen und chronischem wirtschaftlichem Missmanagement immer weiter ins Abseits manövrierte. Das wiederum hat im gesamten demokratischen Lateinamerika zu negativen politischen Reaktionen auf Chinas Unterstützung für Maduros Regierung geführt. Trotz der Entschlossenheit vieler Staaten der Region (einschließlich Chinas BRICS-Partner Brasilien), Maduro zu stürzen, schien China den Interessen der an Venezuela angrenzenden Staaten eher gleichgültig gegenüberzustehen, obwohl Millionen venezolanischer Flüchtlinge über deren Grenzen strömen. Darüber hinaus wurde China angegriffen, weil es die linken Regierungen Lateinamerikas ganz gezielt finanziell unterstützt und ihnen hilft, die politische Macht gegen rechte Herausforderer zu behaupten.

Doch China verfügt bereits über ein gut entwickeltes politisches und diplomatisches Instrumentarium für den Umgang mit instabilen Regimen. Die chinesische Priorität — wie im Falle von Pakistan und Myanmar in Asien — liegt immer darin, die Beziehungen zum Staat, nicht notwendigerweise zur aktuellen Regierung, aufrechtzuerhalten und so langfristige strategische Interessen zu wahren und zu maximieren. Im Falle Venezuelas hat China Gespräche mit der venezolanischen Opposition aufgenommen, um sich für den Fall eines Regierungswechsels abzusichern.

Am spektakulärsten ließ sich diese Ausgleichsstrategie in Lateinamerika am Beispiel der Beziehungen Chinas zu seinem wichtigsten regionalen Partner, Brasilien, beobachten. Jair Bolsonaro war 2018 mit einem Wahlkampf erfolgreich, der auf offene Feindseligkeit gegenüber Peking setzte. Der Rechtsaußenpolitiker unternahm den außergewöhnlichen Schritt, als Präsidentschaftskandidat der Opposition Taiwan zu besuchen, und kritisierte wiederholt scharf, was er als Chinas räuberische Strategie in ganz Lateinamerika bezeichnete: «China kauft nicht von Brasilien. China kauft Brasilien.» Damit traf er einen tiefen, populistischen Nerv im ganzen Land, was zu seinem erdrutschartigen Wahlsieg beitrug. Doch bereits zwölf Monate nach seinem Amtsantritt zeigte sich die Macht der chinesischen Politik- und Wirtschaftsdiplomatie, als Bolsonaro zu einem Staatsbesuch nach Peking reiste und erklärte, die beiden Volkswirtschaften seien «geboren, um ihren Weg gemeinsam zu gehen». 2019 empfing er Xi dann mit offenen Armen bei einem Gegenbesuch im Rahmen des BRICS-Gipfels in Brasilia. Bolsonaro wurde von der wirtschaftlichen Realität überrumpelt, da China der größte Handelspartner des Landes ist und außerdem einen nicht unerheblichen Anteil an den brasilianischen Staatsschulden hält. Es dauerte so weniger als ein Jahr, bis China diplomatische Widrigkeiten in politische Chancen verwandelt hatte.

China hat im Umgang mit Bolsonaro großes Geschick bewiesen. Peking reagierte auf seine politischen Angriffe während des Präsidentschaftswahlkampfes nicht und hielt so die Kommunikationskanäle offen, was Bolsonaro den politischen Spielraum für einen Richtungswechsel gab. Trotz des öffentlichen Triumphgeheuls der Trump-Regierung nach der Wahl Bolsonaros, die eine neue strategische Partnerschaft mit «Brasiliens Trump» ankündigte, hatten die Vereinigten Staaten keine Antwort auf den wachsenden wirtschaftlichen Einfluss Chinas in Brasilien oder Lateinamerika allgemein. Tatsächlich reagierte Trump mit nichts anderem als grundlosen geopolitischen Warnungen, bevor er eine neue Ära des amerikanischen

Protektionismus einläutete. Er beschimpfte die amerikanische Industrie, weil sie in Mexiko produziert, und drohte damit, die Regeln des Nordamerikanischen Freihandelsabkommens aufzuheben (bevor er sie schließlich umschrieb).

Mexiko ist traditionell eines der schwächsten Glieder in Chinas Beziehungen zur Region. Es erhält weniger als 2 Prozent der gesamten chinesischen ausländischen Direktinvestitionen in Lateinamerika. 2019 gingen außerdem nur 1,6 Prozent seiner Exporte nach China. Doch aufgrund von Faktoren wie Chinas geschickter Impfstoffdiplomatie während der Pandemie — China versorgte das schwer getroffene Mexiko mit Millionen Dosen — versprach Mexikos Außenminister Marcelo Ebrard im Januar 2021, die bilaterale «strategische Partnerschaft» mit Peking auszubauen. Argentinien und eine Reihe von Karibikstaaten, die ebenfalls die tektonische Verschiebung des regionalen Einflusses erkennen, wenden sich bereits an China, um militärische Ausrüstung zu erhalten, wobei Argentinien unter anderem den milliardenschweren Kauf von chinesischen Kampfjets für seine Luftwaffe anstrebt.

Wie in Afrika hat China auch in Lateinamerika einige Rückschläge hinnehmen müssen. Abgesehen von seinen Schuldenproblemen mit Venezuela gehören dazu auch wütende Reaktionen auf die ökologischen und menschlichen Folgen hochkarätiger chinesischer Projekte, wie dem Hidroituango-Wasserkraftwerk in Kolumbien. Im Zuge des Staudammbaus wurden 25 000 Menschen aus ihren Häusern vertrieben, und es gab schwerwiegende Probleme, darunter ein Tunneleinsturz, der eine ökologische und soziale Katastrophe auszulösen drohte, und eine Kostenüberschreitung, die eine große Protestbewegung auslöste. Höchst umstritten ist außerdem, dass China bei solchen Projekten in großem Umfang chinesische Arbeitskräfte einfliegt und in den Fällen, in denen einheimische Arbeitskräfte beschäftigt werden, häufig gegen nationale gesetzliche Arbeitsnormen verstößt. Darüber hinaus gab es viele dramatisch klingende öffentliche Ankündigungen neuer chinesischer Megaprojekte — zum Beispiel Pläne für einen zweiten Kanal durch Mittelamerika, der mit dem von Panama konkurrieren soll, und die 50 Milliarden Dollar teure Interozeanische Eisenbahn, die Brasilien mit Peru und damit mit der Pazifikküste verbinden soll —, stets gefolgt von langem Schweigen. Denn nüchterne Einschätzungen der finanziellen Kosten durch Peking führten dazu, dass vor Ort wenig unternommen wurde. All dies hat jedoch bisher den Appetit Lateinamerikas auf ein breiteres chinesisches Engagement nicht beeinträchtigt. 2019 hatten neun der damals 32 CELAC-Mitglieder Chinas Belt-and-Road-Initiative unterzeichnet, ungeachtet der Ironie, dass die chinesischen Seidenstraßen der Vergangenheit zu Lande und zu Wasser nie näher als 10 000 Kilometer an den lateinamerikanischen Kontinent heranreichten.

Washington ist nervös, weil das chinesische Engagement in der Region scheinbar mühelos den Wechsel zwischen linken und rechten Regierungen überstanden hat. Die Vereinigten Staaten haben Lateinamerika vor den Übergriffen dieser «neuen imperialen Macht» gewarnt, ohne dass das viel Wirkung gezeigt hätte. 2018 berief sich der damalige US-Außenminister Rex Tillerson sogar öffentlich auf den «Erfolg» der Monroe-Doktrin bei der Abwehr anderer Großmächte in der westlichen Hemisphäre, als er vor den «imperialen» Ambitionen Chinas warnte und damit noch tauber als andere auf Chinas Ankunft in der Region reagierte. Das Weiße Haus in seiner Nationalen Sicherheitsstrategie von 2017 — und unabhängig davon auch das US Southern Command — haben ebenfalls öffentlich vor Chinas wachsender Präsenz in «der Hemisphäre» gewarnt und auf Pekings immer größere Kontrolle der kritischen Infrastruktur, einschließlich der Häfen der Region, hingewiesen. Die Amerikaner mögen viel murren und klagen, Xi dagegen kann mit Chinas strategischen Erfolgen auf dem Kontinent im vergangenen Jahrzehnt zufrieden sein.

CHINAS AMBITIONEN AN DEN POLEN

China zeigt seit langem ein starkes Interesse daran, eine Rolle in der Arktis und der Antarktis zu spielen, obwohl es geografisch über keinen direkten Zugang zu den Polkappen verfügt. Diese chinesische Aufmerksamkeit für den Nordpol geht mindestens auf das Jahr 2008 zurück, als Peking eine Kampagne des vorsichtigen diplomatischen Werbens begann, um die Staaten des Arktischen Rates (Kanada, Dänemark, Schweden, Finnland, Island, Norwegen, Russland und die Vereinigten Staaten) davon zu überzeugen, China einen ständigen Beobachterstatus zu gewähren. Dies gelang der Volksrepublik schließlich 2013, woraufhin Xi in einer Rede 2014 erklärte, die Entwicklung zu einer «polaren Großmacht» sei «ein wichtiger Bestandteil von Chinas Prozess, eine maritime Großmacht zu werden». Fünf Jahre später — im ersten offiziellen Weißbuch zur Arktisstrategie — erklärte sich China zu einem «arktisnahen Staat» und verpflichtete sich zur Zusammenarbeit und der gemeinsamen Entwicklung der Polarregionen.

Chinas strategisches Interesse an der Arktis, das mit maritimen Machtambitionen in Verbindung steht, erklärt sich vor allem durch zwei Faktoren. Erstens verfügt die Arktis über erhebliche unerschlossene Energie- und Mineralreserven, darunter schätzungsweise mehr als 30 Prozent der unentdeckten Erdgasreserven und 13 Prozent der unentdeckten Erdölreserven der Welt. Da sich die Pole durch den globalen Klimawandel weiterhin rapide erwärmen — die Arktis wird voraussichtlich schon 2030 völlig frei von sommerlichem Meereis sein — werden diese bislang weitgehend unzugänglichen Ressourcen bald verfügbar sein. Aus diesem Grund bemühen sich die arktischen Staaten darum, diese Ressourcen zu lokalisieren und für sich zu beanspruchen, bevor es ihre Rivalen tun. Zweitens, und das ist für China noch wichtiger, bedeutet der rasche Rückgang des arktischen Meereises, dass der Jahrhunderte alte Traum einer Seeschifffahrtsroute, die Atlantik und Pazifik durch die Arktis verbindet, Wirklichkeit wird. (Ein Maersk-Schiff war 2018 der erste Frachter, der Container von Ostasien nach Europa durch die Nordostpassage entlang der russischen und norwegischen Küste transportierte.) Wirtschaftlich gesehen ist die Nordostpassage mehr als 8000 Kilometer kürzer als die Route durch den Suezkanal und verkürzt die Transportzeit um bis zu 15 Tage, was sowohl für China als auch für Russland erhebliche Kostenvorteile mit sich bringt. Aus strategischer Sicht könnte die Nordostpassage zu einem noch größeren Wendepunkt werden, da sie dem chinesischen Seeverkehr die Umgehung der Gewässer des Nahen Ostens und des Indischen Ozeans — einschließlich maritimer Nadelöhre wie der Straße von Malakka — ermöglicht. Er wäre damit der Seemacht der Vereinigten Staaten und ihrer Verbündeten weniger stark aussetzt. Solange sich die chinesisch-russischen Beziehungen weiter vertiefen, könnte eine nordöstliche Seeroute für China eine sicherere Alternative in einer geopolitisch instabileren Welt werden.

Aus diesen Gründen hat China erhebliche Ressourcen in die gemeinsame Entwicklung der Route mit Russland gesteckt und sie als «arktische Seidenstraße» bezeichnet. Zwischen 2012 und 2017 investierte China mehr als 90 Milliarden Dollar in den Bau von Häfen, Überlandverbindungen, Küstenwachen und Forschungsstationen in Russland, Finnland und Norwegen und versucht dadurch, die notwendige Infrastruktur aufzubauen, um die Handelsroute unter wohl weiterhin rauen Wetterbedingungen bedienen und unterhalten zu können. Seit 2019 hat China eine wachsende Zahl von Eisbrecherschiffen gebaut und in die Region entsandt, zudem neue Forschungsstationen in Island, Grönland und anderen kritischen Gebieten im hohen Norden errichtet. In Washington hat das zu Alarmstimmung geführt. Der damalige US-Außenminister Mike Pompeo warnte 2019, die Arktis sei «zu einer Arena des globalen Wettbewerbs» geworden und laufe Gefahr, «in ein neues Südchinesisches Meer verwandelt zu werden». Doch wieder einmal hat Washington nur langsam reagiert, abgesehen von seiner deftigen politischen Rhetorik. Die Vereinigten Staaten verfügen noch immer nur über zwei alternde Eisbrecher, von denen einer bei einem Sommereinsatz in der Antarktis 2017 fast gesunken wäre.

Im Vergleich zur Arktis sind Chinas Ambitionen in der Antarktis weit weniger dramatisch. Wie andere Nationen auch, hat sich China in erster Linie auf wissenschaftliche Aktivitäten am Südpol konzentriert. Pekings rasanter Aufstieg zur wissenschaftlichen Macht in der Antarktis — vor 1985 war das Land dort gar nicht präsent, heute unterhält es fünf Forschungsbasen und gibt mehr Geld aus als jede andere Regierung auf dem Kontinent —, hat jedoch bei den anderen Unterzeichnerstaaten des Antarktis-Vertrags Besorgnis ausgelöst. Nach internationalem Recht soll die Antarktis niemandem gehören und als globales Naturschutzgebiet frei von Ressourcenabbau jeder Art sein. Die Formulierungen in chinesischen Wissenschafts- und Regierungsberichten — darunter Chinas erstem Antarktis-Weißbuch von 2017 — haben jedoch Bedenken geweckt, dass Peking nicht die Absicht hat, diese potenziell ressourcenreichen Länder und Gewässer unbeachtet zu lassen. Das Polarforschungsinstitut Chinas beschreibt die Antarktis seit langem als «globale Schatzkiste der Ressourcen», das für Chinas Wirtschaftswachstum von entscheidender Bedeutung sein könnte. Bei seinem Besuch in Australien 2014 konnte Xi die internationalen Bedenken nicht zerstreuen. An der Seite des damaligen Premierministers Tony Abbott erklärte er, China sei bereit, «die Antarktis besser zu verstehen, zu schützen und *zu nutzen*» (Hervorhebung des Autors).

Die chinesischen Staatsmedien änderten später pflichtbewusst die offizielle Übersetzung der Äußerungen und ersetzten «nutzen» durch «erkunden», aber die Botschaft war angekommen. Andere Mächte beobachten Chinas Aktivitäten in der Antarktis weiterhin mit Misstrauen. 2017 beschuldigte das Australian Strategic Policy Institute (eine unabhängige Denkfabrik, die die Regierung berät) China, auf dem Kontinent unangemeldete militärische Aktivitäten durchzuführen und die Erschließung von Bodenschätzen vorzubereiten, was gegen internationales Recht verstoßen würde. Peking hat solche Kritik ignoriert und als Reaktion nur seine wissenschaftlichen Absichten bekräftigt.

WACHSENDER EINFLUSS

Trotz des Drucks, den Washington auf China ausübt, ist Peking der Ansicht, dass sein globaler Einfluss — insbesondere sein wirtschaftlicher Einfluss — weiter zunimmt. Während die Covid-19-Pandemie für China zu Beginn ein PR-Albtraum war, hat der relative Erfolg der chinesischen Reaktion im eigenen Land und der der Impfstoffdiplomatie in den Entwicklungsländern (und die Trägheit der amerikanischen Alternative) diesen wachsenden Einfluss bekräftigt. Europa ist für China nach wie vor ein Problem. Doch Pekings Außenpolitik ist agil und wendig und wird ihren Kurs weiterhin anpassen, um chinesische Interessen durchzusetzen. In Afrika baut China seine Beziehungen zu einem Kontinent weiter aus, auf dem Amerika nach wie vor weitgehend abwesend ist. Und wenn China in Lateinamerika in den nächsten 15 Jahren die gleichen Fortschritte erzielen kann wie in den vergangenen, könnte sich Amerikas Vormachtstellung in der viel gepriesenen westlichen Hemisphäre bald in Luft auflösen. In ähnlicher Weise wird Chinas Polarstrategie durch die engen strategischen Beziehungen zu Moskau und die stärkere Öffnung gegenüber anderen arktischen Staaten untermauert.

In Sachen internationaler Beliebtheit, insbesondere in den Entwicklungsländern, scheint sich also einiges zu Chinas Gunsten zu entwickeln, was die Trump-Regierung durch ihren weitgehenden Rückzug aus multilateralen und anderen internationalen Institutionen zusätzlich unterstützt hat. Da China das entstandene Vakuum schnell zu füllen und eine «Position näher an der Hauptbühne des Weltgeschehens» einzunehmen versucht (wie Xi es in seiner feierlichen Ansprache auf dem Parteitag 2017 formulierte), sieht die chinesische Führung nicht nur den lange vorausgesagten «allgemeinen Trend zur Multipolarität» in Erfüllung gehen, sondern auch das, was Xi häufig als «eine Welt, die so tiefgreifende Veränderungen erfährt, wie wir sie seit einem Jahrhundert nicht mehr gesehen haben» beschreibt. Dabei handelt es sich um eine Umschreibung für den Niedergang der Vereinigten Staaten und ein aufstrebendes China, das global an deren Stelle tritt.

Im Wesentlichen sieht die chinesische Führung eine anhaltende «Periode strategischer Gelegenheiten» auf internationaler Ebene, obwohl sie sich regelmäßig über die «Einmischung» der Vereinigten Staaten in einer Zeit des «langfristigen Wettbewerbs» mit Washington beschwert. In diesem Umfeld glaubt Peking, es werde in der Lage sein, Länder auf der ganzen Welt entweder von der chinesischen Sicht zu überzeugen oder ihnen keine andere Wahl zu lassen, als entweder auf den «chinesischen Zug» aufzuspringen oder am Wegesrand zurückzubleiben. Für viele Länder wird dies immer mehr zu einer binären Option, bei der man sich zwischen China (oft bereits der größte Wirtschaftspartner) und den Vereinigten Staaten (oft die einzige Hoffnung auf Sicherheit vor chinesischem Zwang) entscheiden muss. Obwohl viele Länder diese Wahl ablehnen, werden sie unweigerlich in sie hineingezogen, vor allem, weil sich die Vereinigten Staaten in der Ära Trump aus genau dem internationalen System zurückgezogen und es dann untergraben haben, das eigentlich eine Alternative zur Welt der *hard power* und der Einflusszonen bieten sollte. Es bleibt die Frage, ob US-Präsident Biden diese Institutionen ausreichend wiederbeleben und die moralische Autorität der Vereinigten Staaten wiederherstellen wird, um Chinas Ziele zu vereiteln, das regelbasierte internationale System in einer Weise umzugestalten, die seiner Macht, seinen Interessen und seinen Werten entspricht — so wie es aus chinesischer Sicht die Vereinigten Staaten nach 1945 getan haben.

CHINA UND DIE GLOBALE ORDNUNG

Xis Ambitionen für China betreffen schließlich auch die Zukunft der globalen Ordnung selbst. Die Vereinigten Staaten und ihre Verbündeten haben als Sieger des Zweiten Weltkriegs die Grundarchitektur der liberalen, auf festen Regeln basierenden internationalen Nachkriegsordnung geschaffen. Diese Architektur wurde 1944 auf der Konferenz von Bretton Woods festgelegt, aus der der Internationale Währungsfonds, die Weltbank und das Allgemeine Zoll- und Handelsabkommen hervorgingen (aus letzterem GATT-Abkommen wurde später die Welthandelsorganisation WTO). Während die Republik China unter Chiang Kai-shek vertreten war, waren Maos Kommunisten selbstverständlich nicht dabei. Unterdessen weigerte sich die Sowjetunion, die Vereinbarungen zu ratifizieren und bezeichnete die Institutionen als «Filialen der Wall Street». Im Anschluss an die Konferenz von San Francisco wurden 1945 die Vereinten Nationen ins Leben gerufen, zu deren Gründungsmitgliedern sowohl die Sowjetunion als auch die Republik China gehörten, die beide einen ständigen Sitz im exklusiven UN-Sicherheitsrat samt Vetorecht erhielten. Die Vereinigten Staaten waren bei der Schaffung all dieser Institutionen federführend und versuchten anschließend, die so von ihnen hergestellte Ordnung durch ein globales Netz von Bündnissen zu verteidigen: die North Atlantic Treaty Organization (NATO) in Europa sowie bilaterale und multilaterale Sicherheitsallianzen in ganz Ostasien. In der gesamten Nachkriegszeit, während des Kalten Krieges und darüber hinaus, blieb Amerika die politisch, wirtschaftlich und militärisch dominierende Supermacht der Welt.

Die Volksrepublik China stellt die politische Legitimität und die politische Effektivität des westlichen liberal-demokratischen Modells infrage, das in den Normen und Regeln der geschaffenen Ordnung verankert war. Die von den Demokratien der Welt vertretenen Werte und die auf ihnen aufbauenden internationalen Institutionen und Regeln sind für Peking weiterhin ein politisches und normatives Hindernis. Um dem entgegenzuwirken, schafft China neue multilaterale Institutionen außerhalb des Rahmens der Nachkriegsordnung, die Peking stets als eine von den siegreichen westlichen Kolonialmächten geschaffene und damit aufgezwungene Ordnung betrachtet hat. Und das, obwohl China unter der damaligen nationalistischen Regierung an der Errichtung eben dieser Ordnung beteiligt war.

Nichtsdestotrotz ist auch im politischen Bewusstsein der Chinesen tief verankert, dass eine Art regelbasiertes globales System wünschenswert ist, um nicht im Chaos zu versinken. Alte chinesische Philosophen warnten, die einzige Alternative zur Ordnung sei das Chaos — eine Wahrheit, die sich Chinesen, die die Wirren der Bürgerkriege und der Kulturrevolution miterlebt haben, sehr zu Herzen genommen haben. Es ist jedoch wichtig, sich daran zu erinnern, dass die Ordnung, die Peking vorschwebt, anders aussieht als eine von den Vereinigten Staaten geschaffene oder gar eine liberale zwischenstaatliche Ordnung. Chinas Erwartungen an die künftige Weltordnung bestehen vielmehr darin, sie nach Bedarf zu verändern und anzupassen, um Chinas nationalen Interessen und Werten besser gerecht zu werden. Aktuell werden vor allem die politischen Bestrebungen Chinas deutlich. Weniger klar ist dabei, inwieweit China Dinge tatsächlich verändern will, in welchem Tempo, und ob der Rest der internationalen Gemeinschaft diesen Veränderungen zustimmen wird.

Fest steht, dass Chinas wachsender Einfluss Auswirkungen auf die derzeitigen internationalen Menschenrechtsnormen haben wird, die in drei großen internationalen Pakten und im Menschenrechtsrat in Genf verankert sind. Er wird auch Auswirkungen auf die künftige internationale Wirtschaftsordnung haben, einschließlich der Struktur und Funktionsweise der WTO, insbesondere als Folge des Handelskriegs mit den Vereinigten Staaten. Was die künftige zwischenstaatliche Sicherheitsordnung betrifft — verankert im UN-Sicherheitsrat, in dem China weiterhin die privilegierte Stellung eines ständigen Mitglieds mit vollem Vetorecht bei allen kollektiven Sicherheitsmaßnahmen genießt —, befinden uns auf unsicherem Terrain.

CHINA ALS AUSSENSEITER

Bis 2014 zeigte China wenig Interesse daran, eine größere Rolle bei der Gestaltung der Zukunft der regelbasierten internationalen Ordnung und der sie tragenden Institutionen zu spielen. Chinas Haltung gegenüber den Vereinten Nationen und der Vielzahl ihrer Sonderorganisationen, die sich mit Frieden und Sicherheit, wirtschaftlicher Entwicklung und Menschenrechten befassen, sowie gegenüber den Bretton-Woods-Institutionen war weitgehend defensiv. Das Ziel bestand darin, die eigene Mitgliedschaft in diesen Institutionen zu nutzen, um die innenpolitische Legitimität in den Augen des chinesischen Volkes zu stärken, die internationale Legitimität des Regimes zu festigen, Taiwan isoliert zu halten und alle Maßnahmen internationaler Institutionen zu blockieren, die Chinas nationalen Kerninteressen schaden könnten. Diese Position blieb lange bestehen, weil Peking der Ansicht war, es habe nur begrenzte Möglichkeiten, das System anzufechten oder zu verändern. Die Volksrepublik beschloss daher, im Rahmen des Systems zu arbeiten, das sie 1971 von der Republik China (Taiwan) geerbt hatte, nachdem der Westen seine diplomatische Anerkennung von Taipeh auf Peking übertragen hatte. Deng Xiaoping erkannte auch, dass einige multilaterale Institutionen bei der Umsetzung des Ziels, die chinesische Wirtschaft rasch zu entwickeln, breite Volksschichten von der Armut zu befreien und die Grundlagen für einen starken chinesischen Staat zu schaffen, durchaus von Nutzen sein konnten. Dies galt insbesondere für die frühe Zusammenarbeit Chinas mit der Weltbank und dem IWF in den ersten Jahrzehnten von Dengs Reform- und Öffnungspolitik. Erneut zeigte es sich bei Chinas Beitritt zur WTO 2001, der dem Land die einmalige Chance bot, in den Weltmarkt einzutreten.

All dies änderte sich jedoch 2014. Die Zentrale Arbeitskonferenz der Kommunistischen Partei Chinas für Auswärtige Angelegenheiten, die im November desselben Jahres von Xi Jinping einberufen wurde, markierte einen politischen Wendepunkt und läutete eine neue Ära des multilateralen Aktivismus Chinas ein. Konferenzen dieser Art werden normalerweise alle vier bis fünf Jahre abgehalten, um für die kommenden Jahre den grundlegenden außenpolitischen Kurs von Partei und Staat festzulegen. An ihnen nimmt das gesamte außen-, sicherheits- und wirtschaftspolitische Establishment des Landes teil. Bei dem entscheidenden Treffen legte Xi einen völlig neuen Ansatz fest. Er verabschiedete sich offiziell von Dengs jahrzehntelanger Strategie mit den Maximen «Stärken verbergen, abwarten, und niemals die Führung übernehmen» und ersetzte sie durch eine neue aktivistische Strategie für die internationale Politik. Konkret verwies Xi auf einen sich neu entfaltenden «Kampf» um die Zukunft der globalen Ordnung und erklärte, China müsse in dieser Ordnung «nach Erfolgen streben». Oder wie er drei Jahre später auf einer anderen Parteiversammlung sagte: «Dies wird die Ära sein, in der China stärker in den Mittelpunkt rückt und einen größeren Beitrag für die Menschheit leistet.»

Seine Anweisungen spiegelten die Ansicht wider, China sollte die künftige Form des internationalen Systems gestalten, anstatt die

Struktur des Systems in seiner jetzigen Form bloß passiv zu akzeptieren. Peking sah die Möglichkeit, multilaterale Institutionen aktiv zu nutzen, um chinesische Interessen und Werte innerhalb des internationalen Systems zu artikulieren und zu fördern. Die Teilnehmer der Versammlung waren der Meinung, Chinas Diplomaten sollten endlich von der Leine gelassen werden, um dem Land in der multilateralen Welt größeren internationalen Raum zu verschaffen, wie es sich für eine aufstrebende globale Großmacht gehöre.

Die KPCh war auch besorgt, Chinas historischer Ansatz der grundsätzlichen Unterstützung des UN-Systems könnte dazu führen, dass die liberal-demokratischen Annahmen der Allgemeinen Erklärung der Menschenrechte der Vereinten Nationen legitimiert werden — und damit Chinas innenpolitische Ordnung delegitimieren. Nach 2014 nutzte Peking jedoch verschiedene multilaterale Bündnisse, um die Kernkonzepte von Demokratie, Menschenrechten und Rechtsstaatlichkeit in einer Weise neu zu definieren, die mit Chinas innerstaatlicher Praxis besser vereinbar war. Dabei konnte China auf die eifrig kultivierte Unterstützung aus dem gesamten Nahen Osten, Afrika, Asien und Teilen Lateinamerikas zurückgreifen, wo die Unterstützung für liberale Menschenrechtsnormen ebenfalls ins Wanken geraten war. Im Ergebnis konnte China bei seinen Handlungen auf einen beeindruckenden internationalen Chor der Unterstützung sowohl von linken als auch von rechten autoritären Staaten der ganzen Welt zählen.

China hatte bereits vor dem bahnbrechenden Parteitag 2014 eine Reihe globaler und regionaler Initiativen außerhalb des UN- und Bretton-Woods-Rahmens gestartet. Dazu gehören die Asiatische Infrastruktur-Investitionsbank (AIIB), die Neue Entwicklungsbank (gemeinsam mit den BRICS-Staaten) und die bereits beschriebene BRI. Doch nach 2014 beschleunigten sich Tempo und Umfang von Chinas neuem selbstbewussten und kritischeren Ansatz innerhalb des bestehenden multilateralen Systems. Xi wurde durch den umfassenden Angriff der Trump-Regierung auf das multilaterale System, die Streichung der Mittel für die Vereinten Nationen und den tatsächlichen US-Rückzug aus einer Reihe von UN-Gremien und Bretton-Woods-Institutionen weiter ermutigt. Dazu gehörte auch eine Kürzung der jährlichen US-Finanzmittel für die UNO, einschließlich der satten 1,05 Milliarden Dollar, die die Vereinigten Staaten weiterhin an unbezahlten Beiträgen schulden. In der Zwischenzeit zogen sich die Amerikaner aus mehreren UN-Organisationen und -Initiativen zurück oder leiteten den Rückzug ein, darunter der UN-Menschenrechtsrat (UNHRC), die UN-Organisation für Bildung, Wissenschaft und Kultur (UNESCO) und das Pariser Abkommen im Rahmen der UN-Klimakonvention. Durch seine Weigerung, neue Mitglieder für das Schiedsgericht der Welthandelsorganisation zu ernennen, legte Washington auch noch die Streitbeilegungsmechanismen der WTO lahm. Chinas Führung konnte ihr Glück wohl kaum fassen, dass die Vereinigten Staaten unter Trump bereitwillig — ja sogar vorsätzlich — ein politisches, diplomatisches und finanzielles Vakuum in dem System hinterließen, das Amerika selbst 1944–45 geschaffen hatte. Und China war mehr als glücklich, den daraus resultierenden institutionellen Raum mit kleinstmöglicher öffentlicher Aufmerksamkeit zu besetzen.

Unter Xi beschreitet Chinas neue multilaterale Strategie zwei Wege. Der erste besteht darin, den Einfluss Pekings in den bestehenden Institutionen der Weltordnungspolitik rasch auszuweiten, und zwar durch eine Kombination aus verstärkter Finanzierung des Systems, der Ernennung chinesischer Staatsangehöriger zu Spitzenpositionen (oder ihre Berufung in Führungsteams) wichtiger multilateraler Gremien und der Einleitung einer Reihe proaktiver diplomatischer Initiativen im gesamten UN-System, die über Chinas weitgehend defensive Haltung in der Vergangenheit hinausgehen. So hat China zwischen 2010 und 2020 seinen jährlichen Beitrag an die UN- und die Bretton-Woods-Institutionen um insgesamt 30 Milliarden Dollar aufgestockt. Peking übernahm zudem eine aktivere Rolle innerhalb der UNO und sicherte sich die Führung der UN-Organisation für Ernährung und Landwirtschaft, der UN-Hauptabteilung für ökologische und soziale Angelegenheiten, der UN-Organisation für industrielle Entwicklung, der Internationalen Zivilluftfahrt-Organisation, der Internationalen Fernmeldeunion und von INTERPOL.

Im UN-Sicherheitsrat übernimmt China — im Gegensatz zu Russland — routinemäßig die Führung bei Themenkomplexen außerhalb Europas und des Nahen Ostens, wenn die Positionen der Vereinigten Staaten, Großbritanniens oder Frankreichs herausgefordert werden sollen. In der Generalversammlung ist Chinas Fähigkeit, eine breite Unterstützung von Mitgliedstaaten aus allen geografischen Regionen zu mobilisieren, um so westliche Resolutionen zu vereiteln — einschließlich aller, die Chinas Position zu den Menschenrechten in Xinjiang kritisieren — für alle sichtbar. In ähnlicher Weise hat China sowohl von den UN-Mitgliedstaaten als auch vom Generalsekretär beträchtliche Unterstützung erhalten, um bestimmte chinesische diplomatische Initiativen voranzutreiben. Diese reichen von der BRI über Xis langfristigen, absichtlich nicht näher definierten Vorschlag einer «Schicksalsgemeinschaft» bis hin zu themenspezifischen Vorschlägen, bei denen Peking beschlossen hat, eine Führungsrolle zu übernehmen. Peking blieb auch dem Pariser Klimaabkommen verpflichtet, obwohl Washington im Juni 2017 seinen Ausstieg beschloss (der erst im November 2020 formell in Kraft treten würde) — eine Entscheidung, die wahrscheinlich zum Scheitern des gesamten Abkommens geführt hätte, wäre Peking diesem Beispiel gefolgt. 2020 nutzte Xi dann die UNO für seine Ankündigung, China werde den Höhepunkt seiner Kohlenstoffemissionen bis 2030 erreichen und bis 2060 klimaneutral werden, und versuchte so, Chinas künftigen Anspruch auf eine globale Führungsrolle bei Nachhaltigkeit und Klimaschutz durchzusetzen. Unterdessen hat China, das einen großen Beitrag zu UN-Friedensmissionen leistet, 2015 durch die Einrichtung eines Fonds in Höhe von einer Milliarde Dollar zur Finanzierung einer stehenden Einheit mit 8000 chinesischen UN-Blauhelmen und deren Ausrüstung zum schnellen Einsatz in der ganzen Welt sein Engagement weiter vergrößert.

Abgesehen von den Vereinten Nationen hat China seinen Anteil an der Weltbank von weniger als 3 Prozent vor 2010 auf etwas mehr als 5 Prozent 2019 fast verdoppelt und sich die Positionen des stellvertretenden Leiters, des geschäftsführenden Direktors und des Schatzmeisters des 62 Milliarden Dollar schweren Portfolios der Bank gesichert. Was den IWF anbelangt, so ist Chinas Quote (was seine Beiträge, den Zugang zu Finanzmitteln und Stimmrechtsanteile anbelangt) zwischen 2010 und 2019 ebenfalls um fast 3 Prozent gestiegen, was allerdings im Verhältnis zur tatsächlichen chinesischen Wirtschaftskraft weiterhin ein unverhältnismäßig geringes Stimmrecht im Fonds darstellt. Peking ist der zweitgrößte Beitragszahler für das Forschungssekretariat der WTO, wodurch China seinen Einfluss auf die allgemeine politische Agenda der Organisation ausübt. Und innerhalb des derzeitigen WTO-Reformprozesses scheint China — ebenso wie die Vereinigten Staaten — entschlossen zu sein, die kritischen Streitbeilegungsprozesse der Institution zu entschärfen, um seine nationale Anfälligkeit für nachteilige Entscheidungen in Angelegenheiten von erhöhtem nationalem Interesse zu verringern. Zusammenfassend lässt sich sagen, dass die Fortschritte Chinas im multilateralen System in den vergangenen fünf Jahren ebenso bemerkenswert waren wie die schwindende Präsenz der Vereinigten Staaten.

Der zweite Teil von Xis Strategie zur Stärkung des chinesischen Einflusses besteht darin, eine Reihe neuer Institutionen aufzubauen, in denen China und nicht die Vereinigten Staaten die zentrale Organisationsmacht ist. Die BRI wurde 2013 ins Leben gerufen und hat über 150 teilnehmende Staaten und Organisationen angezogen, die Projekte akzeptiert oder die Idee unterstützt haben, darunter eine Reihe von OECD-Volkswirtschaften wie Italien (das allerdings 2023 andeutete, von der Initiative wieder Abstand nehmen zu wollen), die Schweiz und große Teile Osteuropas. 2014 hat China außerdem einen Seidenstraßenfonds für die Entwicklung der Infrastruktur in ganz Eurasien eingerichtet. Ein Jahr später folgte die Neue Entwicklungsbank, die von den BRICS-Mitgliedstaaten finanziert wird, wobei China der bei weitem größte Anteilseigner ist und die Mehrheit der Stimmen hält. 2016 gründete China dann die AIIB, die mit der Asiatischen Entwicklungsbank (AEB) — mit der sie hinsichtlich des Umfangs ihrer Bilanz bereits durchaus mithalten kann — und der Weltbank um Finanzmittel konkurriert. Ende 2020 zählte die AIIB bereits 103 Mitgliedstaaten, verglichen mit den 68 Mitgliedern der Entwicklungsbank.

Die von vielen Staaten der internationalen Gemeinschaft geäußerte Besorgnis über die Ausbreitung dieser von Peking kontrollierten Institutionen ist eindeutig. Dazu zählen die Schwächung bereits bestehender multilateraler Institutionen, die nach internationalem Vertragsrecht gegründet wurden; die Schwächen in den internen Verwaltungsstrukturen einiger neuer Institutionen (mit Ausnahme der AIIB), einschließlich ihrer mangelnden Transparenz; das schwache Engagement für die Grundsätze der Emissionsreduzierung und einer nachhaltiger Entwicklung; die Möglichkeit zur Schaffung neuer «Schuldenfallen» für ärmere Staaten; und die nicht öffentliche geopolitische Agenda zur Stärkung der globalen politischen und sicherheitsbezogenen Interessen Chinas.

Die Initiativen der Volksrepublik zu internationalen Finanzreformen außerhalb der formalen institutionellen Strukturen des Internationalen Währungsfonds gingen den jüngsten Bemühungen Xi Jinpings voraus. Tatsächlich war Chinas Entscheidung nach der asiatischen Finanzkrise 1997, die Chiang-Mai-Initiative (CMI) zu gründen, ein erster Schritt, mit dem sich das Land von der bestehenden multilateralen Ordnung zu lösen versuchte. Es ist möglich, dass sich die CMI zu einem Asiatischen Währungsfonds (AWF) weiterentwickelt, der noch stärker von China dominiert würde als die derzeitigen Vereinbarungen im Rahmen der CMI. Dies würde dem Ansehen des IWF selbst schweren Schaden zufügen, so wie die Gründung der AIIB die internationale Reputation der ADB und der Weltbank in Zweifel gezogen hat. Es ist jedoch noch offen, ob China so weit gehen würde. Der überwiegende Teil der Mittel für einen AWF müsste aus chinesischen Kapitalzuweisungen stammen. Noch wichtiger ist jedoch, dass unter diesen Umständen China — und nicht der IWF — zukünftig seine eigenen Bedingungen für die Inanspruchnahme der Fazilität auferlegen müsste. Dies würde sich wiederum auf Chinas Finanz- und Reputationsinteressen auswirken, insbesondere vor dem Hintergrund der schlechten Erfahrungen, die das Land beim Eintreiben seiner Forderungen in Sri Lanka und Venezuela gemacht hat. Neben diesen multilateralen Finanzinitiativen hat Peking auch eine Reihe regionsspezifischer Investitionsfonds für Afrika, Lateinamerika, Ost- und Mitteleuropa sowie für die einzelnen Golfstaaten aufgelegt. Auch diese sind durchaus beträchtlich. Sie sollen auch eine Alternative zu den privaten westlichen Kapitalmärkten bieten, vor allem denen der Vereinigten Staaten.

Xis institutionelle Innovationen außerhalb der bestehenden UN- und Bretton-Woods-Maschinerie beschränken sich nicht auf die Wirtschaft. Auch bei einer Reihe sicherheitsrelevanter Herausforderungen hat sich Peking über die im Rahmen des bestehenden multilateralen Systems getroffenen Vereinbarungen hinweggesetzt. Xi hat sich für die Shanghai Cooperation Organization (SCO) und die Konferenz für Interaktion und vertrauensbildende Maßnahmen in Asien (CICA) eingesetzt und schrittweise eine gemeinsame Sicherheitsagenda für die BRI-Mitgliedsländer entwickelt. All diese institutionellen Arrangements sollen das Konzept der chinesischen Zentralität unterstreichen, die Vereinigten Staaten ausschließen und Russland bei Bedarf einbeziehen. Wie bei den Vereinten Nationen und den Bretton-Woods-Institutionen ist Chinas neue Ära des multilateralen Aktivismus außerhalb der Strukturen des derzeitigen internationalen Systems beeindruckend. Und wieder einmal kam Peking dabei ein Amerika zugute, dass international fast schon als vermisst gelten kann.

DIE ENTWICKLUNG GLOBALER TECHNOLOGIESTANDARDS

Parallel zu diesem geopolitischen Spiel innerhalb der internationalen Ordnung gibt es noch eine andere Form des Wettbewerbs, die repräsentativ für die Verschiebung des globalen Einflusses zwischen China und den Vereinigten Staaten steht. Dabei handelt es sich um den Kampf um die Zukunft der digitalen Welt, einschließlich der nächsten Generation mobiler Telekommunikationstechnologien, des Internets sowie digitaler Zahlungssysteme. Es geht auch um konkurrierende nationale, internationale und multilaterale Rahmenwerke für die Festlegung von Standards und die technische Regulierung der wichtigsten Technologiesysteme der Zukunft.

Der erste dieser Bereiche ist der Ausbau von Telekommunikation der fünften Generation (5G). Die 5G-Datennetze können Daten mit der 20fachen Geschwindigkeit der derzeitig oft noch üblichen 4G-Netze übertragen, wobei sie die Kombination aus den Midband- und Highband-Funkfrequenzen nutzen, die von diesen Netzen verwendet werden. Die übergeordnete Bedeutung von 5G besteht darin, dass es sich zu einer wichtigen neuen Plattform für den weltweiten Einsatz von Systemen Künstlicher Intelligenz (KI), wie selbstfahrende

Fahrzeuge, entwickeln wird. China ist inzwischen unangefochtener Marktführer bei 5G-Technologien, 5G-Infrastrukturen und 5G-Systemen. Schätzungen zufolge hat der chinesische Staat seit 2014 rund 180 Milliarden Dollar in die Entwicklung von 5G-Technologien investiert. Grundlage hierfür war ein passgenauer staatlicher Plan von 2013, der darauf abzielte, China zur globalen 5G-Führungsmacht zu machen. Dazu gehörten die großzügige Zuteilung von Highband-Spektren, der Bau von 350 000 Mobilfunktürmen im ganzen Land und die direkte staatliche Unterstützung nationaler Champions wie des chinesischen Telekommunikationsriesen Huawei.

Nun hat China diesen Vorteil auf die internationale Bühne übertragen und 2019 sein globales 5G-Netz in Betrieb genommen — ein Vorhaben, das die Vereinigten Staaten angesichts der strategischen und sicherheitspolitischen Auswirkungen sehr beunruhigt. Das US Defense Innovation Board, ein unabhängiges Beratungsgremiums des Pentagon, besetzt unter anderem mit Vertretern aus Silicon Valley, stellte fest: «China ist auf dem besten Weg, mit 5G das zu wiederholen, was die Vereinigten Staaten mit 4G geschafft haben.» Chinas Subventionierung seines nationalen 5G-Programms erstreckt sich auch auf das Ausland, und zwar durch den Ausbau der «digitalen Seidenstraße» in einer wachsenden Zahl von Teilnehmerstaaten der BRI. Diese 5G-Netze — einschließlich Mobiltelefonie, Internet und anderer digitaler Dienste — werden auch zu Vehikeln für die Ausformung eines Rahmenwerks für chinesische digitale Governance-Modelle, einschließlich möglicher Zugänge für Chinas Sicherheits- und Nachrichtendienste.

China kann glaubhaft argumentieren, dass weder die Vereinigten Staaten noch ihre Verbündeten eine Alternative zur 5G-Technologie von Huawei entwickelt haben. Ebenso wenig hat der Westen die Absicht oder die Fähigkeiten, ein globales System von Unterseekabeln und terrestrischen Mobilfunktürmen zu errichten, das für die

Unterstützung eines solchen Netzes erforderlich ist. China hat jedoch keine überzeugende Antwort auf das amerikanische Gegenargument, Peking habe ebenfalls aus Gründen der nationalen Sicherheit niemals ausländische Anbieter auf dem chinesischen Telekommunikationsmarkt zugelassen. Auch kann China nicht garantieren, dass die Kommunikation des US-Militärs, der Sicherheitskräfte oder Geheimdienste auf der ganzen Welt unantastbar bleibt, wenn China ein 5G-Netz besitzt, betreibt und reguliert, das sich auf ein chinesisches System stützt, insbesondere in Krisenzeiten.

Die Entscheidung Washingtons im Mai 2019, Huawei offiziell als Unternehmen zu listen, dessen Aktivitäten den nationalen Sicherheitsinteressen der Vereinigten Staaten zuwiderlaufen, hatte zur Folge, dass US-Firmen außer im Falle spezifischer Einzelfallgenehmigungen durch das Handelsministerium keine Mikroprozessoren an Huawei verkaufen durften, die für den weiteren Ausbau des globalen Netzwerks unerlässlich sind. Auch andere chinesische Unternehmen wurden auf diese Liste gesetzt. Dies hat Chinas Fähigkeit, den globalen Industriestandard für 5G zu setzen, erschwert, obwohl Huawei in einem begrenzten Feld, bestehend aus nur zwei chinesischen, zwei nordeuropäischen und überhaupt keinem amerikanischen Unternehmen, der Marktführer ist. In vielerlei Hinsicht bedeutete das Schritt der Amerikaner, Huawei auf die «Entitäten-Liste» zu setzen, den offiziellen Beginn der Feindseligkeiten zwischen China und den Vereinigten Staaten in einem neuen globalen Technologiekrieg.

Auf einer Sitzung der Internationalen Fernmeldeunion (ITU) der Vereinten Nationen im September 2019 unterbreitete ein Team chinesischer Ingenieure, die Huawei, China Telecom, China Unicom und das chinesische Ministerium für Industrie und Informationstechnologie vertraten, dem globalen Führungsgremium eine dramatische neue Idee: Die Kernstruktur des Internets sollte durch eine neue Standard-Netzwerkarchitektur namens New IP (Internetprotokoll) ersetzt werden. Während der derzeitige technische Standard Transmission Control Protocol/Internet Protocol (TCP/IP), der sich im Westen organisch zu dem heutigen Internet entwickelt hat, als offene und neutrale Informationsübermittlung ohne Rücksicht auf Grenzen dient, wäre New IP radikal anders. Mit seinem zentralisierten *Top-to-bottom*-Design würde es den staatlich kontrollierten Internetdienstanbietern eine feingliedrige Kontrolle darüber ermöglichen, womit sich einzelne Nutzer im Internet beschäftigen. Dazu gehört auch ein von den Huawei-Ingenieuren so genannter *Shut-up*-Befehl, mit dem das zentrale Netz die Kommunikation zwischen einzelnen Geräten oder im gesamten Netz unterbrechen kann. Darüber hinaus würden die in das Netz eingebauten Nachverfolgungsfunktionen den einfachen Austausch von Einzelpersonen betreffende Daten sowie deren Netzaktivitäten genauso wie zwischen Unternehmen und Regierungen ermöglichen. Die Delegierten aus Ländern wie Russland, der Iran und Saudi-Arabien sprachen sich nachdrücklich für den vorgeschlagenen neuen Standard aus, der laut Huawei bereits in Arbeit ist.

Sollte die ITU, die seit 2014 von dem Chinesen Zhao Houlin geleitet wird, New IP als Standard legitimieren, könnten staatliche Internetbetreiber zwischen einem offenen westlichen World Wide Web und einem staatlich kontrollierten Netzwerk wählen, das von Peking angeführt und von chinesischen Telekommunikationsunternehmen aufgebaut wird. Unter diesem chinesischen Internet-Governance-Modell hätte jede Regierung die technische Möglichkeit, die Grenzen und Regeln ihres nationalen Internets leichter zu definieren — ein konkurrierendes normatives Ideal für die Zukunft des Internets, das China als Cybersouveränität propagiert. Ein britischer ITU-Delegierter sagte der *Financial Times* nach dem Treffen: «Hinter den Kulissen tobt ein gewaltiger Kampf darum, wie das Internet aussehen wird. … Es gibt zwei konkurrierende Visionen: eine, die sehr frei und offen ist, und eine, die viel stärker von den Regierungen kontrolliert und reguliert wird.» Dieser Konflikt könnte dazu beitragen, eine Aufspaltung Chinas und des Westens in getrennte Technologie-Sphären, Informations- und Verwaltungssysteme zu beschleunigen — in vielerlei Hinsicht ein Spiegelbild des laufenden geopolitischen Kampfes um die Zukunft der internationalen Ordnung.

New IP ist nur ein prominentes Beispiel für das, was Peking als wichtigen Bestandteil seiner Bemühungen zur Stärkung globaler Macht ansieht. Ganz allgemein möchte die KPCh die enorme Marktmacht und das Potenzial Chinas sowie sein wachsendes technologisches Know-how nutzen, um Standards zu setzen, die als Grundlage für neu entstehende Schlüsseltechnologien dienen können, darunter Künstliche Intelligenz, 5G, das Internet der Dinge und die genomische Biotechnologie. In Chinas Entwicklungsplan für die neue Generation Künstlicher Intelligenz von 2017 heißt es: «Um Chinas Vorreiterrolle bei der Entwicklung von KI auszubauen», sei es «für chinesische KI-Unternehmen unerlässlich, sich an der Entwicklung internationaler Standards zu beteiligen oder diese anzuführen», einschließlich eines «technischen Standardansatzes zur Förderung von KI-Produkten und -Dienstleistungen in Anwendungen im Ausland». In der Zwischenzeit hat China entscheidende Schritte unternommen, um Daten-Governance-Standards zu etablieren, die zwar eindeutig die eigenen sind, sich aber auch stärker an Europa anlehnen und die Vereinigten Staaten so als Außenseiter dastehen lassen.

Wenngleich internationale Standards und Normen unangreifbar scheinen, hat China durch seine Erfahrung, bei der Schaffung der meisten Standards, die im Stillen kritische Aspekte der liberalen Weltordnung regeln — sei es die Internet-Governance oder das internationalen Seerecht —, nicht beteiligt gewesen zu sein, ein Verständnis der dauerhafter Macht entwickelt, die die Festlegung von Standards bei der Regulierung neu entstehender Technologiefelder mit sich bringt. Es hat erkannt, dass die Gestaltung der neuen Technologiestandards, die das 21. Jahrhundert bestimmen werden, extrem bedeutsam ist. Und es sieht dies als Grundlage für eine Ära des langfristigen chinesischen globalen Einflusses — und, wenn möglich, einer Vormachtstellung —, wie dies beim kollektiven Westen in der Vergangenheit der Fall war.

Die Vereinigten Staaten, die in der modernen Ära lange Zeit internationale Standards gesetzt haben, sind sich der Bedeutung dieser Realität ebenfalls bewusst, weshalb sich Washington entschieden gegen die Expansion von Huawei über China hinaus gewehrt hat. Die Auseinandersetzung um Standards wird daher wohl auf absehbare Zeit ein wichtiges Feld im strategischen Wettbewerb zwischen Amerika und China um die globale Ordnung bleiben. Zum Leidwesen Washingtons werden die multilateralen Institutionen, die die Vereinigten Staaten in den vergangenen Jahren vernachlässigt haben, das Schlachtfeld sein, auf dem dieser Kampf ausgetragen wird.

EINE ORDNUNG MIT «CHINESISCHEN MERKMALEN»?

Gibt es tief im Inneren der chinesischen Führung einen detaillierten Plan, wie ein von China geführtes internationales System letztendlich aussehen würde? Aktuell bezweifle ich das. China ist in der Vergangenheit nicht auf soche Weise an bedeutende politische Projekte herangegangen — weder im Inland noch im Ausland. Chinas bevorzugter Ansatz ist vielmehr ein iterativer. Peking neigt dazu, ein allumfassendes Konzept zu verkünden und es dann seinen Think-Tanks zur weiteren Analyse vorzulegen, bevor es eine Reihe von Versuchen in der realen Welt startet. Im Inland erprobt die KPCh ihre Maßnahmen in der Regel an verschiedenen Orten, beobachtet die Reaktionen und lernt aus Fehlern — manchmal jahrelang —, bevor sie die Programme landesweit einführt. Wir haben diesen Ansatz bei der Belt-and-Road-Initiative gesehen, die bei ihrer Einführung 2013 nicht klar definiert war. Zu diesem Zeitpunkt handelte es sich nur um eine

Idee. 2016 wurde sie dann in UN-Resolutionen aufgenommen, und der neue UN-Generalsekretär António Guterres schwärmte von den potenziellen Vorzügen der BRI. In einem sich immer weiter entwickelnden Prozess von *trial and error*, der Prüfung der internationalen Reaktionen auf verschiedene chinesische Initiativen, die unter dem Dach der BRI lanciert wurden, und dem Lernen aus den Fehlern, die das chinesische System im Umsetzungsprozess offen zugibt, entstand allmählich eine verfeinerte institutionelle Form, die sich auch zukünftig noch weiter herauskristallisieren wird.

Auf die weiter gefasste Frage, welche Art von internationalem System Peking für die Zukunft etablieren möchte, lautet Xis undurchsichtige Antwort seit 2013, China sei dabei, eine «Schicksalsgemeinschaft der gesamten Menschheit» aufzubauen. Für westliche Ohren klingt dies wie ein klassisch hochtrabendes chinesisches Konzept von begrenzten praktischen Nutzen. Doch für China ist es der Beginn der Einführung einer weiteren großen Idee — oder zumindest eines zentralen Organisationsprinzips —, um das herum seine künftigen Bemühungen um ein internationales System nach chinesischen Vorstellungen gebündelt werden können. Tatsächlich wurde das Konzept der Schicksalsgemeinschaft 2018 formell in die chinesische Verfassung aufgenommen und findet seitdem seinen Weg in verschiedene UN-Resolutionen und eine Fülle internationaler Konferenzen, um seinen normativen Stellenwert zu erhöhen.

Dennoch hat China in dieser Phase penibel darauf geachtet, nicht genauer zu formulieren, welche Elemente in diese Schicksalsgemeinschaft aufgenommen werden sollen. Wie bei der BRI scheint die Undeutlichkeit in den frühen Phasen der Entwicklung des Konzepts beabsichtigt zu sein; keinesfalls ist sie zufällig. Chinas außenpolitisches Establishment testet wieder einmal aus, wie weit es gehen kann und welche internationalen Reaktionen zu erwarten sind, bevor es sich endgültig äußert. Chinas diplomatische Bemühungen in diesem Entwicklungsstadium des Vorschlags zielen darauf ab, sich an die Spitze der Debatte zu setzen, indem es die gesamte normative Sprache des UN-Systems einsetzt, um das Konzept in der internationalen Gemeinschaft zu legitimieren — lange bevor es definiert, was es in der brutaleren Welt der politischen Praxis tatsächlich bedeuten wird. Daher wird die Schicksalsgemeinschaft auf absehbare Zeit wohl kaum mehr sein als ein verschwommenes, hybrides Amalgam aus traditioneller chinesischer Kosmologie, die über ein multinationales Reich «aller unter dem Himmel» fantasiert. Dazu kommt eine oberflächliche Form des Kant'schen Idealismus aus dem Westen, der Kooperation, Zusammenarbeit und konvergierende gemeinschaftliche Interessen betont, in dessen Zentrum jedoch in Wahrheit eine leninistische Machtpolitik steht.

Es sollte uns nicht überraschen, wenn Xis Schicksalsgemeinschaft infolge des 20. Parteitags einen eher marxistischen Analyserahmen erhält. Xi beschäftigt sich viel mit Ideologie. Daher könnte die Verortung dieses neuen Konzepts innerhalb eines marxistischen Bezugsrahmens als Teil einer neuen internationalen Gruppe fortschrittlicher Kräfte, die eine neue Form des dialektischen Kampfes gegen die versagenden Strukturen westlicher Mächte der Vergangenheit führen, Teil von Xi Jinpings schöner neuer Welt werden. Mit Sicherheit arbeiten Xis marxistische Think-Tanks an diesem Thema. Es bleibt jedoch abzuwarten, wie, wann und mit welchem Maß an expliziter politischer Autorität ihre Arbeit öffentlich vorgestellt wird.

Eine konkrete Idee, die der Art einer neuen internationalen Ordnung in Pekings Sinn Form und Gestalt verleiht, ist Chinas Eintreten für sein Entwicklungsmodell als Beispiel für die ganze Welt. Diese Vorstellung gewinnt immer weiter an Fahrt, seit Xi sie beim Parteitag 2017 zum ersten Mal geäußert hat. China werde nicht nur «eine aktive Rolle bei der Reform und Entwicklung des globalen Regierungssystems» spielen, kündigte Xi an, sondern auch «chinesische

Weisheit und einen chinesischen Ansatz zur Lösung der Probleme der Menschheit» anbieten, indem es «anderen Entwicklungsländern einen neuen Weg zur Modernisierung weist». Dies war die erste Gelegenheit, bei der Xi für Chinas autoritäres kapitalistisches System als eine alternative Entwicklungstheorie zur liberal-demokratischen Welt warb. Seitdem hat sich Xis Sprache auf die gesammelte Weisheit ausgeweitet, die China aus seinen Erfahrungen weiterzugeben hat — ebenso wie auf den neuen Beitrag zum globalen Marxismus, den Xis «Sozialismus mit chinesischen Merkmalen» zu bieten habe. Ob der Westen es nun wahrhaben will oder nicht, in Xis Weltanschauung ist ein neuer, sich entfaltender ideologischer Kampf zwischen Staatssozialismus und demokratischem Kapitalismus im Gange, den China unbedingt gewinnen will. Dieser Kampf wird auch den endgültigen Inhalt von Xis Vision für eine neue Weltordnung bestimmen.

Bis auf Weiteres müssen wir jedoch darüber spekulieren, welche Form eine von China geführte internationale Ordnung annehmen könnte — sollte sich die Volksrepublik angesichts eines mit sich ringenden Amerikas, eines gespaltenen Europas und eines Rests der Welt, der China immer stärker wohlgesonnen ist, durchsetzen. Im Kern ist Pekings Forderung nach einer multipolaren Weltordnung aber ein Appell an den jahrzehntealten internationalen politischen Unmut über den amerikanischen Unilateralismus, der durch die Torheit des zweiten Irakkriegs (2003–11) und neuere Formen des Trump'schen Exzeptionalismus noch einmal deutlich demonstriert wurde. In Chinas internem Diskurs ist die Multipolarität ein einfacher Vorschlag: die Verwässerung amerikanischer und die Stärkung eigener Macht in den deliberativen Prozessen des derzeitigen multilateralen Systems. Wieder einmal hat China zu seiner großen Überraschung offene Türen eingerannt.

Für Peking — wie auch für Washington in einem vergleichbaren Kontext — bedeutet Multipolarität jedoch nicht, seine Kerninteressen und -werte den politischen Abstraktionen eines UN- oder WTO-Prozesses zu unterwerfen. Ausgehend von seinem bisherigen Verhalten wird Peking in Zukunft bei der Akzeptanz der Ergebnisse multilateraler Entscheidungsprozesse wohl ebenso selektiv vorgehen wie — auch das muss gesagt werden — Washington in der Vergangenheit. Chinas bereits erwähnte strikte Ablehnung der Entscheidung des Ständigen Schiedsgerichts der Vereinten Nationen, der seine Ansprüche auf das Südchinesische Meer zurückgewies, ist das jüngste und vielleicht anschaulichste Beispiel dafür. In ähnlicher Weise hat China, obwohl es die Freihandelspolitik der WTO enthusiastisch begrüßte, seine Verpflichtungen ignoriert, wenn diese mit seinen wirtschaftlichen Kerninteressen in Konflikt gerieten. Die Volksrepublik hat zum Beispiel den Umfang seiner staatlichen Subventionen für chinesische Handelsunternehmen, die auf dem Weltmarkt tätig sind, nie offengelegt. China ist dabei nicht das erste Land, das sich an die Regeln hält, die ihm gefallen, und diejenigen ignoriert, die ihm nicht gefallen. Aber für Peking, als selbsternannter Architekt einer neuen globalen Ordnung, stellt die Nichteinhaltung bestehender internationaler Standards die politische Legitimität als Urheber eines Ersatzsystems infrage.

ERKENNBARE KONTUREN

Zum jetzigen Zeitpunkt können wir mit Sicherheit sagen, dass China wohl eine künftige Ordnung unterstützen wird, die autoritären politischen Systemen entgegenkommt und die Einmischung von Menschenrechtsgremien in die inneren Angelegenheiten von Mitgliedstaaten vernachlässigt. Stattdessen wird es sich stärker für seine Version der Menschenrechte einsetzen und dabei dem Recht auf Entwicklung Vorrang einräumen, indem es sich auf seine Erfolge bei der Armutsbekämpfung und die Unzufriedenheit der G77, dem Zusammenschluss der Staaten des «Globalen Südens», mit Fortschritten bei der Umsetzung der Ziele für eine nachhaltige Entwicklung beruft. Es ist unwahrscheinlich, dass Peking in Zukunft eine Einmischung in die inneren Angelegenheiten von Mitgliedstaaten mit der Begründung einer «internationalen humanitären Intervention» zulassen wird. Was Rüstungskontrolle und Abrüstung angeht, wird China wahrscheinlich nicht weiter gehen als die Vereinigten Staaten und Russland in den vergangenen Jahren, obwohl Peking die Bedenken Washingtons und Moskaus gegen eine weitere Vergrößerung des Clubs der Nuklearmächte teil. Das nordkoreanische Programm sieht Peking allerdings als zu weit fortgeschritten an, um es noch zu stoppen. Zudem ist es aus der Perspektive nationaler Sicherheitsinteressen Chinas unproblematisch, da es unwahrscheinlich ist, dass Pjöngjang jemals Peking angreifen wird.

An der globalen Wirtschaftsfront wird China seine Position in Bezug auf die internationale digitale Governance weiter ausbauen und sein Modell der staatlichen Souveränität gegenüber den europäischen und amerikanischen Versionen propagieren, während es seine Internet-, Telekommunikations- und digitalen Zahlungssysteme in den BRI-Ländern und darüber hinaus ausrollt. In der Klimapolitik schließlich könnte sich China von seinen traditionellen BRICS-Partnern Russland, Brasilien, Indien und Südafrika abheben — nicht zuletzt, weil China die extremen wirtschaftlichen und ökologischen Folgen für seine nationale Zukunft fürchtet, wenn der Ausstoß globaler Treibhausgase nicht signifikant reduziert wird. Mit der einzigen Ausnahme des Klimawandels wird sich daher eine neue «internationale Ordnung mit chinesischen Merkmalen» oder eine illiberale zwischenstaatliche Ordnung wohl erheblich von derjenigen unterscheiden, an die wir uns in den vergangenen 70 Jahren gewöhnt haben.

Während wir die Konturen von Xis Plänen für die Zukunft der regelbasierten internationalen Ordnung erkennen, bleibt Amerikas Reaktion auf diese Herausforderung in vielerlei Hinsicht amorph. Das hat zwar zu Inkonsequenz und Schwäche geführt, es ermöglicht aber auch Flexibilität. Und in den vergangenen Jahren hat sich Amerikas Antwort auf Chinas Ambitionen für die Zukunft der Weltordnung stärker herauskristallisiert, sie ist kohärenter geworden und gewinnt allmählich an Schwung.

AMERIKAS ANTWORT

Das 20. Jahrhundert zeugt davon, dass Amerikas Macht — ist sie erst einmal mobilisiert und in Stellung gebracht — so gewaltig sein kann wie die jeder anderen Großmacht der Geschichte. Das ist Lehre der entscheidenden Kriegseintritte der Vereinigten Staaten 1917 und 1941, ihrer Entscheidung, nach 1945 eine internationale Ordnung zu errichten sowie den Kalten Krieg zwischen 1948 und 1991 zu führen und zu einem erfolgreichen Abschluss zu bringen. Wir sahen dies auch in Amerikas Antwort auf den ersten sowjetischen Sputnik-Satelliten 1957. Und auch in John F. Kennedys Ankündigung, die Vereinigten Staaten würden bis 1970 einen Mann auf dem Mond schicken — ein atemberaubendes Versprechen, dass die Amerikanerinnen und Amerikaner dann auf spektakuläre Weise erfüllten. Schließlich sahen wir es auch in Ronald Reagans Entschlossenheit, die Sowjetunion wirtschaftlich in die Knie zu zwingen, durch ein massives Wettrüsten gerade einmal zehn Jahre nach der schmachvollen Niederlage in Vietnam.

Die Schlüsselfrage heute lautet, ob die Vereinigten Staaten sich in ausreichendem Maße der Dimensionen von Chinas Aufstieg bewusst sind und ob sie noch über ausreichende politische Entschlossenheit und strategische Versiertheit verfügen, mit dieser kolossalen Herausforderung der amerikanischen Stellung im Indopazifik und in der Welt insgesamt umzugehen. Das ist eine offene Frage. Aber China wäre töricht anzunehmen, dass Amerika abgelenkt bleibe, seine

Strategie unfokussiert, oder dass der relative Abstieg des Landes unausweichlich und irreversibel sei. Infolge der dramatischen Veränderungen der chinesischen Strategie unter Xi Jinping weisen die Anzeichen in jüngster Zeit in die entgegengesetzte Richtung: Amerika hat begonnen, sich zu rühren.

DAS ERWACHEN AUS DEM STRATEGISCHEN SCHLAF

US-Politikerinnen und -Politiker, die eine harte Linie gegenüber China fordern, können sich heutzutage auf die Unterstützung des amerikanischen Volkes verlassen. Umfragen der vergangenen Jahre zeigen die sich rapide eintrübende amerikanische Einstellung gegenüber China über die parteipolitischen Gräben hinweg: 2021 hatten 76 Prozent der Amerikanerinnen und Amerikaner ein schlechtes Bild von China, 2022 stieg der Anteil auf 82 Prozent — historische Spitzenwerte gegenüber 60 Prozent 2019, 47 Prozent 2017 und 40 Prozent 2012. 63 Prozent identifizierten 2021 Chinas Macht und Einfluss als existentielle Bedrohung vitaler Interessen der Vereinigten Staaten, gegenüber 46 Prozent zwei Jahre zuvor. Zudem *verdoppelte* sich der Anteil derjenigen, die China als den größten Feind der Vereinigten Staaten betrachten, von 2020 auf 2021, also binnen eines Jahres, von 22 auf 45 Prozent. Diese Zahlen spiegeln eine Verhärtung der Einstellungen infolge der Covid-19-Pandemie wider, die Konsequenzen für amerikanische Leben, Familien und die Volkswirtschaft hatte. Dabei ist die Zahl derjenigen, die meinen, China habe die Pandemie gut in den Griff bekommen, im gleichen Zeitraum gestiegen (42 Prozent 2021), während gleichzeitig das Gefühl der Bedrohung durch China wuchs. Es scheint, als habe die Erkenntnis, dass China die Vereinigten Staaten strategisch herausfordert und dass seine Fähigkeiten nicht zu unterschätzen sind, die amerikanische Psyche erreicht.

Aber wird sich die Verhärtung der öffentlichen Meinung quer durch Amerika übersetzen lassen in einen andauernden politischen

Willen der amerikanischen politischen Klasse, daraus einen «Sputnik-Moment» mit Blick auf China zu machen? Das ist möglich, aber längst nicht garantiert. Ohne einen Krieg — oder zumindest eine ausreichend große Kriegsgefahr — ist es nicht leicht, das Niveau nationaler Entschlossenheit zu erreichen, das notwendig wäre, um Amerika für eine neue nationale Mission dieser Größenordnung zu mobilisieren. Das ist insbesondere der Fall in einer großen, rumpelnden Demokratie wie die der Vereinigten Staaten, die — im Gegensatz zu China — auf demokratischen Wechsel und Gewaltenteilung stolz ist und in der die Bundesstaaten ihr eigenen Wege gehen.

Chinas Führung hat stets darauf geachtet, die Beziehungen zu den Vereinigten Staaten nicht zu einem Siedepunkt zu bringen. Dabei ging es Peking auch darum, nicht genau so eine Amerikas Gesellschaft zusammenführende Reaktion hervorzurufen — erst recht nicht, solange die Machtbalance zugunsten der Vereinigten Staaten ausfiel. Nichtsdestoweniger, und trotz des begrenzten Konzentrationsvermögens der amerikanischen politischen Klasse, scheint Xis China im kollektiven Bewusstsein der Amerikanerinnen und Amerikaner und dem des politischen Establishments eine Linie überschritten zu haben. Frühere chinesische Führer wurden im Zweifelsfall wohlwollender betrachtet, selbst wenn es unter wechselnden US-Regierungen in den amerikanisch-chinesischen Beziehungen immer wieder Krisen gab. Aber das ist nicht länger der Fall. Demokraten und Republikaner sind sich einig in ihrer Wahrnehmung der Gefahr, die von China ausgeht, selbst wenn unter ihnen keine Einigkeit herrscht, wie genau man ihr begegnen sollte. Dieses Kapitel beschäftigt sich mit diesem Erwachen in Washington, welche Formen es während der vier Regierungsjahre Donald Trumps annahm und wie es sich während der Biden-Regierung fortsetzt. Es behandelt die sich verändernden Bruchlinien, die sich in der sich verschärfenden amerikanischen Debatte abzeichnen, was die zukünftige Form einer Strategie für den Umgang mit Xi Jinpings China angeht. Es geht auch um die politischen und konzeptionellen Parameter der «Chinadebatte», die die Biden- von der Trump-Regierung geerbt hat, während sie ihren strategischen Kurs weiter austariert.

DIE GROSSE CHINA-ABRECHNUNG

Die Zeitschrift *Foreign Affairs* organisierte 2018 eine hochkarätige Debatte mit einigen der bekanntesten Chinastrategen über die Frage, ob Amerika China falsch eingeschätzt habe. Den Auftakt bildete ein Artikel mit dem Titel «The China Reckoning» (ungefähr: «Die China-Abrechnung») von Kurt Campbell, von 2009 bis 2013 stellvertretender US-Außenminister für ostasiatische und pazifische Angelegenheiten (und seit Bidens Amtsantritt Koordinator des Weißen Hauses für den Indopazifik) und Ely Ratner, 2015 bis 2017 stellvertretender Nationaler Sicherheitsberater des damaligen Vizepräsidenten Joe Biden (und heute stellvertretender US-Verteidigungsminister für indopazifische Sicherheitsangelegenheiten). In ihrem Artikel zeichneten Campbell und Ratner die wachsende Desillusionierung mit Amerikas bisheriger Strategie des Engagements mit China im Laufe der Regierungszeit von US-Präsident Barack Obama nach. Washington beobachtete die Zentralisierung der Macht unter Xi, die die anfänglichen (wenngleich illusorischen) Hoffnungen auf politische Liberalisierung begrub. Es sah die BRI und Chinas staatlich gelenkte Finanzinstitutionen, die den liberalen Konsens in Sachen Entwicklungspolitik herausforderten. Es schaute zu, wie chinesische Hacker eine Serie von großangelegten Cyberattacken auf amerikanische Ziele ausführten, darunter Regierungseinrichtungen. Und es verfolgte, wie China stetig sieben künstliche Inseln im Südchinesischen Meer trockenlegte, ausbaute und dort Militärstützpunkte errichtete, mit Pekings brutaler Zurückweisung einer wegweisenden Entscheidung des Ständigen Schiedshof der Vereinten Nationen im Sommer 2016 als Höhepunkt; das UN-Gericht hatte Chinas expansive Ansprüche für illegal erklärt. Die Amerikaner kamen zu dem Schluss, dass die drei Jahrzehnte der strategischen Einbindung Pekings ein Misserfolg gewesen seien.

Wie Campbell und Ratner in ihrem Artikel einfingen, war der Zeitgeist in Washington infolge eines tiefgreifenden Wandels an einem neuen Punkt angelangt: der Konsens über den Wert von Engagement als US-Strategie für die Beziehungen zu China war zerstört. Von nun an wandte sich Washington einem neuen, härteren Ansatz zu. Dies traf mit einem bemerkenswerten Umschwung in der Öffentlichkeit zusammen, was den Umgang mit China anging: Ob links oder rechts, Unternehmer oder Gewerkschaftlerin, militärische «Falkin» oder Menschenrechtsaktivist, alle waren sich in ihrer kollektiven Enttäuschung einig, was die Resultate des amerikanischen Engagements mit dem China der vergangenen drei Jahrzehnte anging. Während Xi die Kontrolle über das politische Umfeld in China verschärfte, und die für die Zeit nach 2013 erwarteten Wirtschaftsreformen ausblieben, machte sich in Amerikas Geschäftswelt Ernüchterung über Chinas mangelnde Öffnung seiner Märkte breit: echter Wettbewerb mit ausländischen Anbietern fand weiterhin nicht statt. Mit dem Verlust der lautstarken Unterstützung der US-Businesslobby — historisch gesehen die stärkste Fürsprecherin in Washington, wenn es um ein starkes US-China-Verhältnis ging — verloren die Beziehungen ihren traditionellen Stabilisator. Unterdessen erreichte die öffentliche Empörung über die Schließungen amerikanischer Fabriken, die auf kostengünstigere chinesische Importe zurückzuführen waren, ihren Höhepunkt. Diese Wut trug zu der populistischen Welle bei, die sowohl die politische Rechte als auch die Linke erfasste: Zuerst hievte sie den sozialistischen Präsidentschaftskandidaten der Demokraten, Bernie Sanders, während der Vorwahlen 2016 in die Position des Herausforderers der Establishment-Kandidatin Hillary Clinton.

Dann half sie, den schockierenden Sieg Donald Trumps im US-Präsidentschaftsrennen herbeizuführen, der die Kritik an der Schwäche der amerikanischen Chinapolitik zum Erkennungszeichen seiner Wahlkampagne gemacht hatte.

Gegen Ende von Trumps erstem Regierungsjahr war all das in einen neuen strategischen Konsens in Washington zusammengeflossen, wie man gegenüber China auftreten solle. Diese neue Sicht wurde von drei wichtigen Strategiedokumenten der Trump-Regierung abgebildet, die binnen weniger Monate erschienen: Die Nationale Sicherheitsstrategie (NSS) des Weißen Hauses vom Dezember 2017, die Nationale Verteidigungsstrategie (NDS), die das Pentagon im Januar 2018 vorlegte, und ein Sonderbericht des US-Handelsbeauftragten (US Trade Representative, kurz USTR), ebenfalls vom Januar 2018, an den Kongress, der sich mit Chinas Einhaltung beziehungsweise Missachtung von Regeln der Welthandelsorganisation (WTO) befasste. Die NSS spiegelte die neue Stimmung in Washington wider. Dort hieß es unter anderem: «Über Jahre war die US-Politik dem Glauben verhaftet, dass die Unterstützung für Chinas Aufstieg und die Integration des Landes in die internationale Ordnung der Nachkriegszeit zu einer Liberalisierung Chinas führen würde.» Diese Annahme habe sich allerdings «als falsch erwiesen». Stattdessen sei China «ein Rivale», der darauf ziele, «eine Welt zu schaffen, die den Werten und Interessen der Vereinigten Staaten» entgegenstehe, indem es danach trachte, «die Vereinigten Staaten aus der indopazifischen Region zu verdrängen, die Reichweite seines staatsgesteuerten Wirtschaftsmodells auszuweiten und die Region zu den eigenen Gunsten neu zu ordnen». In der NDS hieß es ähnlich: «Chinas wirtschaftlicher und militärischer Aufstieg geht weiter. Das Land setzt seine Macht mittels einer die ganze Nation einbindenden, langfristigen Strategie ein. Vor diesen Hintergrund wird Peking sein militärisches Modernisierungsprogramm weiterführen, das darauf zielt, auf kürzere Sicht regionale

Hegemonie im Indopazifik zu erreichen und auf längere Sicht die Vereinigten Staaten abzulösen, um zukünftig eine globale Vormachtstellung einzunehmen.» Um einen solchen Ausgang zu verhindern, warnten die Autoren des Papiers: «Wir müssen die herausragende Militärmacht der Welt bleiben.» Beide Dokumente beschrieben die Wiederkehr eines «langfristigen, strategischen Wettbewerbs» mit China als «wichtigste Herausforderung für die Prosperität und die Sicherheit der Vereinigten Staaten». Der Asien-Direktor des Nationalen Sicherheitsrates, Matt Pottinger, fügte vor der Presse hinzu: «In den Vereinigten Staaten ist Wettbewerb kein Schimpfwort. Wir in der Trump-Regierung haben unsere Chinapolitik auf den neuesten Stand gebracht und das Konzept des Wettbewerbs in den Mittelpunkt gestellt. … Es steht in der Sicherheitsstrategie des Präsidenten ganz oben.» Wenngleich eher Attitüde denn konkretes Konzept, wurde strategischer Wettbewerb schnell zum entscheidenden Begriff für den Ansatz der Trump-Regierung gegenüber China und später auch der Biden-Regierung.

Derweil kritisierte der USTR in seinem Bericht vom Januar 2018 Chinas Bilanz bei der Umsetzung einer Reihe struktureller Wirtschaftsreformen, die Peking beim Beitritt zur WTO 2001 zugesagt hatte. Er warf China vor, Praktiken beibehalten zu haben, «die mit dem internationalen Handelssystem inkompatibel sind», und kam zu dem Schluss: «Es scheint klar, dass die Vereinigten Staaten einen Fehler begingen, als sie den WTO-Beitritt Chinas unterstützten.» Hinzu käme, dass nunmehr feststehe, dass «die WTO-Regeln nicht ausreichen, um Chinas marktverzerrendes Verhalten in die Schranken zu weisen». Deshalb solle das Weiße Haus hohe nationale Einfuhrzölle auf Grundlage des Schutzes der nationalen Sicherheit verhängen. Damit war einem Handelskrieg die Bühne bereitet, der die US-China-Beziehungen während der Trump-Regierung prägen sollte.

VOM HANDELS- ZUM TECHNOLOGIEKRIEG

Bei Amtsantritt war Donald Trump entschlossen, Amerikas Handelspolitik zu ändern, und insbesondere diejenige gegenüber China. Da er Handelsdefizite für absolut schädlich und als Zeichen amerikanischer Schwäche ansah, zog er gegen die angeblichen Versäumnisse des Washingtoner Establishment im Umgang mit China zu Felde und erklärte wiederholt: «China bringt uns ökonomisch um.» Schon zu Beginn seiner Präsidentschaftskampagne 2016 sagte er: «Wir haben China in ein reiches Land verwandelt, dank unserer schlechten Handelsabkommen.» Und: «China saugt uns aus. Sie nehmen uns unser Geld weg, sie nehmen uns unsere Jobs weg. Wir haben China wieder aufgebaut mit dem, was sie von uns genommen haben.» Zugleich versicherte er seinen Anhängerinnen und Anhänger: «Wir haben unglaubliche wirtschaftliche Macht über China. Und das ist die Macht des Handels.»

Für Trump waren das keineswegs neue Ansichten. Im Unterschied zu zahlreichen anderen politischen und kulturellen Fragen, bei denen Trump mehrfach die Seiten gewechselt hatte, war sein Standpunkt in Sachen Handel mit China über Jahrzehnte bemerkenswert konstant. «Wenn wir Amerika wieder zur Nummer eins machen wollen, brauchen wir einen Präsidenten, der weiß, wie man gegenüber China härtere Saiten aufzieht, wie man mit den Chinesen verhandelt und das bessere Ende für sich hat, und wie man sie daran hindert, uns bei jeder Gelegenheit abzuzocken», schrieb er bereits 2011 in seinem Buch *Time to Get Tough*. Schon 2000 argumentierte Trump, China triumphiere über amerikanische Diplomaten, weil sich seit Ende des Kalten Krieges «das Spiel verändert» habe: «Die Tage des Schachspielens sind vorbei. Außenpolitik muss in die Hände eines Dealmakers gelegt werden.»

Es war deshalb nicht überraschend — trotz des freundlichen ersten Besuchs Xis in Mar-a-Lago im April 2017, bei dem Trumps Enkelin ein Gedicht auf Chinesisch vortrug (was das chinesische Internet kollektiv um den Verstand brachte), gefolgt von einem «Staatsbesuch plus» Trumps in Peking im November —, dass der US-Präsident im folgenden Frühjahr seine Wahlkampfdrohungen wahrmachte und einen ausgewachsenen Handelskrieg gegen China begann. Im März 2018, bald nach der Veröffentlichung des USTR-Berichts über Chinas Handelspraktiken, wies Trump den Handelsbeauftragten Robert Lighthizer an, damit zu beginnen, chinesische Stahlimporte mit Strafzöllen von 25 Prozent und Aluminiumimporte mit solchen von 10 Prozent zu belegen; hinzu kamen Zölle für eine Liste weiterer chinesischer Waren im Wert von 50 Milliarden Dollar. «Wenn ein Land [die Vereinigten Staaten] Milliarden Dollar beim Handel mit nahezu jedem anderen Land der Welt verliert, mit dem es Geschäfte macht, sind Handelskriege gut und leicht zu gewinnen», schrieb Trump auf Twitter selbstbewusst. Wie bei so vielen anderen Dingen irrte Trump.

Um die Zölle zu verhängen, missachtete Trump die Ratschläge des Direktors des Nationalen Wirtschaftsrats, Gary Cohn; des Finanzministers Steven Mnuchin; des Außenministers Rex Tillerson; und auch die seines Wirtschaftsbeirats, der aus prominenten CEOs bestand, darunter Jamie Dimon (JPMorgan), Brian Krzanich (Intel) und Elon Musk (Tesla). Stattdessen schenkte Trump einer Gruppe von Regierungsbeamten und Beratern Gehör, die sehr viel kritischer gegenüber China eingestellt waren und der Globalisierung, offenen Märkten und Freihandel im Allgemeinen skeptisch gegenüberstanden. Zu diesen gehörten USTR Lighthizer, Peter Navarro, der Direktor des Weißen Hauses für Handel und die Fertigungsindustrie, Handelsminister Wilbur Ross und der damalige Direkter der CIA, Mike Pompeo (der später Tillerson als Außenminister ablöste). In Lighthizers Worten argumentierten sie, «das schiere Ausmaß von Chinas koordiniertem Vorgehen, die eigene Wirtschaft aufzubauen», sie zu subventionieren, «nationale Champions» zu kreieren, Technologietransfers zu erzwingen und «die Märkte in China und in der ganzen Welt zu verzerren», sei eine «beispiellose Bedrohung» der Vereinigten Staaten. Diese rechtfertige ein solch drastisches Vorgehen.

China schlug zurück, indem es seinerseits Zölle verhängte, und infolgedessen eskalierte der Handelskrieg schnell. Das machte den leichten Sieg, den Trump versprochen hatte, unmöglich. Nach einiger Zeit begannen beide Seiten formelle Verhandlungen, um Ende 2018 einen «Waffenstillstand» herbeizuführen, gefolgt von dem Entwurf eines 150seitigen Handelsabkommens im Frühjahr 2019. Doch im Mai kollabierte der Deal, nachdem das Politbüro der KPCh ihn abgelehnt hatte. Während sich die Gespräche über den Sommer 2019 hinzogen, ging der Handelskrieg weiter. Und im Herbst war dann ein Großteil des chinesisch-amerikanischen Handels mit Zöllen belegt. Zu diesem Zeitpunkt begann das Ausmaß des Handelskriegs, das Wachstum der chinesischen, der amerikanischen und der Weltwirtschaft zu beeinträchtigen. Selbst Trump räumte vor der Presse ein, er habe Zweifel, was die eigene Zollpolitik angehe, während Chinas Chefunterhändler Liu He zu Ruhe und der Rückkehr zum Verhandlungstisch aufrief.

Im Oktober 2019 verkündeten beide Seiten schließlich eine Einigung über ein «Phase-1»-Handelsabkommen, das am 15. Januar 2020 unterschrieben wurde. Ich war bei der Zeremonie im Weißen Haus auf Einladung beider Delegationen dabei. Mit dem Think-Tank der Asia Society in New York, dem Asia Society Policy Institute, hatten wir unseren bescheidenen Beitrag geleistet, mögliche Lösungen für die schwierigen und langwierigen Verhandlungen aufzuzeigen, die beinahe zwei Jahre in Anspruch genommen hatten. Die Feierstunde im Weißen Haus war allerdings eine skurrile Angelegenheit. Die chinesische Delegation mit Vizepremierminister Liu He (Xis Vertrauter in Wirtschaftsfragen) an der Spitze war bemüht, keine Miene zu verziehen — und über die Unterzeichnung wurde im chinesischen

Staatsfernsehen praktisch nichts berichtet, aus der Furcht Pekings heraus, die Vereinbarung könnte als demütigender Rückzieher interpretiert werden. Die Chinesen ergriffen bei der Unterzeichnung nicht das Wort. Handelsbeauftragter Lighthizer hielt eine höfliche und liebenswürdige Rede. Trump sprach auch, aber ihm kamen weder Höflichkeiten noch Liebenswürdigkeiten über die Lippen. Vielmehr versuchte er, die Gelegenheit für ungehemmtes politisches Triumphieren zu nutzen, mit seiner Kernwählerschaft als Adressat. Trumps Verhalten an dem Tag trübte die ohnehin schon schwierigen Beziehungen noch weiter ein, bevor die neue politische Dynamik der Covid-19-Pandemie das ganze amerikanisch-chinesische Verhältnis ins Schlingern brachte. In dem Abkommen selbst verpflichtete sich China, zusätzlich US-Waren im Wert von 200 Milliarden Dollar zu kaufen, einschließlich Industriegüter im Wert von 78 Milliarden Dollar, Energielieferung im Wert von 58 Milliarden Dollar, landwirtschaftliche Produkte im Wert von 32 Milliarden Dollar und Dienstleistungen im Wert von 38 Milliarden Dollar. Im Gegenzug sagte Washington zu, einige seiner Zölle wieder aufzuheben, während die Verhandlungen über ein umfassenderes «Phase-2»-Abkommen weitergingen. Trump erklärte seinen «Sieg» zu einem großen Erfolg für Amerikas Landwirte und Fabriken. Er sprach von einem «bedeutsamen» und «alles verändernden Deal, der gewaltige Vorteile für beide Länder bringen wird».

Allerdings waren mit dem «Phase-1»-Abkommen keine der bedeutenden Konzessionen in Sachen struktureller Wirtschaftsreformen in China verbunden, die die Vertreter der Trump-Regierung eigentlich hatten erreichen wollen; enthalten waren aber ein paar Zugeständnisse in Sachen Schutz geistigen Eigentums und Technologietransfers. Selbst die Einhaltung der Zusagen Chinas, landwirtschaftliche Produkte und Energie von den Vereinigten Staaten zu beziehen, verzögerten sich wegen des Ausbruchs der Covid-19-Pandemie stark.

Noch bezeichnender war, dass Trumps Handelskrieg darin scheiterte, Chinas dominante Stellung in den bilateralen Handelsbeziehungen auch nur anzuknacksen. 2016 belief sich das amerikanische Handelsdefizit mit China auf 347 Milliarden Dollar; aller Zölle zum Trotz rangierte es 2019 praktisch unverändert bei 345 Milliarden Dollar. Im August 2020, acht Monate nach Unterzeichnung des «Phase-1»-Deals, waren Chinas globale Exporte um 9,5 Prozent nach oben geschossen und ließen den chinesischen Anteil am Welthandel auf den Rekordwert von 17,2 Prozent klettern — gegenüber 13,9 Prozent 2019. Als Biden Anfang 2021 das Präsidentenamt übernahm, stand das Handelsdefizit mit China immer noch bei 310 Milliarden Dollar, obwohl sich der Welthandel aufgrund der Pandemie deutlich verlangsamt hatte.

2020, im letzten Jahr der Trump-Regierung, schienen mit Ausnahme des USTR ohnehin nur noch wenige Leute im Weißen Haus Handelsfragen allzu viel Beachtung zu schenken. Vielmehr drehten sich alles um Technologie. Die Ankündigung des «Made in China 2025» (MIC 2025)-Plans fünf Jahre zuvor, mit dem die chinesische Führung die eigene Industrie erneuern wollte und globale Marktführerschaft in neuen Technologien anstrebte, hatte in Washington für einige Aufregung gesorgt. Technologische Vorherrschaft war stets wichtiger Bestandteil sowohl der amerikanischen nationalen Identität als auch amerikanischer Macht gewesen — von der NASA über das Internet bis hin zur Hightech-Feuerkraft, die die amerikanische Kriegsführung bestimmte. Amerikanerinnen und Amerikaner waren stets davon ausgegangen, dass ihr technologischer Vorsprung nie wirklich herausgefordert werden würde. Mit MIC 2025 hatte China öffentlich erklärt, genau das tun zu wollen.

Diese Bedrohung fiel mit der Wahrnehmung zusammen, dass China überhaupt keine Hemmungen hatte, Technologietransfers zu erzwingen, geistiges Eigentum zu stehlen und kommerzielle Cyberspionage zu betreiben. Der Eindruck, China verfolge eine langfristige Strategie, um per Diebstahl technologische Parität zu erreichen, wurde verstärkt durch eine kaltschnäuzige Serie massiver Cyberattacken während der Regierungszeit von US-Präsident Barack Obama, durch die es gelang, große Datenmengen von amerikanischen Unternehmen und Regierungsstellen zu erbeuten. Diese ließen sich nach China zurückverfolgen, unter anderem zu chinesischen Aufklärungseinheiten wie der Einheit 61398 der Volksbefreiungsarmee, gegen die die US-Regierung bereits 2014 nach diversen Cyberdiebstählen Anklage erhoben hatte, wegen des «eklatanten Einsatzes von Cyberspionage zur Erlangung wirtschaftlicher Vorteile». Diese Befürchtungen verstärkten sich noch durch Chinas Politik der «militärisch-zivilen Fusion» und der Rechtsvorschrift für private chinesische Unternehmen und Institution, Technologien, die Chinas nationaler Sicherheit potenziell zum Vorteil gereichen könnten, automatisch mit der Volksbefreiungsarmee zu teilen. Amerikanische Politikerinnen und Politiker fürchteten, große Ströme an Technologiedaten, Innovationen sowie Geschäfts- und Militärgeheimnissen flössen über Verkäufe im Privatsektor, ausländische Direktinvestitionen, Forschungszusammenarbeit oder schlichten Diebstahl nach China ab, um dort bei der Modernisierung des chinesischen Militärs zu helfen. Diese Befürchtungen waren nicht neu. Schon 2012 hatte die Obama-Regierung Huawei von Regierungsaufträgen ausgeschlossen, aufgrund von Bedenken in Sachen Cybersicherheit. Aber die ständige Beschäftigung der Trump-Regierung mit dem Handelsdefizit und Lowtech-Sektoren wie der Stahlindustrie und der Landwirtschaft überschattete dies zunächst.

Im April 2018 änderte sich das schlagartig, als das US-Handelsministerium allen amerikanischen Unternehmen untersagte, Geschäfte mit der chinesischen Telekommunikationsfirma ZTE zu betreiben, nachdem es zu dem Schluss gekommen war, dass ZTE die amerikanische Sanktionspolitik gegenüber dem Iran und Nordkorea verletzt habe. Da das Unternehmen damit vom Markt für fast alle seine Komponenten abgeschnitten war, beschrieben Analysten das Verbot als «kommerzielles Todesurteil» für ZTE. Trump war aber weiterhin auf die Verhandlungen über ein Handelsabkommens mit China fokussiert, um das bilaterale Handelsdefizit zu reduzieren, und sorgte deshalb für eine spektakuläre Wende, als er einen Monat später das Verbot eigenhändig wieder aufhob und dazu auf Twitter schrieb: «Präsident Xi und ich arbeiten zusammen, um dem großen chinesischen Telefonunternehmen ZTE einen Weg zurück ins Geschäft zu ermöglichen, und zwar schnell. Zu viele Jobs gehen in China verloren.» Im Juni stimmte ZTE dann einer 1,4 Milliarden Dollar schweren Einigung zu, um einem Verbot zu entgehen. China-«Falken» in Trumps Weißem Haus und im Kongress waren entsetzt, und parteiübergreifende Gruppen von Parlamentsabgeordneten versuchten vergeblich, ZTE wieder mit Strafen zu belegen.

Während der Handelskrieg 2019 weiterging, öffnete sich ein frustrierter Trump immer mehr den Vorschlägen, chinesische Technologieunternehmen ins Visier zu nehmen, um in den Verhandlungen mit Peking einen weiteren Hebel zu haben. Wenige Tage, nachdem der bilaterale Handelsvertrag kollabiert war, unterschrieb Trump eine Exekutivorder, die Huawei von amerikanischen Telekommunikationsnetzen ausschloss. Das US-Handelsministerium setzte Huawei auf seine sogenannten «Entitäten-Liste» und verbot somit amerikanischen Unternehmen, mit Huawei ohne Erlaubnis der Regierung Geschäfte zu treiben. Wenngleich das Ministerium weiterhin Lizenzen ausgab, die den Handel mit Huawei auf der Basis von Einzeltransaktionen erlaubten, stieg damit der Druck auf Chinas Technologiesektor gewaltig. Fünf weitere Technologieunternehmen, die führend bei der Mikrochip- und Supercomputer-Produktion waren, wurden zusätzlich auf die schwarze Liste gesetzt, gefolgt von Dutzenden

Huawei-Zulieferern. Als der Abschluss des «Phase 1»-Abkommens in greifbare Nähe rückte, schien es möglich, dass die Restriktionen zurückgefahren würden, da sie ihren Zweck als Trümpfe in Trumps Handelskrieg erfüllt hatten. Stattdessen verwandelte sich dieser in etwas Größeres — nämlich in einen ausgewachsenen Technologiekrieg —, während die außergewöhnlichen Ereignisse von 2020 die US-China-Beziehungen in Richtung Abgrund führten.

COVID-19 UND DIE NEUE GROSSE KLUFT

Die Covid-19-Pandemie veränderte Trumps Beziehung zu China. Während seiner ersten drei Jahre im Amt — selbst auf dem Höhepunkt des Handelskriegs — hatte Trump stets sein Verhältnis zu seinem «sehr, sehr guten Freund» Xi Jinping Vorrang gegeben; für ihn war die persönliche Verbindung entscheidend, um bei Geschäften oder in der Diplomatie etwas zu erreichen. Diese Notwendigkeit bremste Trump ein ums andere Mal, wie beim Fall ZTE. Als der «Phase-1»-Deal im Januar 2020 unter Dach und Fach war, hoffte Trump noch darauf, einen viel größeren «Phase-2»-Vertrag mit Xi aushandeln zu können. Als das Covid-19-Virus Ende 2019 erstmals in Wuhan auftauchte und sich im Januar 2020 in der ganzen Welt ausbreitete, spielte Trump die Gefahr anfänglich herunter und drückte wiederholt sein Vertrauen aus, dass Xi der Krise in seinem Land Herr werden würde. «China arbeitet sehr hart daran, das Coronavirus einzudämmen», schrieb er im Januar auf Twitter. «Die Vereinigten Staaten sind sehr dankbar für Chinas Bemühungen und Transparenz. Es wird alles gut ausgehen. Insbesondere möchte ich, im Namen des amerikanischen Volkes, Präsident Xi danken.» Im Februar beschrieb Trump Xi als «stark, scharfsinnig und mit aller Macht auf den Gegenangriff auf das Virus konzentriert». Noch im März erklärte er, sein Verhältnis zu Xi sei weiterhin «wirklich gut» und lobte die enge Zusammenarbeit mit China.

Als sich allerdings die Pandemie im Frühjahr 2020 schnell in den gesamten Vereinigten Staaten ausbreitete, Bürgerinnen und Bürger Hamsterkäufe tätigten und der S&P-Aktienindex um beinahe ein Drittel einbrach, änderte sich Trumps Tonfall schlagartig. «Ich wünschte, sie [die Chinesen] hätten uns früher informiert, denn dann hätten wir eine Lösung anbieten können», klagte er. «Wir hätten es früh stoppen können», sagte Trump bei einem Pressebriefing im Weißen Haus am 19. März. «Leider entschieden sie sich, es nicht publik zu machen. Nun aber leidet deshalb die ganze Welt.» Er bezeichnete Covid-19 spitz als «China-Virus», einen Begriff, den er allein in der zweite Märzhälfte 20mal benutzte. Außenminister Pompeo sprach derweil lieber vom «Wuhan-Virus», eine Bezeichnung, die er auf einer Pressekonferenz sechsmal benutzte. Pompeo und Trump waren über den stellvertretenden Sprecher des chinesischen Außenministeriums und führenden «Wolfskrieger-Diplomaten» Zhao Lijian empört, der der US-Armee vorgeworfen hatte, das Virus nach Wuhan gebracht zu haben. Im April griff Trump zudem die Weltgesundheitsorganisation (WHO) an, als er erklärte, das Virus hätte eingedämmt werden können, hätte «die WHO ihre Arbeit getan und medizinische Experten nach China entsandt»; stattdessen habe «die WHO chinesischen Zusicherungen blind vertraut». Die US-Regierung verkündete, sie würde ihre finanzielle Unterstützung für die WHO einstellen. Pompeo bezichtigte die Institution und ihre Führung, sie habe sich «von der chinesischen Regierung kaufen» lassen. Im Mai erklärte Washington, sich aus der WHO ganz zurückziehen zu wollen.

Vertreter der Trump-Regierung spekulierten danach öffentlich, dass das Virus aus einem Virologie-Labor in Wuhan stamme oder gar als Biowaffe geschaffen worden sei. Trump drängte die US-Geheimdienste, die Angelegenheit zu untersuchen und sagte der Presse, seine Leute schauten sich diese Möglichkeit «sehr, sehr genau» an.

«China tut alles, damit ich [die Präsidentschaftswahlen von 2020] verliere», fügte er hinzu. Trumps Sonderbeziehung zu Xi war nun zu Ende. «Im Moment möchte ich mit ihm nicht sprechen», sagte er. «Da schließe ich einen großen Handelsdeal … Die Tinte war kaum trocken, da kam die Seuche zu uns herüber. Da hat sich für mich etwas verändert.» Zu dem Zeitpunkt hatten die meisten Fürsprecher einer Politik des Engagements mit China die Regierung bereits verlassen, darunter Gary Cohn, Rex Tillerson und Verteidigungsminister James Mattis. Nur Steven Mnuchin und Jared Kushner blieben, zusammen mit Robert Lighthizer, der, nachdem ihm der Abschluss des «Phase-1»-Abkommens gelungen war, so etwas wie ein stabilisierender Faktor wurde mit seinen Bemühungen, die Vereinbarung mit China nicht scheitern zu lassen, während sich die Kluft zwischen Washington und Peking dramatisch vergrößerte.

Die Fraktion des Weißen Hauses, die für eine Entkopplung mit China war, hatte nun die Kontrolle über die Politikgestaltung. Da Trump endlich auf ihrer Seite stand, waren die Entkoppler entschlossen, es mit Peking an jeder Front aufzunehmen und damit das umzusetzen, was FBI-Direktor Christopher Wray einen «die ganze Gesellschaft umfassenden» Ansatz nannte, um China zu konfrontieren. Ihr Entkopplungs-Manifest hatte im Grunde bereits ein Jahr zuvor das Licht der Welt erblickt, in Form einer bemerkenswerten Rede von Vizepräsident Mike Pence, gehalten im Oktober 2018. Es war eine Litanei amerikanischer Klagen über Chinas offenes und verdecktes wirtschaftliches, militärisches, technologisches, politisches, diplomatisches und mediales Vorgehen. Pence nutzte die Gelegenheit, einen Schwenk hin zu einer breiter angelegten Politik der Entkopplung zu signalisieren. Er rief Unternehmen dazu auf, zweimal zu überlegen, «bevor sie sich in den chinesischen Markt stürzen», «alle ihre Rechte an geistigem Eigentum aushändigen und Pekings Unterdrückung Vorschub leisten». Justizminister Bill Barr ging noch weiter, als er China vorwarf, einen «wirtschaftlichen Blitzkrieg» zu führen: «Das schlussendliche Ziel der chinesischen Herrscher besteht nicht darin, mit den Vereinigten Staaten Handel zu treiben, sondern darin, die Vereinigten Staaten auszurauben.» Er warf Unternehmern vor, sich vor Peking zu verneigen, und warnte die Firmenlenker: «Die KPCh zu beschwichtigen, mag kurzfristig Vorteile bringen. Aber am Ende besteht das Ziel der KPCh darin, Sie zu ersetzen.»

Pompeo, der bereits die eigene Kandidatur für das Präsidentschaftsrennen 2024 im Blick hatte, ging am weitesten. In einer Rede im Juli 2020 kritisierte er jene, «die darauf bestehen, dass das Modell des Dialogs um des Dialogs Willen erhalten», und sprach abschätzig von dem «alten Paradigma des blinden Umgangs mit China». Stattdessen plädierte er für einen «das ganze Spektrum umfassenden» Ansatz des «strategischen Wettbewerbs» mit Peking, deutete an, dass der Sturz der KPCh wünschenswert sei, und erklärte: «Xi ist nicht vorbestimmt, China und den Rest der Welt für alle Zeiten zu tyrannisieren, außer wir lassen das zu.» Er schloss mit dem Aufruf an «jeden Regierungschef jeder Nation, mit dem zu beginnen, was Amerika getan hat».

Im April, als die Entkoppler fest im Sattel saßen, dehnte das US-Handelsministerium Exportkontrollen weiter aus, um in China tätige Unternehmen davon abzuhalten, amerikanische Technologie zu erwerben, die für militärische Zwecke oder Überwachung «unter dem Vorwand ziviler Anwendung» eingesetzt werden könnte. Wichtiger noch: Im Mai schnitt das Ministerium Huawei von den globalen Lieferketten für Halbleiter ab, indem es vorschrieb, jeder Verkauf von Mikrochips, die in aller Welt auf der Basis amerikanischer Technologien hergestellt worden waren, bedürfte der Lizensierung. Dies bedrohte unmittelbar das Überleben des Smartphone-Geschäfts von Huawei. Im August setzte die US-Regierung 38 mit Huawei verbundene Firmen auf die Liste, gefolgt von 28 chinesischen Unternehmen, denen vorgeworfen wurde, sich am Bau der künstlichen Inseln im Südchinesischen Meer zu beteiligen. Ebenfalls im August verkündete Pompeo das Clean-Network-Programm, eine Ausweitung amerikanischer Bemühungen, «sicherzustellen, dass nicht vertrauenswürdige Anbieter aus der Volksrepublik China nicht mit US-Telekommunikationsnetzwerken verbunden sind». Im Rahmen dieses Programms sollten US-Verbündete und -Partner Huawei und andere chinesische Technologiefirmen aus ihren Telefonnetzen verbannen. Pompeo drohte, die Vereinigten Staaten könnten gezwungen sein, selbst engste Verbündete vom Austausch von Geheimdiensterkenntnissen «abzutrennen», sollten sie diesen Schritt nicht vollziehen. Derweil unterschrieb Trump eine Exekutivorder, die die in chinesischem Besitz befindlichen Apps TikTok und WeChat vom amerikanischen Markt verbannte, wenngleich die Unternehmen erfolgreich Rechtsmittel einlegten und die Order außer Kraft gesetzt werden musste. Im September eskalierten die Vereinigten Staaten abermals, indem sie Lizensierungsvorschriften für den Export von Komponenten an Chinas größten Mikrochiphersteller Semiconductor Manufacturing International Corporation (SMIC) erließen und damit die Belieferung Chinas mit den neuesten Mikrochips bedrohten.

Zugleich nutzte die Regierung ihre letzten Monate im Amt für eine umfassende Kampagne, die multinationale Unternehmen überzeugen sollte, ihre Fertigungs- und Lieferketten aus China heraus zu verlegen. Das US-Außenministerium verkündete, es «kurbele mit Hochdruck eine Initiative an», um ein «Netzwerk des wirtschaftlichen Wohlstands» (Economic Prosperity Network) mit «vertrauenswürdigen Partnern» zu schaffen und der Fertigung gemäß US-Standards eine Heimat zu bieten. Pompeo begann dazu Gespräche mit Ländern der indopazifischen Region wie Australien, Indien, Japan, Neuseeland, Südkorea und Vietnam, um die «Weltwirtschaft voranzubringen» und den Dialog darüber zu führen, «wie wir Lieferketten umstrukturieren können, um so etwas [einen Handelskrieg oder mit der Pandemie zusammenhängende Störungen] zukünftig unmöglich zu machen». Insbesondere vereinbarten die Vereinigten Staaten und Taiwan, ihre Zusammenarbeit zu intensivieren, um Lieferketten auf die Insel zu verlegen. Im Gegenzug sagte die Taiwan Semiconductor Manufacturing Company (TMSC), der größte Mikrochiphersteller der Welt, zu, im Rahmen einer 12 Milliarden Dollar schweren Investition ein Werk in den Vereinigten Staaten zu bauen, um die Versorgung kritischer US-Industrien mit Halbleitern sicherzustellen.

Die Trump-Regierung eröffnete eine dritte Front und unternahm Schritte, um den amerikanischen und den chinesischen Finanzsektor zu entkoppeln. Im Mai 2020 wies Trump den 600 Milliarden Dollar schweren Pensionsfonds der Bundesregierung an, nicht länger direkt oder indirekt in Aktien chinesischer Unternehmen zu investieren. Im August drängte die Regierung die Aufsichtsbehörden, neue Restriktionen zu erlassen, die chinesische Unternehmen von amerikanischen Börsen ausschließen sollten, wenn sie nicht US-Buchhaltungsvorschriften einhielten. Und im November unterzeichnete Trump eine Exekutivorder, die amerikanischen Investoren untersagte, Aktien von 35 aufgelisteten chinesischen Unternehmen zu besitzen, die das Pentagon als Firmen einstufte, die Verbindungen zum chinesischen Militär unterhielten. Dazu gehörten auch Unternehmen, die von US-Börsen als Teile von Emerging-Market-Fonds gelistet wurden. Allerdings hatten die Schritte zu der Zeit kaum Auswirkungen, den Fluss amerikanischer Investitionen in China aufzuhalten; private amerikanische Anleger waren der Auffassung, dass, ungeachtet der geopolitischen Spannungen, allein die schiere Größe des chinesischen Marktes Chancen boten, die zu gut waren, um sie nicht zu nutzen.

Im Sommer 2020 weitete die Trump-Regierung ihre Gegenmaßnahmen aus und verhängte weitreichende Visasperren und Finanzsanktionen gegen chinesische Funktionsträger und ihre Familien, zunächst gegen diejenigen, die nach US-Einschätzung an den Menschenrechtsverletzungen in der Provinz Xinjiang beteiligt waren. Zum ersten Mal war ein Mitglied des KPCh-Politbüros betroffen: Chen Quanguo, der Parteisekretär in Xinjiang. Zuvor hatte Trump den Uyghur Human Rights Policy Act unterzeichnet; der US-Kongress hatte das Gesetz im Juni ohne Gegenstimme verabschiedet. Es sah Sanktionen gegen chinesische Funktionäre vor, die der muslimischen Bevölkerung in Xinjiang «das Recht auf Leben, Freiheit und Sicherheit» vorenthielten. Schon 2018 hatte die Trump-Regierung solche Sanktionen erwogen. Doch Trump hatte sie als inkompatibel mit seiner Verhandlungsstrategie in Sachen eines Handelsabkommens mit China abgelehnt. Als sich die Beweise häuften, dass China annähernd eine Million uigurischer Muslime in diversen Umerziehungslagern einsperrte, wurde die Sanktionspolitik neu betrachtet. Peking stellte das Vorgehen gegen die Uiguren als Antiterrorismusmaßnahme hin; allerdings ging es mit Einschränkungen der Religionsfreiheit in ganz China einher, die sowohl Muslime als auch Christen betrafen. Im Endeffekt verstärkte die Trump-Regierung ihre internationale politische Kommunikation und kollektive Politik gegenüber chinesischen Menschenrechtsverletzungen.

Nachdem China 2020 ein neues Nationales Sicherheitsgesetz für Hongkong erlassen hatte, das freier Meinungsäußerung und der Versammlungsfreiheit in dem Territorium ein Ende setzte, erließ die US-Regierung zudem Sanktionen gegen zehn Offizielle auf dem chinesischen Festland und in Hongkong, die an der Unterdrückung prodemokratischer und politischer Proteste beteiligt waren, darunter die Chief Executive Hongkongs, Carrie Lam. Vier weitere Funktionäre wurden im November auf die Liste gesetzt, gefolgt von 14 Mitgliedern des Ständigen Komitees von Chinas Nationalem Volkskongress im Dezember. Diese Sanktionen wurden unter Berufung auf zwei Gesetze in Kraft gesetzt, die der Kongress 2019 und 2020 verabschiedet hatte. Das erste war der Hong Kong Human Rights and Democracy Act, der fast ohne Gegenstimme passierte und von Trump Ende 2019 unterzeichnet wurde, nachdem Proteste die Stadt erfasst hatten. Das Gesetz schrieb vor, die von China bis 2047 zugesagte Autonomie Hongkongs jährlich zu überprüfen; der US-Präsident wurde aufgefordert, Sanktionen gegen all jene Funktionsträger zu erlassen, die an Menschenrechtsverletzungen in Hongkong beteiligt waren. Das zweite Gesetz, der Hong Kong Autonomy Act, der ohne Gegenstimme im Juli 2020 verabschiedet wurde, schrieb Sanktionen gegen Personen, Entitäten und Finanzinstitutionen vor, die für das Untergraben der Autonomie Hongkongs verantwortlich waren. Eine Reihe weiterer chinesischer Funktionäre wurde im September 2020 ins Visier genommen für die Rolle, die sie bei der «Wiedergewinnung» von Inseln im Südchinesischen Meer spielten.

Zugleich schränkte die Trump-Regierung persönliche Kontakte zwischen China und den Vereinigten Staaten ein. In Antwort auf vorangegangene Behinderungen und Ausweisungen von US-Journalistinnen und -Journalisten reduzierte Washington die Zahl chinesischer Korrespondenten, die Visa zur Berichterstattung erhielten; schraubte die Visavergabe an chinesische Studentinnen und Studenten zurück; verhängte neue Beschränkungen für chinesische Diplomatinnen und Diplomaten, die nicht länger Universitäten oder lokale amerikanische Regierungsvertreterinnen und -vertreter aufsuchen durften ohne vorherige Genehmigung; und verbaten allen KPCh-Mitgliedern die Einreise in die Vereinigten Staaten (was in der Praxis unmöglich umzusetzen war, angesichts einer Parteimitgliedshaft von 95 Millionen Menschen). Am dramatischsten war die Schließung des chinesischen Konsulats in Huston im US-Bundesstaat Texas. Dem dort tätigen Personal wurde vorgeworfen, weitreichende Wirtschaftsspionage betrieben zu haben. Im Gegenzug verfügte Peking die

Schließung des US-Konsulats in Chengdu. Nationalistisch gesinnte chinesische Demonstranten buhten, als die amerikanischen Diplomatinnen und Diplomaten das Gebäude verließen, und die Proteste gerieten so stark aus dem Ruder, dass die Polizei einschreiten musste.

Schließlich intensivierte die Trump-Regierung den diplomatischen und militärischen Druck sowohl im Südchinesischen Meer als auch in der Taiwanstraße. Das Tempo von Operationen zur Sicherung der Freiheit der Meere (Freedom of Navigation Operations, kurz FONOPs) wurde verstärkt, US-Kriegsschiffe forderten chinesische Gebietsansprüche im Südchinesischen Meer heraus. 2017 hatten die Vereinigten Staaten sechs solcher Operationen durchgeführt, fünf 2018, angesichts wachsender Spannungen 2019 dann neun. 2020 führte die Trump-Regierung im ersten Halbjahr so viele FONOPs durch, wie Obama in seiner gesamten zweiten Amtszeit gebilligt hatte, und stellte wohl einen neuen Rekord auf; allerdings ist auch denkbar, dass sie die Operationen nur viel stärker publik machte als die Obama-Regierung. Unter Trump wurden die FONOPs sicherlich intensiver, einschließlich der Anberaumung solcher Operationen an zwei aufeinanderfolgenden Tagen. Auf diese Weise versuchte die US-Marine, für die chinesische Seite schwer berechenbar zu sein. Das führte zu einigen Beinahe-Zusammenstößen, einschließlich eines Vorfalls im April 2020, als chinesische Schiffe einem mit Marschflugkörpern bestückten US-Zerstörer auf 100 Meter nahekamen, um ihn aus den Gewässern um die Paracelsus-Inseln zu vertreiben. Schon 2018 war ein chinesisches Kriegsschiff beinahe mit einem anderen US-Zerstörer kollidiert, dem es sich auf 40 Meter näherte und zu Ausweichmanövern zwang.

Im Juli 2020 erklärte Pompeo, die Vereinigten Staaten würden erstmals ihre diplomatische Haltung mit Blick auf das Südchinesische Meer ändern: Chinas maritime Ansprüche wurden nun als illegal, unrechtmäßig und als Bruch der Rechtsansprüche von Chinas südostasiatischen Nachbarn bezeichnet. Dies war ein bedeutender Wandel. Zuvor hatte es Washington stets vermieden, in diesen Fragen formal Stellung zu beziehen. Insgesamt erhöhte die Regierung die Zahl und die Intensität von Marineübungen und -manövern in der Region und entsandte zu einem Zeitpunkt drei seiner insgesamt neun Flugzeugträger-Kampfgruppen gleichzeitig. Die Trump-Regierung erklärte auch ihre Absicht, eine neue Erste US-Flotte aufzubauen, die in Südostasien stationiert werden würde.

Auch in die Taiwanstraße schickte die Trump-Regierung immer mehr Kriegsschiffe, um die Sicherheitszusammenarbeit mit Taiwan zu intensivieren, mit einem neuen Rekord von zehn Durchfahrten Anfang 2020. Die Waffenverkäufe an Taiwan zogen stark an, beginnend mit einem Rekordgeschäft im Wert von acht Milliarden Dollar für die Lieferung von 66 F-16-Kampfflugzeugen Ende 2019. Ein Fünf-Milliarden-Dollar-Deal, der Raketen, Torpedos, Drohnen und andere Waffensysteme umfasste, kam 2020 hinzu. Am Ende summierte sich die Militärhilfe auf 17 Milliarden Dollar während der Trump-Ära — weit mehr als unter den meisten Vorgängern des Präsidenten. Die Regierung ging zudem über Waffenlieferung hinaus und erlaubte gemeinsame Übungen amerikanischer und taiwanesischer Spezialkräfte; so übten Einheiten des US-Marineinfanteriekorps zum ersten Mal seit 40 Jahren offen mit dem taiwanesischen Militär. Ein US-Spionageflugzeug machte laut Medienberichten zudem Zwischenstopp in Taipeh. Das unter Trump entstehende Muster immer engerer Militärkontakte mit Taiwan und Marineoperationen in der Taiwanstraße bedeutete eine starke Abkehr von der Vergangenheit.

Am provokantesten aus Pekinger Perspektive war allerdings der stete Strom an Besuchen von US-Regierungsvertretern in Taipeh. Diese begannen mit einer großen Delegation ehemaliger Beamter und Botschafter, die an der feierlichen Amtseinführung von Präsidentin Tsai Ing-wen nach ihrer Wiederwahl im Mai 2020 teilnahmen. Pompeo sandte, als erster US-Außenminister überhaupt, eine offizielle Glückwunsch-Nachricht. Im August 2020 machte dann US-Gesundheitsminister Alex Azar eine bahnbrechende Visite bei Tsai, als Washingtons höchstrangiger Regierungsvertreter, der Taiwan in 40 Jahren besucht hatte. Als Reaktion darauf schickte China Kampfflugzeuge über die Mittellinie der Taiwanstraße, während Azar sich mit taiwanesischen Offiziellen besprach. Im September entsandte die Trump-Regierung den stellvertretenden Außenminister Keith Krach nach Taipeh; er war der hochrangigste Mitarbeiter des State Department, der der Insel in Jahrzehnten einen Besuch abstattete. Zur gleichen Zeit traf sich die amerikanische UN-Botschafterin Kelly Craft zum ersten Mal überhaupt mit Taipehs höchster Repräsentantin in New York. Schließlich besuchte der höchste Militärgeheimdienstler des US-Indopazifik-Kommandos, Zwei-Sterne-Konteradmiral Michael Studeman, Taiwan unangekündigt im November. Auf jeden Besuch reagierte Peking mit immer größerem Ärger und warnte die Trump-Regierung, sie käme Chinas roten Linien in Sachen Taiwan immer näher.

VON TRUMP ZU BIDEN

Als Joe Biden im Januar 2021 ins Amt kam, löste er schnell seine Wahlkampfversprechen ein, praktisch alle politischen Prioritäten der Trump-Regierung umzukehren oder abzuräumen — alle bis auf die Chinapolitik. Stattdessen legte die Biden-Regierung bemerkenswerte Kontinuität an den Tag, indem sie sowohl die generelle strategische Richtung als auch viele der Details des Ansatzes ihrer Vorgängerin gegenüber China beibehielt. Während die Biden-Mannschaft schnell die schrille Rhetorik in den US-China-Beziehungen drosselte und zugleich eine wichtige diplomatische Offensive startete, um US-Verbündeten und multilateralen Partnern rund um die Welt zu versichern, dass die Vereinigten Staaten «wieder da» und weiterhin verlässlich seien, verhärtete sich der operationale Ansatz gegenüber China tatsächlich noch weiter.

Die Biden-Regierung — empfindlich gegenüber jedweder heimischen Kritik, mit China «zu weich» umzugehen — unternahm keine direkten Schritte, um die Zölle oder die Technologie- oder Finanzbeschränkungen aufzuheben, die die Trump-Regierung verhängt hatte. In den Anhörungen des Senats vor der Bestätigung seiner Berufung erklärte der angehende US-Außenminister Antony Blinken, die Biden-Regierung werde nicht nur alle Maßnahmen belassen, sondern sich auch einer Einschätzung aus den letzten Tagen der Trump-Regierung anschließen, wonach die chinesischen Menschenrechtsverletzungen in Xinjiang einem Völkermord gleichkämen. Blinken bestätigte außerdem, dass die Biden-Regierung nur kleine Korrekturen an den Regeln vornehmen würde, die Pompeo erlassen hatte, um einen stärkeren Austausch zwischen US-Regierungsvertretern und Taipeh zu ermöglichen.

Während die Wochen nach Bidens Amtseinführung verstrichen, stellten sich Pekings anfängliche Hoffnungen, es würde einen Neustart in den amerikanisch-chinesischen Beziehungen geben, als unbegründet heraus. Die Biden-Mannschaft ignorierte geflissentlich Offerten aus Peking, den Dialog auf höchster Ebene fortzusetzen; stattdessen konzentrierten sich die diplomatischen Anstrengungen darauf, eine multilaterale Koalition zu bilden, um Amerikas Position gegenüber China auszubalancieren. Wie geschildert handelte die Regierung schnell, um den Quad noch weiter aufzuwerten, einschließlich durch ein erstes Gipfeltreffen im März 2021, und um die «Chinafrage» ins Zentrum der US-Politik innerhalb der G7, der NATO und der Five Eyes sowie gegenüber der Europäischen Union zu rücken. Bald sprach Biden offen von einem neuen, weltweiten «Kampf zwischen dem Nutzen von Demokratien im 21. Jahrhundert und Autokratien».

Als die Vereinigten Staaten und China schließlich ein diplomatisches Treffen auf hoher Ebene abhielten, im März 2021 in Anchorage im US-Bundesstaat Alaska, wurde deutlich, dass die Beziehungen auf absehbare Zeit weiter frostig bleiben würden. Beide Seiten nutzten das Treffen, um die andere öffentlich zu denunzieren: Die US-Seite — angeführt von Blinken und dem Nationalen Sicherheitsberater Jake Sullivan — brachte ihre «tiefe Besorgnis über Chinas Handeln» zum Ausdruck, hinsichtlich «Xinjiang, Hongkong, Taiwan, Cyberattacken auf die Vereinigten Staaten, wirtschaftlichen Zwang gegenüber unseren Verbündeten» sowie Chinas direkte Bedrohung «der regelbasierten Ordnung, die für globale Stabilität sorgt». Die beiden strichen hervor: «Wir suchen keinen Konflikt, aber wir begrüßen harten Wettbewerb.» In Äußerungen kurz vor dem Treffen fasste Blinken die generelle Haltung der Regierung gegenüber China in Sätzen zusammen, die zur dreiteiligen Standardformulierung wurden: «Unsere Beziehungen mit China werden von Wettbewerb geprägt sein, wo sie es sollten; von Kooperation, wo es möglich ist; und von Konfrontation, wo es sein muss.»

Die chinesische Seite, angeführt vom Direktor des Büros der Zentralen Kommission für Außenpolitik, Yang Jiechi, war insbesondere aufgebracht über neue mit Hongkong in Verbindung stehende Sanktionen, mit denen Washington Offizielle in der Handelsmetropole und auf dem chinesischen Festland nur zwei Tage vor dem Anchorage-Treffen belegt hatte. Sie griffen die Vereinigten Staaten dafür an, «eine ‹Jurisdiktion des langen Arms› sowie Unterdrückung» zu praktizieren und warfen der US-Regierung vor, «tief verankerte» Menschenrechtsverletzungen gegen eigene Minderheiten daheim zu begehen; als Beleg führten sie die Black-Lives-Matter-Bewegung an. Am Ende demonstrierte Jiechi seine Treue gegenüber Xi Jinpings nationalistischem Slogan «Der Osten steigt auf, der Westen steigt ab», indem er erklärte: «Die Vereinigten Staaten verfügen nicht über die

Qualifikationen, um zu sagen, sie sprächen heute mit China aus einer Position der Stärke heraus.»

EIN RADIKAL ANDERER KURS

Die Konfrontation in Anchorage war kein Wendepunkt in den Beziehungen. Vielmehr brachte es die endgültige Bestätigung, dass das amerikanisch-chinesische Verhältnis auf einem radikal anderen Kurs war, als das in der Periode vor 2017 der Fall gewesen war — unabhängig davon, welche Partei in Washington gerade an der Macht war. Im November 2021 hielten Biden und Xi virtuell ihr erstes Gipfeltreffen ab, in dessen Verlauf beide Seiten von ihrem Wunsch sprachen, den Dialog wieder aufzunehmen und «Leitplanken» zu vereinbaren, um die Beziehungen besser zu managen. Ob dies auf längere Sicht gelingt und zu einem Durchbruch führt, muss sich angesichts der fundamentalen Dynamiken, die beide Länder in einen Wettbewerb treiben, erst noch erweisen.

Während Biden Amerikas Verbündete an Washingtons Seite rief und dabei eine Sprache benutzte, die an den Kalten Krieg erinnerte, hielt Xi Jinping im März 2021 eine Rede vor der Zentralen Parteischule in Peking, in der er seine KPCh warnte: «Wir müssen uns auf den Kampf verlassen, um die Zukunft zu gewinnen.» Bald danach, beim jährlichen Treffen des Nationalen Volkskongresses im gleichen Monat, warnte er die Abgeordneten aus den Reihen der Volksbefreiungsarmee, dass «die gegenwärtige Sicherheitslage unseres Landes sehr unsicher und instabil» sei; das Militär müsse deshalb seine Kampfbereitschaft erhöhen. Bei gleicher Gelegenheit bekräftigte Verteidigungsminister Wei Fenghe, dass der strategische Wettbewerb mit den Vereinigten Staaten in eine Periode eingetreten sei, in der «Eindämmung und Gegeneindämmung für lange Zeit das Leitmotiv der bilateralen Verbindungen» bilden würden. Mit General Xu Qiliang, Vizepräsident der Zentralen Militärkommission, erklärte erstmals ein hoher chinesischer Offizier öffentlich: «Angesichts der Thukydides-Falle muss das Militär den Aufwuchs seiner Kapazitäten weiter beschleunigen.» Damit implizierte er, dass ein militärischer Konflikt mit den Vereinigten Staaten eine ernstzunehmende Möglichkeit war, angesichts der fortgesetzten strukturellen Spannungen. Dieser sich verdichtende Eindruck politischer und militärischer Entschlossenheit wurde von einer beispiellos harten Rede Xi Jinpings untermauert, die er am 1. September 2021 an der Zentralen Parteischule hielt:

> «Die Risiken und Herausforderungen, denen wir gegenüberstehen, sind offenkundig gewachsen. Es ist unrealistisch, stets ein friedliches Leben führen und nicht kämpfen zu wollen. Wir müssen uns von Wunschdenken lösen, tapfer im Kampf sein und bei Prinzipienfragen nicht einen Zentimeter zurückweichen. Wir müssen die Souveränität, Sicherheit und Entwicklungsinteressen unserer Nation gewährleisten, mit nie dagewesenem Willen und Charakterstärke. Unsere Kommunisten werden zu allen Zeiten den Geist, die Integrität und den Mut aufrecht erhalten, Trugschlüssen nicht auf den Leim gehen, keine Angst vor Gespenstern haben und keine Feiglinge mit weichen Knien sein.»

Peking ist zu dem Schluss gekommen, dass die Veränderungen in Washingtons Strategie gegenüber China tiefgreifend sind, lange anhalten werden und im Grundsatz eine strukturelle Antwort im Thukydides'schen Sinn auf Chinas Aufstieg bilden. In diesem Umfeld von fast grenzenlosem strategischem Misstrauen und sich verschärfendem Wettbewerb quer durch das politische Spektrum wird die Biden-Regierung ihre eigene Strategie gegenüber China weiterentwickeln. Vieles spricht dafür, dass der grundlegende Ansatz ebenso hart wie der der Trump-Regierung bleiben wird — aber im Unterschied zur Trump-Ära wird es ein systematisch und nicht episodisch harter Ansatz sein. Das bedeutet nicht, dass Amerikas Strategie für den Umgang mit China in den 2020er Jahren bereits in Stein gemeißelt wäre oder dazu verdammt, sich nur in eine Richtung zu entwickeln. Es gibt immer noch großen Spielraum für Kreativität im Rahmen eines strategischen Realismus; ebenso bestehen wohl weiterhin Chancen für eine Zusammenarbeit mit China bei Fragen von gemeinsamem Interesse. Würde Xi Jinping einen anderen strategischen Kurs für Chinas Zukunft einschlagen — einen neuen Kurs, der über die übliche taktische Anpassung hinausgeht, die China gewöhnlich anbietet, um einer neuen Regierung in Washington entgegenzukommen —, würden die Vereinigten Staaten ihre eigene Strategie entsprechend anpassen. Aber gegenwärtig ist keineswegs klar, ob die eine oder andere Seite willens ist, von dem strategischen Wettrennen, das vor ihnen liegt, abzuweichen.

DAS GEFÄHRLICHE JAHRZEHNT: ZEHN SZENARIEN

Was wird in der vor uns liegenden Dekade, in der wir alle «gefährlich leben», wahrscheinlich passieren? Feststehende Faktoren, die die amerikanisch-chinesischen Beziehungen bestimmen, wie Chinas immer größer werdendes Militär, die Konturen von Xi Jinpings langfristiger Strategie und die sich weiter verschärfende Intensität des strategischen Wettbewerbs, sind verhältnismäßig klar umrissen. Aber die Zahl von Variablen ist weiterhin riesig. Die wichtigsten von ihnen beziehen sich auf den Inhalt, die Fortschreibung und die Umsetzung der amerikanischen Strategie unter Joe Biden und die Frage, ob diese in den folgenden präsidentiellen Wahlperioden 2024 und 2028 aufrechterhalten werden. Offen ist auch, wie effektiv diese Strategie sein wird, wenn es darum geht, das US-Militär und die eigene wirtschaftliche Kraft zu stärken sowie Amerikas Allianzen in der Welt nach der traumatischen Erfahrung der Trump-Präsidentschaft wieder zu konsolidieren.

Hinzu kommt die Unvorhersehbarkeit von Variablen, die das Verhalten dritter Staaten betreffen und ebenfalls eine Rolle spielen — beispielsweise die Entscheidung der Europäischen Kommission, zum Jahresende 2020, in den letzten Tagen der Trump-Regierung, ein neues Investitionsabkommen mit China zu vereinbaren. Dies folgte der Entscheidung von Amerikas wichtigsten asiatischen Alliierten, im Oktober 2020 zusammen mit China das Freihandelsabkommen Regional Comprehensive Economic Partnership (RCEP) zu schließen, während die Amerikaner und die Inder außen vor blieben. Beide Entwicklungen zeigen, dass die Vereinigten Staaten vor der schwierigen Aufgabe stehen, den langfristigen Verlockungen der chinesischen Volkswirtschaft etwas entgegenzusetzen. Noch bevor die Biden-Regierung im Amt war, schien die Anziehungskraft des Wirtschaftsgiganten China unwiderstehlich, ganz so, wie Xi Jinping es vorausgesagt hatte. Dann aber suspendierte das Europaparlament im Mai 2021 die Ratifizierung des EU-China-Investitionsabkommens, wegen Pekings Einschüchterungstaktiken gegenüber Parlamentsabgeordneten. Dies zeigte, wie politisch volatil die diplomatischen und wirtschaftlichen Beziehungen zu Peking geworden sind. Und dann wären da noch die Probleme, vor denen Chinas Wachstumsmodell steht, während Xi versucht, die Kontrolle der Partei über den Privatsektor noch weiter zu festigen, was das chinesische Unternehmervertrauen untergräbt, mit noch nicht absehbaren Folgen für Chinas langfristige Wirtschaftsentwicklung — und mit dem Potenzial, die grundlegenden inländischen ökonomischen Grundfesten, auf denen Chinas Anspruch als globale geopolitische Macht fußt, zum Einsturz zu bringen.

Jeder Versuch vorherzusagen, wie die amerikanisch-chinesischen Beziehungen 2030 aussehen werden, ist deshalb ein riskantes Unterfangen. Am besten lässt sich deshalb mithilfe von einer Reihe Szenarien in die Zukunft schauen, die auf unterschiedlichen Annahmen basieren und einige der Konsequenzen aufzeigen, die diese für die vor uns liegenden Jahre hätten. Zumindest mögen sie den heute politisch Verantwortlichen als Warnung dienen, während sie versuchen, einen Weg durch die gefährlichen Untiefen vor uns zu finden.

SZENARIO 1: CHINA GELINGT DIE GEWALTSAME EINNAHME TAIWANS, AMERIKA GREIFT NICHT EIN

In diesem Szenario entscheidet sich Xi Jinping — ob von Unabhängigkeitsbefürwortern in Taipeh provoziert oder nicht —, die Taiwanfrage militärisch zu lösen, bevor das Jahrzehnt zu Ende geht. Die politische Motivation für solch ein Handeln könnte von einem radikalen Schwenk in der taiwanesischen Innenpolitik nach den kommenden Präsidentschaftswahlen 2024 herrühren, oder von Xis Wunsch, in den Jahren vor dem 21. oder 22. Parteitag der KPCh (2027 beziehungsweise 2032) seine Position als oberster Führer zu sichern. Sie könnte darin begründet sein, dass die amerikanische Innenpolitik in so großen Trümmern liegt, dass das Risiko eines militärischen Eingreifens der Vereinigten Staaten minimal erscheint.

Die militärischen oder paramilitärischen Taktiken, mit denen China gegen Taiwan vorgehen könnte, wären konsistent mit den Mustern chinesischer Militärmanöver der vergangenen Jahre. Sie könnten eines oder mehrere der folgenden Elemente beinhalten: das Organisieren eines Aufstandes in Taiwan (der allerdings kaum Chancen hätte, allein zum Erfolg zu führen, angesichts der überwiegend negativen Einstellung der taiwanesischen Öffentlichkeit gegenüber der KPCh); ein großangelegter Cyberangriff auf Taiwans zivile und militärische Infrastruktur; die militärische Besetzung einer oder mehrerer Taiwan vorgelagerten Inseln als Warnung an Taipeh, sich zu ergeben; eine Wirtschaftsblockade der Insel; ein vom Festland geführter Präemptivschlag gegen das taiwanesische Militär; oder ein großangelegter Angriff auf Taiwan durch die chinesischen Luftwaffe und Landungstruppen.

Diesem Szenario liegt die Annahme zugrunde, dass Amerika kaum militärisch reagiert und seine Verbündeten gar nicht. Die Antwort des Westens würde in diesem Fall aus der üblichen Mischung aus Handels-, Investitions- und Finanzsanktionen bestehen, wenngleich diese von den chinesischen Planern bereits mit einberechnet worden sind, mit entsprechenden Eventualplanungen, um ihre Wirkung zu minimieren. Dazu würde gehören, das chinesische Finanzsystem darauf vorzubereiten, jedem Angriff eines dann geschwächten Dollar-geführten internationalen Finanzsystem zu widerstehen bei dem Versuch, einschneidende Finanzsanktionen zu verhängen. Die chinesische Führung befürchtete, dass es dazu 2020 wegen ihres Vorgehens in Hongkong kommen könnte, aber das war nicht der Fall. Die Vereinten Nationen dürften schweigen, da China seine Position sowohl im Sicherheitsrat als auch in der Vollversammlung fest etabliert hat, mithilfe einer wachsenden Zahl williger Mitgliedstaaten als Unterstützer, nicht zuletzt unter den Entwicklungsländern. Die UN kommen womöglich zu dem Schluss, dass die Taiwanfrage eine innerchinesische Angelegenheit ist, die das chinesische Volk lösen sollte. Die EU könnte sich als Institution womöglich neutral verhalten, insbesondere, da Großbritannien ihr nicht mehr angehört, und angesichts der geopolitischen Ambivalenz Deutschlands und Frankreichs, die die Länder in der Taiwanfrage letztendlich an den Tag legen.

Die geostrategische Stellung und das internationale Ansehen der Vereinigten Staaten würde dann zusammenbrechen angesichts Washingtons Unvermögen, eine kleine, aber sehr lebendige Demokratie zu verteidigen, die ein Dreivierteljahrhundert lang ein De-facto-Verbündeter gewesen ist. Das Vertrauen von Amerikas Alliierten in die US-Sicherheitsgarantien wäre untergraben. Die Welt würde das Ereignis wohl als den «München-Moment Amerikas» ansehen — ganz so, wie das Verhalten von Premierminister Neville Chamberlain auf der Münchner Konferenz von 1938 das Ende Großbritanniens als Weltmacht markierte.

Allerdings würde in diesem Szenario die Brutalität der militärischen Besatzung, die die Einnahme einer gebirgigen Insel mit 25 Millionen Einwohnern zwangsläufig mit sich brächte, die gut ausgebildet und bewaffnet sind und eine tiefe, weit verbreitete Animosität gegenüber der KPCh hegen, China vor einige Probleme stellen. Die Okkupation Taiwans würde die Gewalt, mit der Peking gegen Tibet und in Xinjiang vorgegangen ist, weit in den Schatten stellen. Taiwan würde für den Rest des 21. Jahrhunderts zur offenen Wunde Chinas in den Augen der internationalen Öffentlichkeit. Ein solches Vorgehen würde auch jede moralische Autorität begraben, die China in den Augen der internationalen Gemeinschaft bis dahin gehabt hat. Die Welt würde sich für die Rückkehr eines früheren, atavistischen Zeitalters wappnen, in dem Macht über Recht steht und effektive internationale Institutionen Wunschgebilde sind. Die regelbasierte internationale Ordnung läge in Trümmern.

SZENARIO 2: DIE VEREINIGTEN STAATEN WEHREN EINEN MILITÄRISCHEN ANGRIFF CHINAS AUF TAIWAN AB

Peking ist davon überzeugt, dass die Wahrscheinlichkeit einer umfassenden militärischen, wirtschaftlichen und Cyberantwort der Vereinigten Staaten im Fall eines Angriffs auf Taiwan geringer ist als die für den gegenteiligen Fall. Aber der Sinn für strategische Vorsicht führt dazu, dass die Volksbefreiungsarmee für ein solches Szenario weiterhin aktiv plant. Basierend auf dem, was über amerikanische und chinesische Kriegsspiele öffentlich berichtet worden ist, ist die Aussicht der Vereinigten Staaten, in einem solchen Krieg einen entscheidenden «Sieg» davonzutragen, gleichfalls weniger wahrscheinlich als das Gegenteil. In diesem Szenario lassen wir beiseite, wie ein solcher «Sieg» aussehen könnte. Er könnte bedeuten, den in der Taiwanstraße eingesetzten chinesischen Luft-, Marine- und Raketenkräften eine Niederlage zugefügt zu haben; das Einstellen chinesischer militärischer und paramilitärischer Aktionen gegen Taiwan; den Rückzug aller chinesischen Kräfte aus Taiwan; den Zusammenbruch der Herrschaft Xi Jinpings; den Kollaps des kommunistischen Systems als Resultat des kompletten Verlusts jeder politischen Legitimität daheim, den ein solches dramatisches militärisches Versagen mit sich bringen würde.

Jede dieser Möglichkeiten würde eine weitere Reihe von Eventualitäten eröffnen und Fragen aufwerfen, beispielsweise die, wie die Vereinigten Staaten die Einheiten besiegen könnten, die den Angriff auf Taiwan ausführen, ohne die chinesischen Systeme militärischer Führung und Kommunikation auszuschalten, mit denen die Invasion koordiniert würde. Das würde bedeuten, zumindest die Verbindungen zur Zentralen Militärkommission in Peking zu kappen, was wiederum die Gefahr einer schnellen und fast totalen Eskalation heraufbeschwören würde. Dies führt uns zu der unmöglichen Frage, die zu stellen fast zu schlimm ist, nämlich die nach der Eskalation zu einem größeren konventionellen Krieg mit China, der die Gefahr einer nuklearen Konfrontation heraufbeschwört.

Die Quintessenz dieses Szenarios lautet: Da der Einsatz für Peking innenpolitisch so hoch wäre wie zu keinem anderen Zeitpunkt seit 1949, und angesichts der Tatsache, dass der Machterhalt der KPCh stets über allem anderen gestanden hat, ist es wahrscheinlich, dass Xi Jinping dazu tendieren würde, einen militärischen Konflikt mit den Vereinigten Staaten zu eskalieren, wenn er erst einmal begonnen hat, um sich die nationalistische Unterstützung zu bewahren. China ist zudem völlig im Bilde, was den begrenzten Appetit der amerikanischen Öffentlichkeit auf Kriege im Ausland angeht; die Auswirkungen des US-Engagements in Korea, Vietnam, im Irak, in Syrien und Afghanistan auf die öffentliche Meinung wurde intensiv studiert. Xi kennt sich besonders gut mit dem chinesischen Vorgehen gegen amerikanische Einheiten während des Koreakriegs (1950–53) aus, als Washington ein militärisches Patt der Option vorzog, amerikanische Landstreitkräfte gegen China einzusetzen. Xi würde deshalb wahrscheinlich alle Mittel einsetzen, die China zur Verfügung stehen, um einen Krieg mit den Vereinigten Staaten in der Taiwanstraße so lang und kostspielig wie möglich zu machen, was es ihm ermöglichen würde, daheim auf ein wirksames politisches Narrativ zu setzen, das nationalistische Gefühle ansprechen und helfen würde, militärische Rückschläge zu maskieren. Xi ist ausreichend realistisch in seiner Weltanschauung, um zu verstehen, dass ein amerikanischer Sieg in Antwort auf eine chinesische militärische Aggression gegen Taiwan oder auch nur ein Patt, das Taiwan außerhalb von Pekings Reichweite beließe, für seine Führerschaft tödlich sein würde. Denn die Rückkehr Taiwans unter chinesische Souveränität macht einen sehr großen Teil von Xi Jinpings politischer Mission und seinem Mandat aus, größer als bei allen anderen Nachfolgern Mao Zedungs. Ein Scheitern hätte deshalb einen sehr hohen politischen Preis.

SZENARIO 3: CHINA BESIEGT DIE US-STREITKRÄFTE, DIE ZUR VERTEIDIGUNG TAIWANS GESCHICKT WERDEN

Ausgehend von der aktuellen Machtbalance und öffentlich zugänglichen Berichten über die jüngsten Kriegssimulationen beider Seiten ist, wie bereits erwähnt, eine amerikanische Niederlage derzeit der wahrscheinlichste Ausgang in dem Fall, dass Amerika Taiwan mit einer großangelegten konventionellen militärischen Intervention zur Seite springt, um eine chinesische Aggression abzuwehren. Laut militärischen Analysten, die solche Kriegsspiele regelmäßig für das US-Verteidigungsministerium durchführen (darunter die RAND Corporation), würden die meisten Szenarien mit chinesischen Raketenschlägen gegen taiwanesische und amerikanische Flugzeuge, Schiffe und Infrastruktur auf Taiwan, Okinawa und Guam beginnen und die US-Raketenabwehr überwältigen. RAND-Experten haben die vorausgesagten amerikanischen Verluste als «erschütternd» beschrieben; die Zerstörung der Militärbasen würde «die Schwierigkeiten, militärische Macht in der Region zu projizieren, exponentiell erhöhen». Während US-U-Boote, die sich nahe genug Taiwans aufhielten, um einzugreifen, im Vorteil wären, könnten sie nur eine begrenzte Zahl der chinesischen Schiffe versenken, die sich an der Landung beteiligen würden. Der Volksbefreiungsarmee würde es darum gehen, eine Streitmacht, bestehend aus 220000 Soldaten und Marineinfanteristen, an 15 bis 20 Brückenköpfen der Insel zu landen, nach einer Welle blitzartiger Angriffe chinesischer Luftlande- und Helikopter-Verbänden. Das Resultat: «‹Team blau› [Amerika] würde gehörig in den Hintern getreten, mit jahrelangen Folgen», so David Ochmanek, ein ehemaliger stellvertretender US-Verteidigungsminister, der heute für RAND arbeitet. Da die taiwanesische Armee allgemein als schlecht ausgebildet, schlecht ausgestattet und schlecht organisiert gilt, hätten die Vereinigten Staaten nur ein bis zwei Wochen, um Truppen in bedeutender Stärke für Taiwans Verteidigung aufzubieten und würden zudem Schwierigkeiten haben, die Insel zu verteidigen, ohne nicht auch Angriffe auf das Festland zu lancieren. Die Ergebnisse jüngster Kriegsspiele unterstreichen Pekings bedeutende strategische Erfolge darin, die militärische Fähigkeitslücken zu den Vereinigten Staaten in diesem Operationsgebiet zu schließen. Chinas hat den Vorteil steigender zahlenmäßiger Überlegenheit, was diejenigen Waffensysteme angeht, die für Taiwan-Szenarien besonders relevant sind, und kann auf geographische Nähe bauen — die Vereinigten Staaten dagegen müssten den Krieg von Guam, Honolulu und Washington aus führen.

Aber dieses Szenario hält auch große Risiken für China bereit. Militärischer Erfolg wäre nur garantiert, wenn sich die wichtigen US-Stützpunkte (einschließlich Guams) ausschalten ließen, was einen Angriff auf das souveräne Staatsgebiet der Vereinigten Staaten bedeuten würde. Dies wiederum würde sehr wahrscheinlich eine größere militärische Eskalation auslösen und einen Krieg um Taiwan in einen im westlichen Pazifik verwandeln, in den möglicherweise Amerikas asiatische Verbündete mit eintreten würden, einschließlich Japans (die auf Okinawa stationierten US-Einheiten würden sehr wahrscheinlich mit angegriffen werden).

Während die Vereinigten Staaten sich nie zu einer Doktrin bekannt haben, die den Ersteinsatz von Nuklearwaffen ausschließt — was bedeuten würde, dass ein Einsatz, oder allein die Drohung damit, selbst dann ausgeschlossen wäre, wenn eine konventionelle militärische Niederlage drohte —, ist es in der Praxis sehr unwahrscheinlich, dass die Amerikaner als Reaktion zu Atomwaffen greifen würden. Wenn die Vereinigten Staaten sie nicht in Korea, Vietnam oder der Taiwanstraße in den 1950er und 1960er Jahren eingesetzt haben, als das Risiko einer nuklearen Eskalation zu vernachlässigen war, dürften sie sie kaum in den 2020er Jahren einsetzen, wenn das Risiko ungleich größer ist.

Welche Form ein militärischer Sieg Chinas über die Vereinigten Staaten auch immer genau annehmen würde, er würde das Ende des «amerikanischen Jahrhunderts» signalisieren — nicht nur in Asien, sondern in der ganzen Welt. Amerikas Verbündete und Sicherheitspartner würden dann wahrscheinlich versuchen, sich in unterschiedlichem Ausmaß mit Peking strategisch zu arrangieren, da Regierungen in der ganzen Welt zu dem Schluss kommen würden, dass die US-Militärmacht nicht länger effektiven Schutz vor der nächsten globalen Supermacht bieten kann. Xi Jinping wäre ermutigt, Chinas weitreichende Gebietsansprüche im Ost- und im Südchinesischen Meer sowie gegenüber Indien weiter zu verfolgen. Europa — das historisch gesehen auf die Maximierung seiner Wirtschaftsinteressen fokussiert ist und Chinas Herausforderung der Sicherheitsordnung eher für ein asiatisches Problem hält — würde schnell zu seinem altbekannten «strategischem Driften» gegenüber Peking zurückkehren. Tatsächlich mag man in Europa China als bestes langfristiges Gegengewicht zu Russland sehen, angesichts der Tatsache, dass Peking Berlin, Paris und Brüssel — aber nicht Moskau — als wichtige Wirtschafts-, Handels-

und Investitionspartner sieht. Bei einer solchen Entwicklung würde Russland womöglich zu fürchten beginnen, dass ein starkes und selbstbewusstes China versuchen könnte, die einstmals chinesischen Gebiete zurückzuerlangen, die während der Zarenzeit an Russlands Fernen Osten verlorengingen. Insgesamt würde sich in diesem Szenario schnell eine Weltordnung etablieren, die Peking-zentrisch ist, mit globalen Institutionen, die immer stärker mit chinesischen außenpolitischen Interessen und Werten übereinstimmen. Eine von China beigebrachte Niederlage der Vereinigten Staaten bei der Verteidigung Taiwans würde, mit der Zeit, als ein «amerikanisches Waterloo» gesehen werden, das den Beginn des neuen und unsicheren chinesischen Jahrhunderts einläutet.

SZENARIO 4: ES KOMMT ZU EINEM MILITÄRISCHEN PATT IM TAIWANKONFLIKT

Dies ist eine denkbare Erweiterung des zweiten Szenarios, das sich auf die Lehren des Koreakriegs stützt, ein sich länger als drei Jahre hinziehender, hin und her wogender militärischer Konflikt mit hohen Verlusten. Es ist schwer vorauszusagen, wie ein solches Patt im Ringen um Taiwan aussehen würde, angesichts der Tatsache, dass die chinesische Militärstrategie auf *air-sea denial,* also auf die Schließung von Luft- und Seeräumen, gegen das US-Militär setzt, was vermutlich zu klareren Ergebnissen bei der maritimen Kriegsführung führen würde. Einige Militärtheoretiker argumentieren allerdings, sollten die Vereinigten Staaten weiter in ähnliche *area-denial*-Waffen investieren, wie beispielsweise gegen Schiffe (Seezielflugkörper) und zur Raketenabwehr eingesetzte Marschflugkörper, könnte dies dazu führen, dass die Oberfläche der dortigen Meere und der Luftraum zu einer Art Niemandsland würde, was wiederum eine Situation hervorrufen könnte, die an die Schützengrabenkämpfe des Ersten Weltkriegs erinnerte.

Nichtsdestoweniger dürfte das oberste politische Gebot, nämlich das Überleben der KPCh zu sichern, es der chinesischen Führung nie erlauben, formal einen Misserfolg einzugestehen. Die tief verankerte Erfahrung der Partei als revolutionäre Armee, die zu einigen Zeitpunkten ihrer 100jährigen Geschichte vor ihrer Auslöschung stand, würde dafür sorgen, dass sie sich neu gruppieren und weiterkämpfen würde, sobald sich die strategischen Bedingungen wieder ändern würden. Außerdem wurde die Volksbefreiungsarmee mit dem Guerillakampf groß, bei dem es nicht darauf ankommt, auf großen Schlachtfeldern zu siegen, um am Ende zu triumphieren, sondern es vielmehr darum geht, den Gegner langsam niederzuringen — was Mao den «langwierigen Krieg» genannt hat. Deshalb wäre ein militärisches Patt für China ein akzeptables, wenn auch nicht wünschenswertes Ergebnis. Allerdings dürfte Xi Jinping Schwierigkeiten haben, sich weiter an der Spitze zu halten, selbst wenn der KPCh der Machterhalt gelingen würde. Bei den Vereinigten Staaten sähe das anders aus, denn deren politisches System und Kultur sind stärker auf klare Verhältnisse ausgerichtet und dürften weniger gut mit einem sich in die Länge ziehenden Konflikt und der damit verbundenen Ambiguität umgehen können, erst recht nach den Erfahrungen mit Afghanistan und dem Irak. Dennoch dürften US-Kommandeure über Optionen verfügen, um einen länger dauernden Krieg auf niedrigem Niveau — beispielsweise eine Blockade wichtiger chinesischer Schifffahrtsrouten — zu führen und zu verhindern, dass die Chinesen einen klaren Sieg davontragen.

SZENARIO 5: WASHINGTON UND TAIPEH GELINGT ES, PEKING ABZUSCHRECKEN

Im besten Fall für Washington und die gegenwärtige Regierung in Taipeh wäre es ihnen möglich, dank ihrer vereinten ökonomischen und technologischen Stärke, ihrer militärischen Einsatzbereitschaft und ihrer Diplomatie, China erfolgreich von dem Versuch abzuhalten, Taiwan militärisch zu erobern, solange Xi an der Spitze von Partei und Staat steht. Dies setzte voraus, dass die Vereinigten Staaten ihre wirtschaftliche Macht in der Post-Covid-19-Periode wieder aufbauen und ihr Militär ausreichend finanziell ausstatten, um die US-Dominanz im See- und Luftraum der Taiwanstraße wiederherzustellen. Taiwan müsste zudem seine militärische Bewaffnung und Ausbildung in intelligenter Weise auf eine neue Stufe stellen, unterstützt, wenn nötig, von amerikanischen Waffenlieferungen, ebenso seine Cyber- und Zivilverteidigung, um glaubhafte nationale Abschreckung gegen einen Angriff des Festlands oder dessen interne Unterwanderung aufzubauen.

Ein solches Szenario würde auch beinhalten, dass sich die taiwanesische Diplomatie gegenüber China geschickter verhält als in der jüngsten Vergangenheit und sich in der Lage zeigte, neue Formen eines langfristigen Arrangements mit Peking auszuloten, die Taiwans demokratisches System ebenso erhielte wie seine absolute politische Autonomie. Dass Peking vorsichtiger würde, was seine Handlungsbeschränkungen in Sachen Anwendung «harter» Machtmittel angeht, wäre ebenfalls eine Voraussetzung für dieses Szenario. Solche Beschränkungen mögen in einer Schwächung des chinesischen Wachstums begründet sein, das immer weiter gesteigerten Militärausgaben Grenzen setzt, weil innenpolitische Prioritäten zum Erhalt des sozialen Friedens mit ihnen im Wettbewerb stehen, oder auch darin, dass China im Wettrennen um neue, bahnbrechende Militärtechnologien mit den Vereinigten Staaten nicht mithalten kann.

Allerdings kann ein solches Szenario auch anders ausgehen: Amerika und Taiwan gelingt die Abschreckung eines militärischen Angriffs, aber sie können einen umfassenden Cyberangriff nicht verhindern, der einen Großteil der taiwanesischen kritischen Infrastruktur ausschaltet. Dies würde die Frage auf den Plan rufen, in welcher Weise Washington und Taipeh zurückschlagen, gleichzeitig aber eine Eskalation zu einem großen Krieg vermeiden würden. Deshalb müsste eine erfolgreiche Abschreckungsstrategie in diesem Szenario das volle Spektrum militärischer und paramilitärischer Aktivitäten abdecken, das China gegen Taiwan zur Verfügung steht, nicht nur den Angriff, die Landung, die Invasion und die Besatzung durch das chinesische Militär.

SZENARIO 6: CHINA UND AMERIKA FÜHREN EINEN BEGRENZTEN KRIEG IM SÜDCHINESISCHEN MEER

Vielleicht eines der wahrscheinlichsten Szenarien, das allerdings unbeabsichtigt wäre, käme bei einer Kollision chinesischer und amerikanischer Kriegsschiffe im Südchinesischen Meer zum Tragen. In den vergangenen Jahren hat es eine Reihe von Beinahe-Zusammenstößen gegeben: Chinesische Kommandeure steuerten ihre Schiffe mit voller Kraft bis auf wenige Meter an US-Zerstörer heran. In jedem dieser Fälle wurde ein Unfall vermieden, weil die amerikanischen Schiffe ihren Kurs änderten. Dies wird nicht unbedingt sicherstellen, dass es auch in Zukunft zu keiner Kollision kommt. Obwohl es gemeinsam vereinbarte Protokolle aus der Obama-Zeit gibt, die solche Vorkommnisse auf See vermeiden oder managen sollen — insbesondere solche, die zum Sinken eines Schiffes oder den Verlust von Menschenleben führten —, könnte ein Zusammenstoß zu einem größeren Konflikt zwischen den Kombattanten eskalieren.

Eine zweite Möglichkeit wäre ein Szenario, in dem chinesische Schiffe die von US-Verbündeten rammten oder auf andere Weise im Südchinesischen Meer attackierten, zum Beispiel während einer Operation zum Schutz der Freiheit der Meere. Chinas inoffizielle Sprachrohre wie die *Global Times* haben wiederholt damit gedroht, dass dies australischen Schiffen zustoßen könnte. Während ein solcher Angriff gegenseitige Beistandsverpflichtungen im Rahmen von Amerikas Verteidigungspakten mit asiatischen Verbündeten auslösen würde, mag China ein solches Szenario weniger riskant erscheinen als ein direkter Angriff auf ein amerikanisches Kriegsschiff. Hinzu kommt, dass eine solche Attacke in einer Art und Weise ausgeführt werden könnte, die ausreichend Ambiguität ließe und damit den Beweis erschwerte, dass es sich nicht um einen Unfall handelte, was es den Vereinigten Staaten erschweren würde, zurückzuschlagen. Zu einer ähnlichen Situation könnte es kommen, wenn ein chinesisches Flugzeug mit einem amerikanischen beziehungsweise dem eines US-Verbündeten zusammenstieße (wie 2001 beim Vorfall mit einem amerikanischen EP-3-Aufklärugnsflugzeug im Südchinesischen Meer geschehen), wenngleich dies dann viel wahrscheinlicher ein wirklicher Unfall wäre.

Der starke zahlenmäßige Aufwuchs von Schiffen der chinesischen Küstenwache und des Zolls, von Fischer- und Spionagebooten, die mit Grauzonenaktivitäten betraut sind, um die territorialen und maritimen Ansprüche Chinas im Südchinesischen Meer zu untermauern, führt zu einer immer größeren Zahl der Möglichkeiten solcher Vorfälle in der Zukunft. Mehrere hundert Schiffe unternehmen solche Aktivitäten in der Region, die Wahrscheinlichkeit solcher Vorfälle auf See steigt dadurch exponentiell. Betroffen könnte auch ein US-Verbündeter wie die Philippinen sein, die, gemeinsam mit Vietnam, die größten Territorialkonflikte mit China haben. Für diese Länder sind dies keine theoretischen Fragen, denn es geht meist um Gebiete, die für die heimische Fischerei von großer Bedeutung sind. Philippinische Schiffe würden womöglich nicht die gleiche Zurückhaltung an den Tag legen, die die Protokolle der US-Marine bei Vorfällen mit ihren Volksbefreiungsarmee-Marine-Gegenüber vorschreiben. Sollte der amtierende philippinische Präsident Ferdinand Marcos Jr., der 2022 den China-freundlichen Rodrigo Duterte ablöste, einen stärker gegen Peking gerichteten, populistischen Kurs einschlagen, könnte eine Konfrontation leicht eskalieren.

Eine weitere Reihe von Möglichkeiten käme hinzu, wenn China seine Anstrengungen fortsetzte, weitere «Inseln» im Südchinesischen Meer aufzuschütten, oder die bestehenden noch weiter militärisch ausbaute. Chinas Aktivitäten in dieser Richtung nahmen währen der Obama-Regierung ihren Anfang, als Joe Biden US-Vizepräsident war, und Peking war hocherfreut, auf keinerlei militärische Gegenwehr Amerikas zu stoßen. China mag durchaus geneigt sein, dies weiter auszureizen. Angesichts des radikalen Wandels, der sich seitdem in Washington vollzogen hat, ist es heute allerdings wahrscheinlicher, dass die Vereinigten Staaten auch militärisch reagieren würden.

Der entscheidende Faktor in all diesen Subszenarien ist, dass sich ihre Entwicklungen und Resultate über die unmittelbaren Auslöser hinaus kaum vorhersagen lassen. Um mit diesen Unsicherheiten besser umzugehen, handelte die Obama-Regierung die bereits erwähnten Protokolle mit China über den Umgang mit Kollisionen auf See und in der Luft aus. Dies gelang allerdings zu einer Zeit, als die bilateralen politischen Beziehungen zwar angespannt, aber noch stabil waren. Dies ist nicht länger der Fall. Außerdem mag es möglich sein, einen militärischen Schlagabtausch im Südchinesischen Meer lokal zu begrenzen; aber die integrierten Strukturen sowohl der chinesischen als auch der amerikanischen Kommandosysteme würden dies sehr schwierig machen. Alle politischen und militärischen Variablen, die eine Rolle spielen, nicht zuletzt die nationalistischen Gefühle in beiden Ländern, würden wahrscheinlich in Richtung Eskalation wirken.

SZENARIO 7: ES KOMMT ZU EINEM KONFLIKT CHINAS MIT JAPAN UND DEN VEREINIGTEN STAATEN

In diesem Szenario wären die unmittelbaren Kombattanten die beiden Länder, die Anspruch auf die Senkaku-/Diayou-Inseln erheben, die im Ostchinesischen Meer liegen: China und Japan. Im

Falle eines militärischen Konflikts hat Washington bereits öffentlich erklärt, dass der amerikanisch-japanische Verteidigungspakt zur Anwendung käme. Dies macht einen Zusammenstoß zwischen chinesischen und japanischen Kriegsschiffen oder Flugzeugen besonders gefährlich. Die Gefahr einer sofortigen Eskalation ist groß. Sollten die Vereinigten Staaten Japan in einem solchen Fall nicht beistehen, würde dies automatisch den Verteidigungspakt infrage stellen und eine neue Debatte in Tokio auslösen, ob Japan seine bereits deutlich gesteigerten Verteidigungsausgaben noch weiter erhöhen sollte oder Nuklearwaffen zur Abschreckung und als einzig effektive langfristige Sicherheitsgarantie gegen China anschaffen sollte.

Allerdings ist China vorsichtig, was Japans gegenwärtige militärischen Kapazitäten angeht, insbesondere seine Marine, auch ohne ein US-Eingreifen — denn es wäre politisch katastrophal für die KPCh, gegen den «alten Feind» Japan in den Krieg zu ziehen und keinen klaren Sieg davonzutragen. Angesichts der historischen Rolle, die Japan und seine Marine in Chinas «hundert Jahren der Demütigungen» zwischen 1839 und den 1940er Jahren gespielt hat, würde ein solches Versagen die Legitimität der Partei in den Augen der chinesischen Bevölkerung zunichte machen, erst recht nach all der Propaganda, der zufolge China als starke Militärmacht auf die Weltbühne zurückgekehrt sei. Japans wachsende Marine- und Luftwaffenfähigkeiten, gepaart mit der realen Gefahr einer militärischen US-Intervention gemäß dem gegenseitigen Beistandspakt werden deshalb weiterhin einen chinesischen präemptiven Militärschlag in der Region erfolgreich abschrecken.

Nichtsdestotrotz steigen Ausmaß und Intensität der chinesischen und japanischen Einsätze von Marine, Luftwaffe, Küstenwache und anderen Einheiten immer weiter an und übertreffen die Chinas und der Vereinigten Staaten im Südchinesischen Meer deutlich. China hat das Tempo und den Radius seines Eindringens rund um die

Senkaku-/Diaoyu-Inseln hochgefahren: 2020 waren es 88 chinesische Schiffe, die die dortigen japanischen Hoheitsgewässer befuhren, gegenüber 67 zwei Jahre zuvor und praktisch null vor 2012. Bis November 2020 operierten Schiffe der chinesischen Küstenwache in den Gewässern an 283 aufeinander folgenden Tagen — ein neuer Rekord. Japanische Regierungsvertreter betonen, dass dieses Verhaltensmuster immer weiter ausufert, ungeachtet des Zustands der diplomatischen Beziehungen zwischen Peking und Tokio.

Während chinesische Strategen das Ostchinesische Meer lediglich als drittwichtig in Sachen territorialer Ansprüche ansehen, nach Taiwan und dem Südchinesischen Meer, werden die Senkaku-/Diaoyu-Inseln in der strategischen Literatur als Kerninteresse Chinas bezeichnet. In einer für China idealen Welt hätte die Frage Zeit, bis die Volksbefreiungsarmee die Grenzen amerikanischer Macht in Sachen Taiwan und Südchinesischem Meer aufgezeigt hat, ausgehend von der Annahme, dass Amerikas strategische Niederlagen auf diesen beiden Schauplätzen Japans politische Entschlossenheit mindern würde, auf einem dritten Schauplatz in den Krieg zu ziehen. Allerdings lehrt uns die Geschichte der internationalen Beziehungen, dass Krisen selten in solch glatter und linearer Weise gelöst werden.

Chinesisches strategisches Denken rät normalerweise zur Vorsicht, wenn es darum geht, Vorfälle an mehreren Fronten gleichzeitig zu provozieren. Doch Chinas Entscheidung von 2020, das Tempo seiner Aktivitäten an allen seiner umstrittenen Grenzen (in Ost- und im Südchinesischen Meer, in der Taiwanstraße und an der indisch-chinesischen Grenze) ebenso zu erhöhen wie im Innern (in Xinjiang, der Inneren Mongolei, und Hongkong) sollte uns allen eine Warnung sein. Tatsächlich verweist das Jahr 2020 auf einen noch fundamentaleren Faktor hin, der in der chinesischen Politik und Geopolitik eine Rolle spielt: Wenn die KPCh glaubt, sie stünde unter Druck — wie im ersten Halbjahr 2020 wegen Covid-19 —, neigt sie reflexhaft dazu, resolute Stärke nach außen zu demonstrieren, um weltweit das Signal zu senden, dass Chinas strategische Entschlossenheit nicht nachgelassen hat, ungeachtet der Schwierigkeiten daheim.

Die Geschichte legt auch nahe, dass jeder chinesisch-japanische Vorfall dazu geeignet ist, schnell politisch zu eskalieren, angesichts der über weite Strecken des 20. Jahrhunderts vergifteten Beziehungen. Sie können auf beiden Seiten rohe, nationalistische Reaktionen hervorrufen. Der Schluss, der sich aus diesem Szenario ziehen lässt, lautet: Der Disput im Ostchinesischen Meer mag weniger Aufmerksamkeit in Washington und im Westen allgemein finden als der um Taiwan oder der im Südchinesischen Meer, einfach weil er auf diplomatischer Ebene zwischen Peking und Tokio verhältnismäßig gut gemanagt wird. Er bleibt aber zutiefst volatil. Sollte im Ostchinesischen Meer ein Krieg ausbrechen, hätte dies globale Konsequenzen, schon weil drei der größten Volkswirtschaften der Welt beteiligt wären. Das Wachstum in Asien könnte er für ein Jahrzehnt begraben.

SZENARIO 8: ES KOMMT ZU EINEM KONFLIKT ZWISCHEN CHINA UND DEN VEREINIGTEN STAATEN UM NORDKOREA

Dieses Szenario mag eine eher geringe Wahrscheinlichkeit haben. Aber die Tatsache, dass das nordkoreanische Atomwaffenprogramm seit Präsident Donald Trumps von PR-Diplomatie geprägtem Gipfeltreffen mit Kim Jong-un in Singapur 2018 aus den Abendnachrichten verschwunden ist, bedeutet nicht, dass sich das Problem Nordkorea erledigt hätte — im Gegenteil. Auch sollten wir nicht vergessen, dass das einzige Beispiel dafür, dass Militärverbände der chinesischen Kommunisten gegen amerikanische Verbände gekämpft haben, sich auf der koreanischen Halbinsel abgespielt hat, als China seine unmittelbaren Sicherheitsinteressen bedroht sah, aufgrund der Anwesenheit von US-Truppen nahe einer Landgrenze. Aus Pekinger Perspektive gilt es, unveränderbare Prinzipien der strategischen Geographie zu bedenken, wenn es um die koreanische Halbinsel geht. Denn von dort aus könnte ein Feind unter anderem die territoriale Integrität Festlandchinas bedrohen. Diese Besorgnis wird noch verstärkt durch die von der Geschichte geprägten Ansicht vieler Chinesinnen und Chinesen, dass Korea zur klassischen konfuzianischen Welt zählt — und heute in Chinas legitimer moderner Einflusssphäre liegt. Aus diesen Gründen gibt es für Peking eine Reihe roter Linien, was die US-Strategie gegenüber Nordkorea angeht.

Nun, da Trumps Zirkusvorstellungen mit Kim Jong-un wieder beendet sind, mag China versuchen (oder zumindest einen entsprechenden Anschein erwecken), den Vereinigten Staaten zu helfen, stärkeren diplomatischen Druck auf Pjöngjang auszuüben, sein Nuklearwaffen- und Raketenprogramm aufzugeben. Falls Nordkorea ablehnt, wird China allerdings keine effektiven Energiesanktionen verhängen, um eine Verhaltensänderung zu erzwingen. Peking hat dies selbst zu Zeiten zurückgewiesen, als Xis Verhältnis zu Kim schwer reparaturbedürftig war. Nachdem sich ihre persönliche Beziehung über die Jahre nach und nach verbessert hat, dürfte Xi noch weniger geneigt sein, irgendetwas Dramatisches zu unternehmen, das das mühsam aufgebaute Verhältnis wieder gefährden könnte. Solange Kim seine Raketen nicht gegen China richtet, konterkariert sein Waffenprogramm aus Xis Sicht nicht Chinas weitergefassten Sicherheitsinteressen. Nordkoreanische Atomwaffen würden mit großer Wahrscheinlichkeit exklusiv Chinas strategische Gegner bedrohen: die Vereinigten Staaten, Japan, Südkorea und selbst Australien. Dass sich das Gefahrenumfeld für diese Länder verkompliziert, mag chinesischen Interessen sehr wohl förderlich sein.

Insbesondere ist China unversöhnlich gegen die Idee eines wiedervereinigten Koreas in den bestehenden Grenzen. Mit der möglichen Ausnahme Russlands hält China keinen Nachbarn für stark genug, um seine sicherheitspolitischen, außenpolitischen oder wirtschaftlichen Interessen herauszufordern. Deshalb hat Peking kein Interesse, den politischen Status quo auf der Halbinsel zu verändern, selbst wenn dies zu einem neutralen Korea führte; schon gar nicht möchte es ein wiedervereinigtes, den Vereinigten Staaten zugewandtes Korea. Und Chinas Haltung würde sich kaum ändern, wenn ein wiedervereinigtes Korea nicht länger ein US-Bündnispartner wäre. Peking würde sich vielmehr als Südkoreas bester Sicherheitsgarantiegeber gegen jede Bedrohung aus dem Norden positionieren, während es versuchen würde, die Ausweitung von Pjöngjangs Programm im Gegenzug für weitere Wirtschaftshilfe für das Regime zu begrenzen. Ironischerweise wäre dann China statt der Vereinigten Staaten die garantiegebende Nuklearmacht.

So wird die Biden-Regierung, die bei dem Thema kaum Hebel für Verhandlungen mit Peking hat und keine Aussicht auf einen Zusammenbruch des Regimes in Pjöngjang, feststellen, dass Xi Jinping ihr bei der zentralen Frage nach der Neutralisierung des existierenden nordkoreanischen Nuklearwaffenarsenals und seinem Raketenprogramm nicht helfen wird. Angesichts der Verschlechterung der US-China-Beziehungen seit 2018 mag Xi sogar aktiv versuchen, Fortschritte zu verhindern. Dies wäre ein weiterer Rückschlag für die amerikanisch-chinesischen Beziehungen, würde aber, für sich genommen, zu keiner Konfrontation auf der koreanischen Halbinsel führen.

Sollte Kim allerdings die Tests für sein Nuklear- und Langstreckenraketenprogramm wieder aufnehmen, wäre eine neuerliche Krise nicht ausgeschlossen. Die Vereinigten Staaten müssten sich der Realität stellen, dass Nordkorea ein ausgewachsener Atomwaffenstaat würde, der gegen Südkorea, Japan, Australien und andere Verbündete nukleare Erpressung praktizieren könnte – und sogar gegen Amerika selbst. Dies würde quer in Asien eine regionale Debatte darüber auslösen, ob man sich angesichts der geringer werdenden Verlässlichkeit des amerikanischen «Nuklearschirms» nicht besser selbst ein eigenes Atomwaffenprogramm zulegen sollte — eine andere Form von strategischem Albtraum für China. Eine solche Entscheidung Nordkoreas könnte also mehrere unvorhergesehene Konsequenzen in ganz Asien nach sich ziehen.

In einem alternativen Szenario würden die Vereinigten Staaten militärisch gegen Nordkoreas Versuche vorgehen, ausgewachsene Nuklear- und Raketenfähigkeiten zu erlangen. Käme es dazu, würde dies wahrscheinlich in einem militärischen Großangriff von Nord- auf Südkorea münden, mit der Gefahr, dass dieser in einem «Koreakrieg 2.0» münden würde. China könnte ein weiteres Mal direkt auf nordkoreanischer Seite eingreifen — gegen Südkorea und dessen wichtigsten Verbündeten, die Vereinigten Staaten. Bislang klangen solche Szenarien vielleicht abwegig, aber nur unter der Prämisse, dass Nordkorea den Status einer voll entwickelten Nuklearmacht, ausgerüstet mit einer großen Zahl atomar bestückter Langstreckenraketen, nicht wirklich anstrebt. Jeder Versuch seitens der Vereinigten Staaten, zu einer harten diplomatischen Linie zurückzukehren, könnte genau dies auslösen. Biden muss deshalb Peking überzeugen, solche Schritte seitens Pjöngjang zu unterbinden.

SZENARIO 9: XI JINPINGS STRATEGIE IST OHNE MILITÄRISCHE KONFRONTATION ERFOLGREICH

In diesem Szenario hat Xi zum Ende des Jahrzehnts, den 22. Parteitag der KPCh bereits im Blick, alle seine Ziele erreicht — oder er ist ihnen in einem Ausmaß nahegekommen, das es ermöglichen würde, Chinas regionale und globale Vormachtstellung zu begründen. Dies wäre ohne größere politische oder wirtschaftliche Rückschritte gelungen und ohne dass China einen Schuss abgefeuert hätte. Dies ist sicherlich Xis optimaler Plan. Damit er funktioniert, müssten die Vereinigten Staaten sowie ihre asiatischen und europäischen Verbündeten zu dem Schluss kommen, dass die schiere Masse von Chinas strategischem, wirtschaftlichem und technologischen Gewicht dem Land ein unaufhaltsames Momentum verliehen hat. Jeder Versuch, es zu stoppen oder auch nur zu verlangsamen, würde selbstzerstörerische Kosten mit sich bringen.

Wie sähe Xi Jinpings Definition von Erfolg in diesem Szenario aus? Xis politische Stellung wäre so sicher wie die Maos während dessen letzter Dekade an der Macht, nachdem alle potenziellen Gegenspieler in der KPCh «korrigiert» und ein wasserdichter Überwachungsstaat etabliert worden ist. Xis Wirtschaftsmodell, das Chinas Wachstumspotenzial nicht optimal ausschöpft, hätte das Wachstum dennoch ausreichend hoch gehalten, dank steigender privater Nachfrage und öffentlicher Investitionen, um gerade eben der «mittleren Einkommensfalle» zu entgehen und den größten Konsumentenmarkt der Geschichte zu schaffen, der den Rest der Welt in seine Umlaufbahn zieht. Xis China hätte 2025 den Höhepunkt seines Kohlendioxidausstoßes erlebt, ohne dass dies den wirtschaftlichen Output beeinträchtigt hätte, und wäre auf dem Weg, schon 2050 CO_2-neutral zu wirtschaften — und damit zum Anführer beim globalen Klimaschutz zu werden statt das Schlusslicht zu sein. Die Lage in Hongkong hätte sich beruhigt, die Metropole wäre durch das Nationale Sicherheitsgesetz zahm geworden und seine Wirtschaft in einer großen Wirtschaftszone aufgegangen, die Shenzhen und das restliche Delta des Perlflusses umfasst. Xinjiang wäre befriedet, ohne dass der Westen handfeste Gegenmaßnahmen ergriffen hätte.

Taiwan wäre zu dem Schluss gekommen, dass die Vereinigten Staaten es im Kriegsfalle nicht verteidigen würden; es gäbe Geheimverhandlungen mit Peking über eine Art chinesische Konföderation angesichts der Entschlossenheit Chinas, die Insel vor 2035 einzunehmen. Im Südchinesischen Meer hätte China mit den ASEAN-Staaten Verhandlungen über einen Verhaltenskodex abgeschlossen, und erste Projekte für einen gemeinsamen Meeresbodenbergbau mit einzelnen südostasiatischen Staaten wären im Gange. Auf diese Weise hätte China, wenn nicht de jure, dann de facto die Kontrolle über das Südchinesische Meer erlangt. Es hätte eine Luftraumüberwachungszone für die Region erklärt, so wie es dies bereits 2013 für das Ostchinesische Meer getan hat. Diese Schritte würden insgesamt dazu führen, das Operationen zum Schutz der Freiheit der Hohen See dort aus Sicht der Anrainerstaaten nicht länger sinnvoll wären; vielmehr würden sie sich mit Chinas territorialen und maritimen Ansprüchen abfinden. Im Ostchinesischen Meer, aufgrund Japans politischer und militärischer Resilienz und weiterer Eskalationsschritte der chinesischen Seite in Sachen Senkaku-/Diaoyu-Inseln zum Trotz, herrschte ein unsicherer Status quo, der ohne Konflikt aufrechterhalten würde.

Südkorea wäre stärker in Chinas strategischen und wirtschaftlichen Orbit gerückt, was die Polarisierung zwischen rechten und linken Kräften in der südkoreanischen Politik weiter verschärft hätte. Unterdessen wäre es Xi Jinping gelungen, Nordkorea davon zu überzeugen, seine militärische Bedrohung von Seoul weg und stärker auf Tokio und Washington auszurichten. Nordkorea hätte sich ein nukleares Waffenarsenal zugelegt, ohne einen präemptiven Schlag der Vereinigten Staaten zu erleiden. Eine linksgerichtete Regierung in Seoul hätte zudem darum gebeten, dass die Zahl der auf der Halbinsel stationierten US-Soldatinnen und Soldaten reduziert würde. Xi hätte zudem mit der indischen Führung die Grenzstreitigkeiten beigelegt, möglicherweise unter der Androhung einer größeren Militäraktion, um einen Grenzverlauf zu Pekings Gunsten festzuschreiben. China würde Indien dann in einen neuen Massenkonsumentenmarkt für chinesische Güter und Dienstleistungen verwandeln, zugleich auch den eigenen Markt für Indien öffnen im Zuge eines neuen Freihandelsabkommens, um Neu-Delhi von seiner strategischen Verbindung mit den Vereinigten Staaten, Japan und Australien abzubringen.

China wäre mit Abstand die größte Volkswirtschaft der Welt, was seine internationale Akzeptanz als nächste globale Supermacht stark beschleunigte. China hätte zudem militärische Dominanz über die Vereinigten Staaten in Ostasien und im westlichen Pazifik hergestellt, da es das Tempo seines militärischen Modernisierungsprogramms aufrechterhalten, sich in der Region neu aufstellen und seine expansiven Flottenpläne erfolgreich fortsetzen konnte. China hätte seinen Einfluss geltend gemacht, um dem CPTPP-Handelsabkommen beizutreten, während die Vereinigten Staaten weiter außen vor geblieben wären, da daheim weiterhin protektionistische Stimmen den Ton angäben. China hätte zum Ende der Dekade die US-Volkswirtschaft überholt, Xi den chinesischen Kapitalverkehr liberalisiert, einschließlich der freien Konvertibilität des Renminbis und der vollen Zirkulation eines digitalen Renminbi weltweit. Chinas Währung wäre damit auf dem Weg, bevorzugte Währung des globalen, digitalen Handels zu werden. Xi hätte den Finanzrahmen der Belt-and-Road-Initiative reduziert und in ein nachhaltigeres Infrastrukturinvestitionsprogramm verwandelt, zugleich aber die BRI-Volkswirtschaften an Chinas Digitalwelt angeschlossen.

In Europa hätte China auf dem CAI-Investitionsabkommen mit der EU aufgebaut (das wiederbelebt und erfolgreich ratifiziert worden wäre) und ein umfassendes Freihandelsabkommen mit den Europäern geschlossen, während es seine Bemühungen fortgesetzt hätte, den Kontinent von Amerika zu lösen, in Sachen Handel, Investitionen, Technologie, Kapitalmärkte und schließlich auch beim digitalen Handel. Im Rest der Welt hätte sich Afrika zur größten Quelle für Rohstoffe entwickelt und wäre zum nächsten großen Absatzmarkt nach Indien aufgestiegen. Brasilien wäre Chinas langfristiger Lieferant für Eisenerz, nachdem Peking Australien für nicht mehr sicher genug erachtet hätte, angesichts seines symbiotischen Sicherheitsverhältnisses zu den Vereinigten Staaten. Afghanistan und die zentralasiatischen Staaten wären womöglich mit Erfolg auf stabilem Kurs gehalten worden; auch sie würden mit ihren großen Bodenschätzen die chinesische Wirtschaftsmaschine füttern. Schließlich würde China in dem, was von den Vereinten Nationen und den Bretton-Woods-Institutionen noch übrig wäre, die führende Rolle spielen, wäre der größte Geldgeber der meisten globalen multilateralen Systeme, die sich zu dem Zeitpunkt bereits den chinesischen Interessen und Werten angeglichen hätten. Im Resultat würde sich die UN-Menschenrechtskommission auf Fehlleistungen Amerikas und des Westens konzentrieren, statt politische Exzesse in autoritären Staaten zu untersuchen, und China hätte Erfolg darin gehabt, sein eigenes Set an globalen Menschenrechtsnormen zu verankern, die kollektive Entwicklung über individuelle Rechte stellen.

Wie groß ist die Wahrscheinlichkeit, dass ein solches Szenario Wirklichkeit wird? Alles in allem stehen Xis Chancen gar nicht so schlecht. Allerdings hängt viel von drei Variablen ab. Da ist erstens der Erfolg oder Misserfolg von Xis Umstrukturierung des heimischen Wirtschaftsmodells; die Frage ist, ob es langfristig für ein ausreichendes Wachstum sorgen, somit soziale Instabilität verhindern und ausreichend Ressourcen für Chinas gewaltigen militärischen Bedürfnisse liefern kann. Zweitens steht infrage, ob Chinas neue Technologiestrategie, um in Sachen kritischen Technologien zu den Vereinigten Staaten aufzuschließen — insbesondere bei Künstlicher Intelligenz, Halbleitern und Quantencomputern — erfolgreich sein wird oder nicht. Und die dritte Variable ist, ob das tief gespaltene US-System demokratischer Regierung erfolgreich Amerikas Macht daheim neu aufbauen und die kollektiven Energien der US-Verbündeten in aller Welt bündeln kann, um Chinas Herausforderung zu begegnen.

Die erste und zweite Frage sind offen; bei der dritten könnte China durchaus im Vorteil sein. Die Vereinigten Staaten und ein großer Teil des kollektiven Westens wirkten zumindest zu Beginn des 2020er Jahre so, als hätten sie ihr Vertrauen in sich selbst, in ihre Mission und in die Zukunft verloren. Die Gefahr, die im Verlust des Zielbewusstseins liegt, tritt noch stärker zutage, wenn man sie der unbarmherzigen Disziplin von Chinas leninistischem Staat gegenüberstellt und der verweichlichenden ökonomischen Verführungskraft des größten Marktes der Welt. In vielerlei Hinsicht besteht das wichtigste Vermögen der KPCh darin, den Rest der Welt zu bluffen und ihn glauben zu machen, dass China viel größer, viel mächtiger und finanziell viel solventer sei, als es tatsächlich ist. Auf diese Weise hat China erfolgreich viele heimische Misserfolge, Schwächen und Verletzlichkeiten überspielt. In mancherlei Hinsicht hat diese Maskierungsstrategie weiterhin Erfolg und profitiert von westlicher Leichtgläubigkeit. Allerdings ist heute die Diskrepanz zwischen Schein und Sein geringer als zuvor, aber sie existiert weiterhin.

SZENARIO 10: XI JINPING VERFEHLT SEINE NATIONALEN, REGIONALEN UND GLOBALEN ZIELE

Man könnte leicht annehmen, dieses Szenario sei einfach die Kehrseite des vorhergehenden. Und zu einem gewissen Grad stimmt das auch. Aber es würde auch bedeuten, dass Xi für sein Scheitern beim Erreichen seiner weiter gesteckten innen- und außenpolitischen Ziele hart beurteilt würde. Die KPCh würde sich in Reaktion zu den seit 2013 laufenden, von Xi ins Werk gesetzten «Säuberungen» in parteiinterne Gruppen spalten. Wichtiger noch: China würde eine Phase der wirtschaftlichen Stagnation und statischer Einkommen erleben, mit steigender Arbeitslosigkeit und einer ehemals energiegeladenen Unternehmerklasse, die nun praktisch streiken würde, was private Investitionen anginge. Eine weitere Gefahr wäre Chinas seit langem bekanntes Problem mit seinem Finanzsystem und einer Staatsverschuldung von 300 Prozent des Bruttoinlandprodukts. Weniger

Wachstum würde die Schwierigkeiten mit nicht nachhaltiger Unternehmensverschuldung und mangelnder Liquidität der Banken vergrößern; das System könnte den Kollaps einzelner Finanzinstitutionen womöglich nicht ausreichend verkraften. Diese Zeitbombe tickt seit Jahren, das Problem verschärft sich durch schuldenfinanziertes Wachstum und bedroht die Vorhersagen all jener, die die chinesische Volkswirtschaft stets durch die rosarote Brille betrachtet haben. Eine solche Finanzkrise, sollte sie eintreten, würde dazu führen, dass Regierungen in aller Welt das Ausmaß und die Nachhaltigkeit des chinesischen Wirtschaftswunders neu beurteilen würden, auf dem eine lange Reihe außen- und sicherheitspolitischer Annahmen aufbauen. Hinzu kommt: Sollte die chinesische Führung weiterhin davor zurückschrecken, den Kapitalmarktverkehr zu liberalisieren und Chinas Währung bis zum Ende des Jahrzehnts frei konvertibel zu machen, würde dies chinesische Bemühungen untergraben, die Vereinigten Staaten als Zentrum des globalen Finanzsystems abzulösen. Ein anderer großer Rückschlag für Xi Jinping wäre eine deutlich reduzierte BRI, sollte sie sich als nicht finanzierbar erweisen; schließlich ist sie das am längsten laufende Projekt, das eng mit Xis Namen verbunden ist.

Xis außen- und sicherheitspolitisches Scheitern wäre das Resultat des Erfolgs der Vereinigten Staaten, eine substanzielle, umfassende internationale Strategie in die Tat umzusetzen, die effektiv auf den chinesischen Druck reagiert und alle großen Verbündeten Amerikas sowie alle großen Ökonomien einschließen würde, wie beispielsweise die Indiens, Indonesiens und Mexikos — einer Situation, der die Biden-Regierung im Juni 2021 näher kam, als sie im Rahmen der G7 ein größeres Maß an Einigkeit beim Umgang mit China erreichte. Unter solchen Umständen würde Xi intern dafür kritisiert werden, Deng Xiaopings strategische Weisheit missachtet zu haben und zu früh in Chinas Entwicklung auftrumpfend agiert zu haben. Nun erleide das

Land die strategische Reaktion, bevor es stark genug sei, dieser zu widerstehen. Jede Entwicklung des Quad hin zu einem ausgewachsenen, formellen Verteidigungsbündnisses, was zu Chinas strategischer Einkreisung führen würde, würde von den chinesischen Eliten in gleicher Weise kritisiert werden. Aber wie desaströs eine solche Entwicklung auch wäre: Eine Annäherung zwischen den Vereinigten Staaten und Russland würde in Peking noch schrillere Alarmglocken läuten lassen, basierte doch Chinas jahrzehntelange strategische freie Hand darauf, dass an seiner langen Nordgrenze Ruhe herrscht.

Das Scheitern von Xis Politik würde auch dazu führen, dass China vor internationalen Tribunalen wegen seines Umgangs mit Minderheiten, insbesondere mit den muslimischen Uighuren in Xinjiang, zur Rechenschaft gezogen werden würde. Dies würde als großer Gesichtsverlust für Partei und Staat gelten. Massenproteste in Hongkong oder anderswo würden diesen Gesichtsverlust ebenso verstärken wie die blutige Niederschlagung solcher Proteste. Negative internationale Reaktionen gegen Xi Jinpings Politik, die zu Boykotten führen könnten, würden dann auch für die interne Kritik an Xi genutzt werden.

Der größte Fehlschlag aber wäre, wie bereits erwähnt, eine militärische Krise mit den Vereinigten Staaten, an deren Ende eine wie auch immer geartete chinesische Niederlage stünde. Dies wäre erst recht politisch tödlich für Xi, wenn sie das Ergebnis eines Ringens um Taiwan wäre, denn Xis Kollegen und Kontrahenten würden ihn massiv für eine solche politische und strategische Katastrophe kritisieren. Das gleiche Bild würde sich wohl bei einer Eskalation im Südchinesischen Meer ergeben. Deshalb würde jede Entscheidung Chinas, dort zu eskalieren, stark dahingehend kalibriert sein, dass am Ende ein chinesischer Erfolg beziehungsweise ein amerikanischer Rückzug steht. Die Konsequenzen für Xi im Falle einer ernsten Fehlkalkulation dürften seinen Sturz bedeuten — oder Schlimmeres. Es ist unmöglich, ein solches «Xi-Jinping-scheitert»-Szenario mit einem prozentualen Wahrscheinlichkeitswert zu versehen, denn es gibt diverse Permutationen und Kombinationen, was genau ein Scheitern beinhalten würde. Derzeit sieht es so aus, als wäre ein solches Szenario eher möglich als wahrscheinlich. Allerdings verfolgt ein solcher Albtraum alle chinesischen Führer, angesichts der schweren Konsequenzen, die ein Misserfolg mit sich brächte.

VIER UNBEKANNTE

Keines dieser Szenarien ist eine definitive Skizze. Es ist unmöglich vorherzusagen, welches Szenario — oder welche Kombination von ihnen — in den 2020er Jahren wahr werden wird. Es gibt einfach zu viele Unbekannte in der umfassenden strategischen Gleichung. Wenn aber die US-Regierungen des Jahrzehnts keine *nachhaltige* Gegenstrategie aufbieten, die dazu führt, dass die Vereinigten Staaten ihre Machtressourcen neu aufbauen, ihre Bündnisse stärken und ein glaubhaftes wirtschaftliches Gegengewicht zu den Anziehungskräften des chinesischen Marktes entwickeln, dann verlaufen die generellen Trendlinien zugunsten Xi Jinpings China.

Bei den Unbekannten sind vier besonders wichtig und verdienen, noch stärker analysiert zu werden. Es handelt sich um drei interne Faktoren und einen äußeren, und sie werden zum größten Teil von China und nicht den Vereinigten Staaten bestimmt. Die erste Unbekannte betrifft die langfristige Tragfähigkeit des chinesischen Wirtschaftsmodells vor dem Hintergrund, dass Xis Wirtschaftspolitik stärker nach links gerückt ist, und der Unsicherheit, wie sich dies auf die Zuversicht des Privatsektors auswirken wird. Die zweite Unbekannte ist, ob Chinas rapider Bevölkerungsrückgang sich auf die heimische Nachfrage, die Arbeitsmarktkosten und die Staatsfinanzen auswirken wird. Ob es China gelingt, in Sachen Halbleiterherstellung zu den Vereinigten Staaten auszuschließen, ist die dritte Unbekannte;

denn auf diesen Silikonchips basiert die Zukunft der globalen digitalen Ökonomie und der Militärtechnologie, einschließlich der Revolution in Sachen Künstlicher Intelligenz. Und schließlich ist viertens unklar, ob China seinen derzeitigen inneren Disput zwischen der aufsteigenden «Wolfskrieger»-Generation und den älteren, traditionelleren Diplomatinnen und Diplomaten auflösen kann, wie chinesische Diplomatie gestaltet werden soll. Davon wird abhängen, ob Peking die liberal-demokratische Welt weiterhin geschlossen gegen sich aufbringen wird oder zu einem früheren, positiveren Muster eines globalen diplomatischen Engagements zurückkehren wird, das es China erlauben würde, diese Koalition aufzubrechen. Nimmt man diese mit der kritischsten Variablen von allen zusammen — nämlich wie sich die zukünftige US-Strategie gegenüber China entwickeln wird —, werden diese fünf Faktoren zu einem großen Teil das Ergebnis des großen strategischen Wettrennens zwischen Washington und Peking im Laufe der 2020er Jahre bestimmen.

Das Problem für uns alle — für Amerika, China, und den Rest der Welt — besteht darin, dass es in fünf der hier entwickelten zehn Szenarien zu größeren militärischen Konflikten kommen würde. Kriege verändern den Lauf der menschlichen Geschichte, oft radikal und in unvorhersehbarer Weise. Ein Beispiel ist der Untergang der Weltreiche im Zuge des Ersten Weltkriegs, gefolgt vom Aufstieg von Faschismus und Bolschewismus. Die Anarchie des internationalen Systems der Zwischenkriegszeit mündete dann im Zweiten Weltkrieg und danach in der US-geführten internationalen Ordnung, samt Amerikas späterem Triumph im Kalten Krieg über die Sowjetunion. Internationale Entwicklungen dieser Dimensionen waren nicht voraussagbar, sondern hingen auch vom Kriegsglück ab.

Diese große geopolitische und militärische Unvorhersehbarkeit sollte denjenigen, die in Washington und Peking die Verantwortung tragen, zu denken geben. Auch die unkalkulierbaren menschlichen und finanziellen Kosten sollten dies tun, die Folgen für die globale wirtschaftliche Entwicklung ebenso. Derweil polarisiert sich die Welt immer stärker in zwei Camps; Krisen, Konflikte und Krieg könnten folgen. Ein Großkonflikt würde die wirtschaftliche Aktivität in aller Welt untergraben, Investitionsströme stoppen, die globalen Finanzmärke zusammenbrechen lassen — mit gravierenden Konsequenzen für die Realwirtschaften, für Beschäftigung und Lebensstandards. Schon aus diesen Gründen sollten die politisch Verantwortlichen überlegen, welche Mittel ihnen zur Verfügung stehen, die tief sitzenden, kompetitiven Impulse Chinas und der Vereinigten Staaten zu managen und auf diese Weise die Aussichten auf einen fortgesetzten Frieden zu maximieren.

ROADMAP FÜR EINE UNSICHERE ZUKUNFT

Dieses Buch war gedacht als ein Brief an zwei Freunde: das chinesische und das amerikanische Volk, nicht nur an die Regierungen, die sie zu verschiedenen Zeiten geführt haben. Seit nun fast einem halben Jahrhundert respektiere und bewundere ich diese beiden Nationen — ihre Geschichte, ihre Technologien, ihre Kunst, ihre Literatur, ihre Ästhetik und ihre Beiträge zur Ideenwelt, der Philosophie und der menschlichen Spiritualität. Ausländer können niemals behaupten, ein anderes Land wirklich zu verstehen. Aber sie können damit *beginnen*, wenn sie sich mit Herz und Verstand der Aufgabe widmen, versuchen, die fremde Sprache und Kultur zu durchdringen, und eine Zeit lang in dem jeweiligen Land zu leben und zu arbeiten. In meinem Fall habe ich ein halbes Jahrzehnt damit verbracht, fast rund um die Uhr die chinesische Sprache und Geschichte zu studieren. Zu Beginn meiner Laufbahn habe ich drei Jahre auf dem chinesischen Festland, in Hongkong und Taiwan gelebt und die vergangenen sieben Jahre in Amerika verbracht. Im Laufe der Zeit habe ich mich mit beiden Ländern auf vielfältige Weise auseinandergesetzt — durch Diplomatie, Wirtschaft, Politik, Wissenschaft und natürlich durch viele persönliche Freundschaften. Ich glaube, dass ich in beiden Hauptstädten als ehrlicher, offener und konstruktiver Gesprächspartner empfangen wurde. Meine Ansichten wurden nicht immer begrüßt, aber bei vielen Gelegenheiten eben doch. Und vielleicht konnten sie am Rande dazu beitragen, dass diese beiden großen Länder bei einigen der bilateralen Differenzen, die sie zwischenzeitlich trennten, eine gemeinsame Zukunft gefunden haben. Wie ich in meiner Rede an der Pekinger Universität vor all den Jahren sagte, habe ich mich bemüht, in dieser unvermeidlichen und gleichzeitig unmöglichen Beziehung als *zhengyou* für beide Seiten da zu sein — als ein ehrlicher Freund, der bereit ist, seine Meinung zu äußern, öffentliche Demütigungen aber unterlässt.

Meine Erfahrungen mit China und Amerika haben bei beiden nicht zu politischer Vereinnahmung geführt, obwohl meine Kritiker mich zu verschiedenen Zeiten als Apologet für beide angegriffen haben. Wir Australier zeichnen uns im besten Fall durch eine zähe Unabhängigkeit aus. Wir sind psychologisch nicht in der Lage, vor einer höheren Autorität in die Knie zu gehen — vielleicht ist das die kumulative Auswirkung unseres Erbes aus der Zeit als Häftlinge und unserer anhaltenden Verachtung für unsere englischen Kerkermeister. Auch wenn ich vielleicht nicht der beste Australier war, so zeigt die Geschichte doch, dass ich sowohl China als auch Amerika von Zeit zu Zeit sehr kritisch gegenüberstand, vor allem, wenn sie sich regelmäßig ins politische Extrem bewegten. Mein Blick auf die Zukunft Chinas und Amerikas ist nicht von einer nebulösen Vorstellung davon geprägt, was diese Länder einmal hätten sein können, sondern von den gegenwärtigen unvollkommenen Realitäten. Noch weniger ist meine Sicht auf Washington und Peking das Ergebnis einer künstlich konstruierten Symmetrie, geschweige denn einer Synthese zwischen mythischen oder künstlichen Vorstellungen von Ost und West. Die internationale politische Realität ist komplexer als all dies.

Meine Ansichten beruhen vielmehr auf lebenslanger Beobachtung und Erfahrung mit diesen beiden grundverschiedenen Kulturen, deren Völker dennoch eine bemerkenswert ähnliche Zukunft anstreben: Wohlstand für ihre Familien, die beste Ausbildung für ihre

Kinder, die Möglichkeit, ihre Unternehmen mit einem Minimum an staatlicher Einmischung aufzubauen, Respekt anderer für ihre außergewöhnlichen individuellen und nationalen Leistungen und der Wunsch, in Frieden mit ihren Nachbarn zu leben.

Keines der beiden Länder hat eine lange Tradition von riesigen Imperien in Übersee, wie sie die Europäer über 500 Jahre hinweg perfektionierten; sie ließen den Rest der Welt teils traumatisiert, teils willkürlich aufgeteilt und teils ständig am Rand eines Bürgerkriegs stehend zurück. Für zwei Großmächte wie China und die Vereinigten Staaten — die zu unterschiedlichen Zeiten in ihrer Geschichte die mächtigsten der Welt waren — ist die Tatsache, dass sie sich dafür entschieden haben, die Welt jenseits ihrer Küsten nicht zu kolonisieren, sondern einfach mit ihr Handel zu treiben, keine Kleinigkeit. Gewiss, sie haben ihre kontinentalen Peripherien ausgedehnt, oft gewaltsam. Und beide waren entschlossen, Nachbarstaaten um sich zu vereinen, die ihren nationalen Kerninteressen so freundlich wie möglich gegenüberstehen. Aber im Großen und Ganzen waren sowohl China als auch die Vereinigten Staaten groß und komplex genug, um den Großteil ihrer politischen und wirtschaftlichen Energien auf das eigene Staatsgebiet zu konzentrieren, anstatt von einem größeren territorialen Imperium jenseits der eigenen Grenzen zu träumen.

Doch trotz dieser Gemeinsamkeiten zwischen den Völkern und Nationen, die diese beiden Regierungen repräsentieren, komme ich auch zu einer realistischen Einschätzung der Schwierigkeiten, die bei der Gestaltung einer gemeinsamen strategischen Zukunft zu erwarten sind. Was auch immer an strategischem Vertrauen in der Vergangenheit in den Beziehungen bestanden haben mag, ist längst verschwunden. Die Gründe dafür sind nicht kurzfristig, flüchtig oder gar ausschließlich auf den persönlichen Einfluss Xi Jinpings zurückzuführen. Sie sind zutiefst strukturell.

EIN ZUSAMMENPRALL STRATEGISCHER WAHRNEHMUNGEN

Für die Amerikaner bedeutet die Führung Xi Jinpings einen radikalen Wandel in der offiziellen strategischen Haltung Chinas gegenüber der Welt. Es war vorsätzliche Blindheit, die sie davon abhielt, zu verstehen, dass die Vorstellung eines Chinas auf dem Weg zur Demokratie nach amerikanischem Vorbild immer eine westliche Fantasie war. Xi hat deutlich gemacht, dass die Kommunistische Partei Chinas nicht die Absicht hat, die Volksrepublik jemals in einen liberaleren demokratischen Staat zu verwandeln. Stattdessen hat Xi ein Modell des autoritären Kapitalismus eingeführt, das stärker kontrolliert, weniger marktorientiert und merkantilistischer ist als das seiner jüngsten Vorgänger. Darüber hinaus hat Xi die Flammen eines gekränkten chinesischen Nationalismus angefacht, der immer stärker explizit antiamerikanisch ist. Die Amerikaner sehen einen chinesischen Führer, der entschlossen ist, den strategischen und territorialen Status quo im westlichen Pazifik zu verändern, eine chinesische Einflusssphäre in der gesamten östlichen Hemisphäre zu errichten und die militärische Präsenz Amerikas in der gesamten Region erst zu schwächen und schließlich zu beseitigen.

Beim Blick auf die restliche Welt ist man in Washington zu dem Schluss gekommen, dass Xi sein innenpolitisches Modell in die Entwicklungsländer exportiert und die globale Anziehungskraft der chinesischen Wirtschaft nutzt, um Chinas politischen und außenpolitischen Einfluss in allen Regionen der Welt zu maximieren. In diesem Prozess sieht man, dass China Unterstützung für ein neues internationales System aufbaut, das den nationalen Interessen und Werten Chinas entgegenkommt und dem Westen gegenüber feindlicher eingestellt ist. Washington sieht diese Veränderungen in Chinas internationalem Verhalten auch durch einen wirtschaftlich, militärisch und technologisch mächtigen chinesischen Staat untermauert, der in der Lage ist, Xi Jinpings «chinesischen Traum» von der Rückkehr Chinas zum Status einer globalen Supermacht zu verwirklichen. Mit anderen Worten: Aus amerikanischer Sicht befindet sich Xis China auf einem selbstgewählten Kollisionskurs mit den Vereinigten Staaten. Das bedeutet, dass sich Washington aus einer strategischen Logik heraus entweder den chinesischen Interessen beugen, ihnen zumindest entgegenkommen oder aktiv versuchen muss, ihnen zu widerstehen.

Peking vertritt natürlich einen völlig anderen Standpunkt: An Chinas politisch-ökonomischem Modell sei nichts auszusetzen, und Peking biete es zwar anderen Entwicklungsländern zur Nachahmung an, «zwinge» es aber keinem anderen Staat auf. Im Gegensatz dazu verweist China auf die erheblichen Versäumnisse der westlichen Demokratien bei der Bewältigung großer Herausforderungen wie der Covid-19-Pandemie, der politischen Polarisierung und der Dynamik der Antiglobalisierung. Peking argumentiert, China habe sein Militär nur modernisiert, um seine Selbstverteidigung zu gewährleisten, und dies schließe natürlich seine langjährigen territorialen Ansprüche ein, vor allem auf Taiwan. Peking entschuldigt sich nicht dafür, dass es die Anziehungskraft der chinesischen Wirtschaft nutzt, um seine nationalen Interessen in unterschiedlichen Bereichen durchzusetzen. Es entschuldigt sich auch nicht dafür, dass es seine neugewonnene globale Macht nutzt, um die Regeln des internationalen Systems und seiner Institutionen neu zu schreiben, und argumentiert, dies sei genau das, was das siegreiche Amerika nach dem Zweiten Weltkrieg auch getan habe.

Und obwohl aus Pekings Sicht für das kommende Jahrzehnt strategische Vorsicht geboten ist, werden sich für China mit der allmählichen Verschiebung des regionalen und globalen Kräfteverhältnisses zu seinen Gunsten immer mehr Möglichkeiten ergeben, gegenüber den Vereinigten Staaten und ihren Verbündeten Grenzen zu überschreiten, ohne den ungewissen Ausgang von Krisen, Konflikten oder gar eines Krieges fürchten zu müssen. Xi Jinping wartet zwar ungeduldig auf Fortschritte, glaubt aber, dass Zeit und Momentum auf Pekings Seite sind, da das Kräfteverhältnis sich immer weiter zugunsten Chinas verschiebt. Das bedeutet, dass Xi seine Ziele erreichen kann, ohne dass China auch nur einen Schuss abgibt. Oder wenn militärische Maßnahmen doch erforderlich sein sollten, zu ihnen zumindest nur dann greifen muss, wenn der Sieg eine ausgemachte Sache ist.

FEHLENDES STRATEGISCHES VERTRAUEN

Es liegt auf der Hand, dass strategisches Vertrauen zwischen den Vereinigten Staaten und China nicht auf magische Weise herbeigezaubert, geschweige denn rekonstruiert werden kann. Das liegt daran, dass die nationalen Kerninteressen und Werte beider Länder in direktem Gegensatz zueinander stehen. Politisches und diplomatisches Drängen von wohlmeinenden Dritten, Washington und Peking sollten zu den früheren Kommunikations- und Verhandlungsmustern aus der Bush- und Obama-Zeit zurückkehren, wird auf taube Ohren stoßen. Fromme Hoffnungen, dass ein verstärkter Dialog zwischen beiden Seiten die fortbestehenden Missverständnisse über die Fähigkeiten, Absichten und Handlungen der jeweils anderen Seite ausräumen könnte, sind schlichtweg naiv. Die Quintessenz ist, dass 50 Jahre nach der Aufnahme diplomatischer Beziehungen zwischen der Volksrepublik China und den Vereinigten Staaten jede Seite bereits eine feste Vorstellung von den strategischen Absichten der anderen hat. Diese Vorstellung wird nicht durch irgendetwas beeinflusst, was die andere Seite in der Öffentlichkeit verlauten lässt, sondern nur durch konkret beobachtbare Handlungen. So entwickelte Schlüsse lassen sich nicht durch eine Mischung aus Gipfeltreffen, Presseerklärungen und diplomatischen Kommuniqués aus der Welt schaffen. Nichts von alledem kann die grundlegende Dynamik einer Beziehung verschleiern, die nach wie vor im harten Kalkül des

Machtgleichgewichts und in der brutalen Einschätzung verankert ist, wie weit die andere Partei zu gehen bereit ist, um dieses zu verändern.

In Washington hält sich hartnäckig die Ansicht, dass die gesamte chinesische Diplomatie auf Täuschung beruhe. In dieser Sichtweise würden sich alle Vereinbarungen, denen Peking zustimmen könnte, um die strategischen oder wirtschaftlichen Spannungen mit Washington abzubauen, letztlich als wertlos erweisen. Der chinesische Parteistaat, der sich auf ein chinesisches Militär stützt, das Xi direkt unterstellt ist, verfolgt in dieser Sichtweise eine langfristige Strategie, von der er nicht abrücken wird — schon gar nicht aufgrund einer neuen Vereinbarung zwischen dem chinesischen und dem US-Außenministerium. Solche Dinge werden, so wird angenommen, zu kosmetischen oder allenfalls taktischen Zwecken entwickelt. Amerikanische «Falken» verweisen auf die lange Geschichte der gebrochenen Vereinbarungen der KPCh mit verschiedenen in- und ausländischen Partnern, die bis zu den Zusicherungen der Partei gegenüber Washington über eine Machtteilung mit den chinesischen Nationalisten 1946 zurückreichen, kurz bevor sie ein Jahr später einen zweiten, erfolgreichen Bürgerkrieg auslösten. Solche Täuschungen gelten als institutionelle Kennzeichen einer leninistischen Partei, für die das Belügen von Klassenfeinden im In- und Ausland nicht nur normal, sondern sogar lobenswert ist. Hochtrabende Aufrufe zur Wiederherstellung des strategischen Vertrauens werden daher kaum Auswirkungen auf die tatsächlichen strategischen Entscheidungen haben, die in beiden Hauptstädten getroffen werden.

HARTE POLITISCHE ENTSCHEIDUNGEN

Die Aufgabe dieses Buches bestand bisher darin, die schwierigen politischen Entscheidungen aufzuzeigen, vor denen jede Seite in einer zutiefst gefährlichen, konkurrierenden strategischen Beziehung steht — Entscheidungen, die diese Länder entweder näher an eine

Krise, einen Konflikt oder gar einen Krieg heranführen oder sie alternativ auch vom Abgrund wegführen können. Ziel dieses Buches ist es, zu ermitteln, welcher minimale strategische Rahmen zwischen den beiden Ländern noch geschaffen werden könnte, um einem Krieg zuvorzukommen. Ich bezeichne diesen Gesamtrahmen als gemanagten strategischen Wettbewerb. Er lässt sich mit drei Kernaussagen umschreiben:

Erstens müssen sowohl die Vereinigten Staaten als auch China ein klares Verständnis für die unumstößlichen strategischen Grenzen des anderen entwickeln, um Konflikte durch Fehleinschätzungen zu vermeiden. Beide Seiten müssen davon überzeugt sein, dass die Verbesserung einer strategischen Voraussagefähigkeit für beide Länder von Vorteil ist, dass strategische Täuschung zwecklos und strategische Überraschungen schlichtweg gefährlich sind.

Zweitens würden beide Seiten dann die Last der strategischen Rivalität in einen Wettlauf um die Verbesserung ihrer militärischen, wirtschaftlichen und technologischen Fähigkeiten kanalisieren. Ein solcher Wettbewerb zielt darauf ab, bewaffnete Konflikte abzuschrecken, anstatt eine der beiden Seiten dazu zu verleiten, alles zu riskieren und einen gefährlichen und blutigen Krieg mit äußerst unvorhersehbaren Folgen zu führen. Ein solcher strategischer Wettbewerb würde es beiden Seiten auch ermöglichen, ihre politische, wirtschaftliche und ideologische Anziehungskraft auf den Rest der Welt zu maximieren. Die strategische Ratio bestünde darin, dass die wettbewerbsfähigste Macht sich letztendlich durchsetzt, indem sie die führende Weltmacht wird (oder bleibt) — und so ein Armageddon vermieden wird.

Drittens würde dieser Rahmen den politischen Raum schaffen, der notwendig ist, damit beide Länder ihre strategische Zusammenarbeit in einer Reihe von Bereichen fortsetzen können, in denen sowohl ihre globalen als auch ihre nationalen Interessen durch eine solche Zusammenarbeit gestärkt würden — und wo sie durch das Fehlen eines vereinbarten, kooperativen Ansatzes sogar untergraben würden.

Natürlich ist es wichtig, realistisch zu sein. Kein gemeinsamer strategischer Rahmen kann allein einen Krieg verhindern. Aber wenn er richtig konstruiert ist und auf Klarheit, Transparenz und vor allem auf glaubwürdiger Abschreckung beruht, kann er das Risiko eines Krieges erheblich verringern. Ein solcher Rahmen würde auch die Möglichkeit des politischen Wandels, der Weiterentwicklung von Weltanschauungen auf beiden Seiten oder der Entstehung neuer Denkweisen über alte Probleme (sowohl konzeptioneller als auch technologischer Art) und eines besseren Managements der Beziehungen zwischen Großmächten in der komplexen Welt des 21. Jahrhunderts offenhalten. Vor allem aber könnten sowohl China als auch die Vereinigten Staaten zu dem Schluss kommen, dass sie nach mehr als 150 Jahren der einen oder anderen Form des politischen Engagements nicht für einen Krieg gegeneinander bestimmt sind.

DAS KONZEPT EINES GEMANAGTEN STRATEGISCHEN WETTBEWERBS

Viele bezweifeln, dass die Staats- und Regierungschefs der Vereinigten Staaten und Chinas einen Rahmen finden können, um ihre diplomatischen Beziehungen, militärischen Operationen und Aktivitäten im Cyberspace innerhalb vereinbarter Parameter zu regeln, die gleichzeitig die Stabilität maximieren, eine unbeabsichtigte Eskalation vermeiden und Raum für eine konkurrierende wie auch kooperative Dynamik in den Beziehungen schaffen würden. Ich behaupte jedoch, dass die beiden Länder etwas Ähnliches in Betracht ziehen müssen wie die Verfahren und Mechanismen, die die Vereinigten Staaten und die Sowjetunion nach der Kubakrise 1962 zur Regelung ihrer Beziehungen etablierten. Im diesem Fall wäre es jedoch besser, wenn diese Schlussfolgerung ohne die Nahtoderfahrung eines nur knapp verhinderten Nuklearkrieges gezogen werden könnte. Ein geordneter strategischer Wettbewerb würde natürlich bedeuten, dass der Sicherheitspolitik beider Länder bestimmte harte Grenzen gesetzt würden. Er würde einen unbeschränkten und offenen Wettbewerb im diplomatischen, wirtschaftlichen und ideologischen Bereich ermöglichen. Er würde es Washington und Peking aber auch erlauben, in bestimmten Bereichen durch bilaterale Vereinbarungen und in multilateralen Foren zusammenzuarbeiten. Ein solcher Rahmen wäre schwierig zu gestalten, aber nicht unmöglich. Wichtiger noch: Die Alternativen dazu könnten katastrophaler Natur sein.

Die eigentliche Frage für Washington und Peking ist, ob sie dieses hohe Maß an strategischem Wettbewerb innerhalb vereinbarter Parameter austragen können, die das Risiko einer Krise und eines bewaffneten Konflikts verringern würden. Theoretisch ist das möglich, aber in der Praxis hat die fast vollständige Erosion des Vertrauens zwischen beiden Staaten den Schwierigkeitsgrad radikal erhöht. Wie bereits erwähnt, sind viele Vertreter des US-Sicherheitsestablishments der Meinung, die KPCh habe keine Skrupel, zu lügen oder ihre wahren Absichten zu verbergen, um ihre Gegner zu täuschen. Nach dieser Auffassung zielt die chinesische Diplomatie nur darauf ab, den Gegnern die Hände zu binden, um Pekings Militär-, Sicherheits- und Geheimdienstapparat Zeit zu verschaffen, Überlegenheit zu erlangen und neue Fakten zu schaffen. Um die breite Unterstützung der außenpolitischen amerikanischen Eliten zu gewinnen, muss daher jedes Konzept eines gemanagten strategischen Wettbewerbs eine Vereinbarung beider Parteien enthalten, wonach neue Spielregeln auf einer gegenseitigen Verifikationspraxis beruhen.

Die Idee des geordneten strategischen Wettbewerbs ist in einer zutiefst realistischen Sichtweise der globalen Ordnung verankert. Sie geht davon aus, dass Staaten weiterhin nach Sicherheit streben werden, indem sie ein Machtgleichgewicht zu ihren Gunsten herstellen, und erkennt gleichzeitig an, dass sie dabei wahrscheinlich Sicherheitsdilemmata für andere Staaten schaffen, deren grundlegende Interessen durch ihr Handeln beeinträchtigt werden könnten. Die Kunst besteht in diesem Fall darin, diese Risiken zu verringern, wenn sich der Wettbewerb verschärft, indem man gemeinsam eine begrenzte Anzahl von Spielregeln aufstellt, die zur Verhinderung eines Krieges beitragen können. Diese Regeln würden es beiden Seiten ermöglichen, in allen politischen und geografischen Bereichen energisch zu konkurrieren. Verstößt jedoch eine der beiden Seiten gegen die Regeln, ist alles möglich, und die gefährlichen Unwägbarkeiten des Gesetzes des strategischen Dschungels sind wieder da.

STRATEGISCHE ROTE LINIEN

Der erste Schritt zum Aufbau eines solchen Rahmens bestünde darin, eine Reihe von Sofortmaßnahmen zu definieren, die jede Seite ergreifen kann, um einen substanziellen Dialog fortzusetzen und sich auf eine begrenzte Anzahl harter Begrenzungen zu einigen. So könnten beispielsweise beide Seiten auf Cyberangriffe verzichten, die sich gegen kritische Infrastrukturen richten. Washington könnte zur strikten Einhaltung der Ein-China-Politik zurückkehren, insbesondere indem es die provokanten und unnötigen hochrangigen Besuche in Taipeh beendet. Peking könnte seinerseits seine jüngsten provokanten Militärübungen, Stationierungen und Manöver in der Straße von Taiwan zurückfahren. Im Südchinesischen Meer könnte sich Peking verpflichten, keine weiteren Inseln zu beanspruchen oder zu militarisieren und die volle Navigations- und Überflugfreiheit zu respektieren. Die Vereinigten Staaten und ihre Verbündeten könnten ihrerseits dann (und nur dann) die Zahl ihrer Operationen in diesem Gebiet reduzieren. In ähnlicher Weise könnten China und Japan ihre Militäreinsätze im Ostchinesischen

Meer im Laufe der Zeit einvernehmlich herunterfahren. Diese Vereinbarungen müssten durch diskrete Diplomatie und nicht durch öffentliche Erklärungen getroffen werden. Ziel ist es, dass jede Seite im Laufe der Zeit intern eine klare Vorstellung davon bekommt, wo die nicht verletzbaren roten Linien der anderen Seite in diesen vier kritischen Sicherheitsbereichen verlaufen, und — was besonders wichtig ist — dass sie versteht, dass bei einer Verletzung dieser roten Linien wohl Vergeltungsmaßnahmen in großem Stil folgen würden. Auch wenn es manchen kontraintuitiv erscheinen mag, sollte es keine doktrinäre Erklärung geben, die versucht, öffentlich zu definieren, wie diese roten Linien aussehen könnten. Dies wäre eine Selbstbeschränkung, ein Selbstbetrug und würde der öffentlichen Meinung in beiden Ländern zu viel Einfluss bei der Antwort auf die Frage geben, ob ein Verstoß vorliegt.

STRATEGISCHER WETTBEWERB

Könnten sich beide Seiten auf diese Bedingungen einigen, müssten sie akzeptieren, dass die andere Seite weiterhin versuchen wird, ihre Vorteile zu maximieren, ohne die vereinbarten strategischen Leitplanken zu durchbrechen. Washington und Peking würden weiterhin in den verschiedenen Regionen der Welt um strategischen und wirtschaftlichen Einfluss konkurrieren. Sie würden sich weiterhin um Zugang zu den Märkten des anderen bemühen und Vergeltungsmaßnahmen ergreifen, sollte ihnen dieser Zugang verweigert werden. Sie würden weiterhin bei Auslandsinvestitionen, auf den Technologie-, Kapital- und Devisenmärkten miteinander konkurrieren. Und sie würden wohl einen globalen Wettbewerb der Ausstrahlungskraft austragen — in dem Washington die Bedeutung von Demokratie, offenen Volkswirtschaften und Menschenrechten betont und Peking die Vorteile eines autoritären Kapitalismus und des so genannten chinesischen Entwicklungsmodells hervorhebt.

STRATEGISCHE ZUSAMMENARBEIT

Doch selbst in einem eskalierenden Wettbewerb gäbe es noch politischen Spielraum für die Zusammenarbeit bei einer Reihe kritischer Bereiche. Dies war sogar zwischen den Vereinigten Staaten und der Sowjetunion auf dem Höhepunkt des Kalten Kriegs möglich. So sollte es auch zwischen den Vereinigten Staaten und China möglich sein, zumal wenn, zumindest derzeit, nicht annähernd so viel auf dem Spiel steht wie damals. Neben der Zusammenarbeit beim Klimawandel könnten die beiden Länder bilaterale Verhandlungen über nukleare Rüstungskontrolle führen, unter anderem über die gegenseitige Ratifizierung des Vertrags über das umfassende Verbot von Nuklearversuchen, und auf ein Abkommen über die zulässigen militärischen Anwendungen Künstlicher Intelligenz hinarbeiten. Sie könnten bei der nuklearen Abrüstung Nordkoreas zusammenarbeiten und gemeinsam verhindern, dass der Iran Atomwaffen erlangt. Sie könnten eine Reihe vertrauensbildender Maßnahmen in der gesamten indopazifischen Region ergreifen, wie beispielsweise eine koordinierte Reaktion auf Naturkatastrophen und humanitäre Einsätze. Sie könnten auch zusammenarbeiten, um die globale Finanzstabilität zu verbessern, insbesondere indem sie sich darauf einigen, durch Umschuldungen Entwicklungsländer zu entlasten, die von Naturkatastrophen oder Gesundheitskrisen schwer getroffen wurden. Und sie könnten gemeinsam ein besseres System für die Verteilung künftiger Impfstoffe an Entwicklungsländer aufbauen.

DIPLOMATISCHE WERKZEUGE

Diese Listen möglicher roter Linien und potenzieller Bereiche für Wettbewerb und Zusammenarbeit sind bei weitem nicht erschöpfend. Die strategische Begründung für alle drei Bereiche ist jedoch dieselbe: Es ist für beide Länder besser, innerhalb des gemeinsamen Rahmens eines geordneten Wettbewerbs zu agieren, als sich in einem unkontrollierten Wettbewerb ohne jegliche Regeln wiederzufinden. Der Rahmen müsste zwischen einem designierten, hochrangigen Vertreter Bidens und einem Xi nahestehenden chinesischen Amtskollegen ausgehandelt werden. Nur ein direkter, hochrangiger Kanal dieser Art könnte zu vertraulichen Absprachen führen, die von beiden Seiten respektiert werden. Diese beiden Personen wären auch die Ansprechpartner, wenn es zu Verstößen kommt (was zwangsläufig von Zeit zu Zeit der Fall sein wird), und diejenigen, die die Durchsetzung von Konsequenzen für solche Verstöße anordnen würden. Im Laufe der Zeit kann aus diesem Mindestmaß an Vorhersehbarkeit wieder ein Mindestmaß an strategischem Vertrauen erwachsen. Beide Seiten könnten dann entdecken, dass die Vorteile einer fortgesetzten Zusammenarbeit bei den gemeinsamen Herausforderungen unseres Planeten wie dem Klimawandel das nötige Vertrauen schaffen, um auch schwierigere Bereiche der Beziehungen in Angriff zu nehmen.

Es wird viele geben, die diesen Ansatz als naiv kritisieren. Es liegt jedoch in ihrer Verantwortung, sich etwas Besseres einfallen zu lassen. Mir ist noch kein geeigneterer Vorschlag untergekommen. Sowohl die Vereinigten Staaten als auch China sind derzeit auf der Suche nach einer Formel, um ihre Beziehungen für die kommenden gefährlichen Jahre zu regeln, was immer ihre Regierungen auch öffentlich sagen mögen. Die harte Wahrheit ist, dass keine Beziehung jemals gemanagt werden kann, wenn es keine grundlegende Einigung zwischen den Parteien über die Bedingungen dieses Managements gibt.

BEWERTUNG VON ERFOLG ODER MISSERFOLG

Woran würde sich der Erfolg oder Misserfolg eines solchen gemeinsamen strategischen Rahmens messen lassen? Ein Zeichen für den Erfolg wäre, wenn die Vereinigten Staaten und China bis 2030 eine militärische Krise oder einen Konflikt in der Taiwanstraße oder auch einen verhängnisvollen Cyberangriff vermieden hätten. Ein Übereinkommen zum Verbot verschiedener Formen der robotergestützten Kriegsführung wäre ein klarer Erfolg, ebenso wie ein sofortiges gemeinsames Vorgehen — unter Einschluss der Weltgesundheitsorganisation — bei der Bekämpfung der nächsten Pandemie. Aber das vielleicht wichtigste Zeichen für den Erfolg wäre eine offene und energische Kampagne beider Seiten für die weltweite Unterstützung der Ideen, Werte und Problemlösungsansätze, die ihre jeweiligen Systeme bieten — ohne jemals zu versuchen, diese Systeme mit Gewalt durchzusetzen.

Das klarste Beispiel für das Scheitern des Ansatzes eines gemanagten strategischen Wettbewerbs beträfe die Taiwanfrage. Sollte Xi glauben, Washingtons Bluff durchschauen zu können, indem er einseitig aus einer mit Washington getroffenen Vereinbarung ausbricht, würden wir in einer neuen Welt aufwachen. Eine solche Krise würde mit einem Schlag die Zukunft der globalen Ordnung neu schreiben.

CHINAS BEZIEHUNGEN ZU DEN VEREINIGTEN STAATEN

Wie könnte China also auf ein solches Rahmenwerk für einen geordneten strategischen Wettbewerb reagieren? Dies gilt insbesondere für das erste Element dieses Rahmens: den Umgang mit Chinas strategischen Grenzen, einschließlich der neuen Beschränkungen, die ein solcher Rahmen für das chinesische Verhalten in Bezug auf Taiwan, das Süd- und Ostchinesische Meer und den Cyberraum mit sich brächte. Peking setzt seit langem Grauzonentaktiken in diesen verschiedenen Sicherheitsbereichen ein, in denen die Volksbefreiungsarmee (oder ihre paramilitärischen Stellvertreter) im Laufe der Zeit amerikanische, taiwanesische, japanische und andere Reaktionsmuster getestet und sondiert hat. Damit sollen drei Ziele verfolgt werden. Erstens geht es darum, die chinesischen Seestreitkräfte zu trainieren, da die chinesische Marine seit der Gründung der Volksrepublik keine Erfahrung mit Kriegseinsätzen hat. Zweitens soll festgestellt werden, wie Chinas potenzielle Gegner im Falle einer Krise oder eines Konflikts in der Realität wahrscheinlich vorgehen beziehungsweise reagieren würden. Und drittens sollen für die zahlreichen territorialen Streitigkeiten Chinas die Realitäten vor Ort so angepasst werden, dass sie die chinesischen territorialen und maritimen Ansprüche legitimieren — auf Grundlage eines De-facto-, weniger eines De-jure-Ansatzes. China wird sich in diesen Streitigkeiten niemals einem internationalen Schiedsverfahren unterwerfen. Die wahrgenommene und akzeptierte «Realität» langfristig zu verändern, ist daher seit langem Pekings operativer Ansatz zur Durchsetzung seiner Ansprüche. China möchte auch den Eindruck erwecken, es werde im Laufe der Zeit ohnehin über überwältigende Ressourcen verfügen, um seine Ansprüche auf jedes dieser Ziele durchzusetzen (beispielsweise durch die Konzentration chinesischer Fischereimilizflotten in den umstrittenen Gewässern des Südchinesischen Meeres), was die Gegner der Volksrepublik letztlich zu dem Schluss kommen lassen soll, dass Widerstand zwecklos ist.

Darüber hinaus hat sich China innerhalb seines Regierungssystems die fast vollständige Trennung seiner diplomatischen und militärischen/paramilitärischen Operationen angewöhnt. Damit will Peking den Anschein erwecken, seine bilateralen und regionalen politischen Beziehungen so vernünftig wie möglich zu gestalten, während es gleichzeitig seiner Armee erlaubt, alles operativ Notwendige zu tun, um Pekings nationale Sicherheitsziele zu erreichen. In Anbetracht der innerchinesischen Entscheidungsfindungsprozesse sind Chinas ranghöchste Beamte im Außenministerium in Wirklichkeit relativ machtlos, wenn es darum geht, das Handeln von Vertretern der Zentralen Militärkommission einzuschränken, geschweige denn zu steuern. Im Großen und Ganzen werden sie als zwei getrennte

Welten betrachtet: eine militärische und eine diplomatische, die nur im ultimativen Entscheidungszentrum von Xi Jinpings persönlichem Büro zusammenfinden.

CHINESISCHE SORGEN: EIN GEORDNETER STRATEGISCHER WETTBEWERB BINDET PEKING DIE HÄNDE

In Anbetracht all dieser Faktoren stellt sich die Frage, welchen Vorteil es für China haben könnte, wenn dem Land an einer dieser Fronten durch die Zwänge eines gemanagten strategischen Wettbewerbsrahmens die Hände gebunden würden. Dies hängt zum großen Teil davon ab, wie China die künftigen Risiken einschätzt, die sich aus seinen derzeitigen, unkontrollierten Verhaltensmustern ergeben. In Fragen der Militärtaktik und -ausbildung lehnen es die Volksbefreiungsarmee, ebenso wie das US-Militär, strikt ab, dass ihre operativen Freiheiten durch die Interventionen wohlmeinender Diplomaten eingeschränkt werden. Dennoch wollen weder die chinesische Führung noch die Volksbefreiungsarmee einen verfrühten bewaffneten Konflikt mit den Vereinigten Staaten auf einem der maritimen Schauplätze auslösen, die für sie von unmittelbarer Bedeutung sind — es sei denn, Peking ist sich sicher, dass sich China in einer unangreifbaren militärischen Position befindet. Im Moment ist das nicht der Fall, die Risiken werden noch immer als zu hoch eingeschätzt. Dieser Faktor — verstärkt durch eine mögliche Änderung der amerikanischen und japanischen Reaktionen — eröffnet Peking die Möglichkeit, ein restriktiveres gegenseitiges Rahmenprotokoll für Militärschiffe und -flugzeuge in Betracht zu ziehen.

Es ist schwierig, darüber zu spekulieren, was dies im Einzelnen für Taiwan, das Süd- und das Ostchinesische Meer bedeuten könnte. Chinas derzeitige Verhaltensmuster unterscheiden sich auf allen drei Schauplätzen erheblich, ebenso wie die amerikanischen und (im Falle des Ostchinesischen Meeres) die japanischen Reaktionen. Doch unter dem Strich bietet ein gemeinsam vereinbarter Rahmen für den gemanagten strategischen Wettbewerb ein gewisses Potenzial zur Senkung der Temperatur in diesen hochgradig instabilen Operationsgebieten, in denen es derzeit, wenn überhaupt, nur sehr wenige Spielregeln gibt. In Ermangelung solcher Leitplanken werden Häufigkeit und Intensität von Marine- und Luftoperationen in allen drei Gegenden weiter zunehmen. Das bedeutet, es ist immer weniger eine Frage, *ob* Peking in Zukunft mit den operativen und diplomatischen Folgen eines unbeabsichtigten Zusammenstoßes zwischen chinesischen, amerikanischen oder japanischen Militärschiffen oder -flugzeugen umgehen muss, sondern *wann*.

Cybersicherheit und Cyberangriffe sind für China eine andere Art von Sicherheitsrisiken, Herausforderungen und Chancen. Dies wird durch das Ausmaß bestimmt, in dem China gegenwärtig von staatlich motivierten Angriffen auf Ziele in der US-Regierung, der Wirtschaft sowie auf Privatpersonen und Ziele von amerikanischen Verbündeten in der ganzen Welt profitiert. Es hängt auch davon ab, inwieweit die Vereinigten Staaten ähnliche Angriffe auf chinesische Ziele ausführen, ob die chinesischen Gegenmaßnahmen von Peking als ausreichend angesehen werden und ob dies für die chinesische Führung ein Grund zur Sorge ist. Diese Fragen umschreiben die undurchsichtigsten Aspekte der Sicherheitsbeziehungen zwischen den Vereinigten Staaten und China.

In den vergangenen zehn Jahren gab es zahlreiche chinesische Attacken auf US-Ziele. Der spektakulärste dieser Angriffe war das bereits erwähnte Eindringen in das Personaldatensystem der US-Regierung 2013, das vertrauliche Daten aller Mitarbeiterinnen und Mitarbeiter enthielt sowie die Angaben, die sie im Rahmen von Sicherheitsüberprüfungen gemacht hatten. Schon die Obama-Regierung hatte die chinesische Führung auf US-Bedenken mit Blick auf chinesische

Cyberangriffe auf amerikanische Privatunternehmen hingewiesen. Es wurden Anstrengungen unternommen, um eine Vereinbarung zu treffen, deren Folge die Einstellung aller kommerziellen Cyberangriffe sein sollte. Nach Angaben der Amerikaner hielten diese Zusagen jedoch nur für einige Monate, bevor die Cyberangriffe wieder aufgenommen wurden. Über amerikanische akademische Einrichtungen wurden bereits frühere Bemühungen unternommen, die chinesischen Partnerinstitutionen in die Ausarbeitung gegenseitiger Cybersicherheitsprotokolle einzubinden, doch auch diese hatten nur begrenzten Erfolg.

Vor diesem Hintergrund stellen sich einmal mehr folgende Fragen: Welchen Nutzen hätte China davon, mit der Biden-Regierung verbindliche Vereinbarungen zur Begrenzung oder Unterbindung von Cyberangriffen zu treffen, und hätte das Land dann ein Interesse daran, sich daran zu halten? Schließlich würden viele in Peking argumentieren, dass die derzeitigen Vereinbarungen (beziehungsweise das Fehlen solcher Vereinbarungen) China als eine Form der asymmetrischen Kriegsführung bedeutende Vorteile gebracht haben, zumal die amerikanischen Cybersysteme eine große Zahl weicher und leicht zu durchdringender Ziele bieten. Peking wird jedoch seine eigene Verwundbarkeit gegenüber amerikanischen Cyberangriffen, auch auf die chinesische kritische Infrastruktur, zu spüren bekommen. Angesichts des wachsenden Umfangs der chinesischen Innovationsprogramme wird Peking noch stärker auf die potenzielle Gefährdung seiner großen staatlichen und privaten Unternehmen durch externe Cyberangriffe achten. Und insbesondere die KPCh wird sich der Gefahr bewusst sein, dass schädliche Informationen über ihre zentrale Führung, wie beispielsweise das Ausmaß der persönlichen Vermögen der Funktionäre, gestohlen werden und an die Öffentlichkeit gelangen könnten. Aus diesen Gründen wird es innerhalb des chinesischen Systems wohl eine Debatte über die Vorzüge einer erneuten Diskussion mit den Amerikanern über ein mögliches gemeinsames Cyber-Protokoll geben.

EINE RÜCKKEHR ZU ÖKONOMISCHEN PRIORITÄTEN

Was die anderen Aspekte eines gemanagten strategischen Wettbewerbs angeht, die für Pekings Gesamtkalkül relevant sein könnten, sollten wir nie vergessen, dass Chinas grundlegende Interessen weiterhin im langfristigen Wachstum seiner Wirtschaft liegen. In den Augen der Führung ist die wachsende Größe, Ausdifferenzierung und Stärke der chinesischen Wirtschaft nach wie vor von grundlegender Bedeutung für allen anderen Elemente chinesischer Staatsmacht. Fast 20 Jahre lang definierten aufeinander folgende chinesische Regierungen die gegenwärtige Ära als eine Periode strategischer Gelegenheiten, in der das Ausbleiben großer internationaler Konflikte bedeutete, dass China sich fast ausschließlich auf seine nationale wirtschaftliche Entwicklung konzentrieren konnte.

Trotz der rhetorischen Position, die die chinesische Führung im Inland und auf internationaler Ebene eingenommen hat, begrüßt China das antagonistische strategische Umfeld, in dem es sich seit 2021 befindet, zum jetzigen Zeitpunkt *nicht*. Alles in allem hätte es das chinesische politische Establishment vorgezogen, die neuen, scharfen Kanten der amerikanischen strategischen Antwort auf Xi Jinpings China nach 2017 zu vermeiden. Dies wurde bereits durch wiederholte chinesische Aufforderungen an die Biden-Regierung deutlich, die früheren Kanäle des regelmäßigen politischen Dialogs auf hoher Ebene wieder aufzunehmen, in der Hoffnung, die bilateralen Beziehungen insgesamt wieder zu stabilisieren. Es besteht also innerhalb des chinesischen politischen Systems der Wunsch nach einer gewissen Stabilisierung der Beziehungen zwischen den Vereinigten Staaten und China, die es der chinesischen Führung ermöglichen würde, sich wieder auf die langfristige Umgestaltung des chinesischen Wirtschaftsmodells zu konzentrieren. Doch Peking ist pragmatisch genug, um zu erkennen, dass eine Rückkehr zum Status quo ante nicht so einfach möglich ist. Seit dem Handelskrieg 2018-19 und der Pandemie 2020 — und der seit Anfang 2021 härteren politischen Vorgaben der Biden-Regierung — ist zu viel passiert, als dass der gesamte Schaden an den Beziehungen über Nacht behoben werden könnte. Das bedeutet jedoch nicht, dass Peking kein Interesse daran hätte, eine weitere Verschlechterung der Beziehungen zu verhindern (auch wenn dies derzeit erwartet wird), da das Regime seine internen Verwundbarkeiten genau kennt und noch Zeit braucht, um sie zu überwinden.

Daher wäre aus Pekings Sicht ein Rahmen für einen geordneten strategischen Wettbewerb, der in der Lage ist, die wachsende Zahl sicherheits- und außenpolitischer Spannungen und schwelender Krisen in den aktuellen Beziehungen zu den Vereinigten Staaten einzudämmen, unter dem Strich willkommen. Chinas langfristiges Ziel war schon immer ein Triumph, der auf wirtschaftlicher Macht und Technologie basiert. In Pekings Kalkül könnte ein gemanagter strategischer Wettbewerb China in die Lage versetzen, diese Stärken weiter zu konsolidieren, bis seine umfassende nationale Macht ausreicht, um sie für andere außen- und sicherheitspolitische Ziele einzusetzen. In der Zwischenzeit könnte ein gemanagter strategischer Wettbewerb — aus Pekings Sicht — dazu beitragen, das «strategische Fieber» zu senken.

CHINAS AUSSENPOLITISCHE INTERESSEN

Gleichzeitig würde ein Rahmen für einen geordneten strategischen Wettbewerb Peking nicht daran hindern, mit den Vereinigten Staaten um regionalen und globalen außenpolitischen Einfluss zu konkurrieren. In der Tat könnte man argumentieren, dass es für China weniger problematisch wäre, seinen außenpolitischen Einfluss auszuweiten, wenn ein solcher gemanagter strategischer Wettbewerb die sicherheitspolitischen Spannungen in den kommenden Jahren verringern könnte — vor allem, wenn andere Länder nicht mehr das Gefühl hätten, in ihren Beziehungen zu Washington und Peking aus grundlegenden Gründen der nationalen Sicherheit eine akute binäre Entscheidung treffen zu müssen. Wenn die chinesische Außenpolitik in den Augen mancher in Peking wieder zum Diener ihrer erfolgreichen wirtschaftlichen Entwicklungspolitik der vergangenen Jahrzehnte würde, anstatt andere Staaten durch ihre «Wolfskrieger» in die Schranken zu weisen, weil sie chinesische Empfindlichkeiten in Bezug auf Taiwan, das Südchinesische Meer und Xinjiang verletzen, so würde sich in einer Nettobetrachtung Chinas politische Position in den Augen der Welt wohl verbessern. Das würde die Volksrepublik, wenn sie dies denn wünscht, nicht daran hindern, ihren andauernden ideologischen Krieg gegen die Vereinigten Staaten, den Westen und den Rest der demokratischen Welt fortzusetzen, indem sie ihr chinesisches Entwicklungsmodell verteidigt und vertritt. Wenn China tatsächlich von der Überlegenheit seines Systems überzeugt ist, wie sein Propagandaapparat behauptet, dann sollte es ermutigt werden, dies zu tun. In Anbetracht einiger spektakulärer Fehlschläge des liberal-kapitalistischen Systems in den vergangenen Jahrzehnten (zum Beispiel die globale Finanzkrise von 2008 und das anfängliche Missmanagement bei der Bekämpfung der Covid-19-Pandemie von 2020) könnte China zu dem Schluss kommen, dass erhebliche systemische Schwachstellen in dem existieren, was einst als ein alles erobernder «Washingtoner Konsens» angesehen wurde, die es auszunutzen gilt. Es wäre an China, zu beurteilen, ob dies seiner ideologischen Sache insgesamt nützen oder schaden würde. Aber ideologischer und ideeller Wettbewerb stünde in vielerlei Hinsicht im Mittelpunkt eines geordneten strategischen Wettbewerbs. In der Welt der Ideen, Systeme und der Governance gilt: Möge das bessere Team gewinnen.

CHINAS MULTILATERALE DIPLOMATIE

Ein gemanagter strategischer Wettbewerb böte auch Raum für eine fortgesetzte Zusammenarbeit mit den Vereinigten Staaten in Bereichen von großem gegenseitigem Interesse. Es gibt mehrere Politikfelder, in denen China seine nationalen Interessen durch eine Zusammenarbeit mit den Amerikanern gewahrt sieht. Dazu gehört die Aufrechterhaltung der globalen Finanzstabilität durch die G20, das Financial Stability Board, den Basler Ausschuss und den Internationalen Währungsfonds, in dem sowohl China als auch die Vereinigten aktive Mitglieder sind. Peking hat kein Interesse daran, dass sich die jüngsten internationalen Finanzkrisen wiederholen, da eine weitere derartige Krise Chinas langfristige wirtschaftliche Entwicklung zum Entgleisen bringen könnte, was sich auch auf die innenpolitische Stabilität des Landes auswirken würde. Da die globalen Anleihemärkte nach der Rezession 2020 mit einem noch nie dagewesenen Niveau an Staatsschulden belastet wurden, hat China zudem ein großes Interesse daran, das Risiko von Staatsbankrotten zu vermeiden, die eine größere Finanzkrise auslösen könnten. Chinas Verhandlungen mit dem Pariser Club 2021 über die Notwendigkeit einer chinesischen Umschuldung für seine Gläubigerstaaten (deren Zahl im Rahmen der Belt-and-Road-Initiative rapide gewachsen ist) unterstreichen die Bedeutung der internationalen Zusammenarbeit bei der komplexen und heiklen Aufgabe der Aufrechterhaltung globaler Finanzstabilität.

Auch beim Klimawandel erfordern Chinas nationale Wirtschafts- und Umweltinteressen eine globale Zusammenarbeit. Obwohl die Volksrepublik der weltweit größte Emittent von Treibhausgasen ist und ihre nationalen Emissionsreduktionsziele das globale Klima entscheidend prägen, werden sie letztlich unwirksam, wenn sie nicht gemeinsam mit den Vereinigten Staaten, Europa, Japan und insbesondere Indien in den kommenden zehn Jahren realisiert werden.

Mit anderen Worten: In der Klimaproblematik hat Peking keine andere Wahl, als mit Washington zusammenzuarbeiten, um globale Lösungen voranzutreiben.

Hinzu kommen die anhaltenden Risiken der Weiterverbreitung von Kernwaffen. Vom Iran und Nordkorea gehen in dieser Hinsicht die größten Gefahren aus. Zwar ist es unwahrscheinlich, dass eines der beiden Länder jemals China angreifen wird, doch hat Peking ein Interesse daran, zu verhindern, dass andere Staaten (beispielsweise Japan) dann ihre eigene Sicherheit vor künftigen nuklearen Bedrohungen aus Teheran und Pjöngjang durch eigene Atomwaffen garantieren wollen. Auch hier ist es in Chinas nationalem Interesse, mit den Vereinigten Staaten zusammenzuarbeiten, um die Integrität des bestehenden multilateralen Nichtverbreitungsregimes zu wahren.

Aus all diesen Gründen kann ein gemanagter strategischer Wettbewerb China einen akzeptablen alternativen strategischen Rahmen bieten, um seine Gesamtbeziehungen zu den Vereinigten Staaten für die kommenden Jahre zu regeln. Chinesische Think-Tanks sind derzeit auf der Suche nach einem neuen Ordnungsprinzip für die Beziehungen angesichts der strategischen Realität der Vereinigten Staaten nach 2017, mit der sie sich konfrontiert sehen. Wie bereits erwähnt, besteht keine Möglichkeit, zu einer Ära zurückzukehren, die von aufeinanderfolgenden amerikanischen Regierungen als strategisches Engagement bezeichnet wurde — oder zu dem, was China in der Vergangenheit routinemäßig als die Prinzipien einer Win-win-Zusammenarbeit bezeichnete. Dafür ist bereits zu viel Porzellan zerschlagen worden. Die entscheidende Frage für Peking wird sein, ob es im Rahmen des Konzepts eines geordneten strategischen Wettbewerbs aus der Perspektive seiner nationalen Interessen, Werte und Strategie genügend Spielraum gibt, um die Einschränkungen zu rechtfertigen, die ein solcher Rahmen mit sich bringen würde. Ich kenne die Antwort auf diese Frage nicht. Aber sie wäre es wert, gestellt zu werden.

DIE AMERIKANISCHE POLITIK GEGENÜBER CHINA

Wie sieht es mit der anderen Seite der strategischen Gleichung aus? Wie würden die US-Entscheidungsträger eine amerikanisch-chinesischen Strategie im Rahmen eines geordneten strategischen Wettbewerbs entwickeln? Würde dieser Amerika helfen oder behindern? Amerikanische Militärstrategen (wie auch ihre chinesischen Kollegen) wollen sicher nicht, dass ihnen durch das, was sie als außenpolitische Abstraktionen ansehen, unnötig die Hände gebunden werden — vor allem dann nicht, wenn solche Abstraktionen der harten Arbeit der militärischen Vorbereitung, einschließlich Marineübungen und Luftüberwachungsmissionen, im Wege stehen. Das Pentagon könnte argumentieren, das Problem mit einem geordneten strategischen Wettbewerb bestehe darin, dass er den Chinesen für einen Großteil des Jahrzehnts einen effektiven strategischen «Freibrief» verschaffe, der es ihnen ermöglicht, ihre Wirtschaft weiter zu stärken, ohne dass eine unmittelbare militärische Bedrohung besteht, während die Volksrepublik gleichzeitig ihre militärischen Fähigkeiten weiter ausbaut. Dies würde China in eine noch vorteilhaftere Position versetzen, wenn es sich gegen Ende des Jahrzehnts plötzlich entschließen sollte, seinen politischen Kurs zu ändern und seine stärkeren militärischen Kapazitäten gegen Taiwan oder andere Ziele einzusetzen. Darüber hinaus könnten die US-Geheimdienste argumentieren, dass sich ein solches Rahmenwerk, welchen sicherheitspolitischen Protokollen China auch immer zustimmen mag (zu Taiwan, zum Ost- und zum Südchinesischen Meer und zum Cyberraum), in der Realität als wertlos erweisen würde. Schließlich würde Peking aufgrund seiner bisherigen Praxis auf militärisch-operativer Ebene seine Verpflichtungen niemals einhalten. Als Beweis könnten sie auf die Erfahrungen der Obama-Regierung mit Xi Jinping bei ihrem kurzlebigen Cyber-Protokoll verweisen — und auf Xis Zusagen, die von ihm beanspruchten Inseln im Südchinesischen Meer nicht zu militarisieren.

EIN GEMANAGTER STRATEGISCHER WETTBEWERB, DAS GLEICHGEWICHT DER KRÄFTE UND DIE ABSCHRECKUNG

Auf diese Einwände gibt es eine Reihe von Antworten. Aus amerikanischer Sicht ist es wahrlich keine Kleinigkeit, ein Jahrzehnt zur Wiederherstellung oder zumindest zur Stärkung der wirtschaftlichen, militärischen und technologischen Macht der Vereinigten Staaten zur Verfügung zu haben und damit das Kräfteverhältnis gegenüber China in jedem dieser Bereiche zu verbessern. In diesem Sinne könnte die Zeit Amerikas Freund — und nicht sein Feind — sein, auch wenn die Chinesen aus ihrer Sicht genauso argumentieren könnten. Aus der Perspektive eines amerikanischen Militärplaners wäre die entscheidende Frage, ob er die Vereinigten Staaten in einem Jahrzehnt in einer besseren oder schlechteren Position sieht, um einen chinesischen Militärschlag abzuschrecken.

Was die Frage eines «Betrugs» durch China betrifft, so hat Peking, wie bereits erwähnt, keinerlei Vorbehalte, Täuschung als normales Merkmal diplomatischer und militärischer Taktik und Strategie einzusetzen — insbesondere gegenüber kapitalistischen und imperialistischen Gegnern, die China (aus Pekings Sicht) während eines Großteils der vergangenen zwei Jahrhunderte gedemütigt haben. China hat jedoch kein Monopol auf Täuschung. Dies macht deutlich, wie wichtig die gegenseitige Überprüfung getroffener Vereinbarungen ist. Im Falle der vier wichtigsten operativen Schauplätze in den Sicherheitsbeziehungen zwischen den Vereinigten Staaten und China (ein fünfter Schauplatz wären weltraumgestützte Systeme, da die Gefahr einer strategischen Blendung durch einen Antisatellitenkrieg besteht) ist die Verifizierung strategischer Zusagen zusammen mit den damit verbundenen vertrauens- und sicherheitsbildenden Maßnahmen im Großen und Ganzen technisch machbar. Mit anderen Worten: Angesichts der Art der Maßnahmen, die für die gefährlichsten Sicherheitsszenarien in den Beziehungen zwischen den Vereinigten Staaten und China am relevantesten sind, ist die Möglichkeit, bei der Umsetzung dieser Maßnahmen in großem Stil zu betrügen (beispielsweise durch die Errichtung weiterer Inseln im Südchinesischen Meer) eher begrenzt. Wie Ronald Reagan uns in einer anderen Ära, aber unter nicht unähnlichen Umständen, erinnerte, ist die Verifikation auch der Schlüssel zum Wiederaufbau jeglichen zukünftigen politischen, diplomatischen und strategischen Vertrauens.

Abgesehen von den komplexen Herausforderungen, die diese praktischen Überlegungen für beide Seiten bei der Operationalisierung eines Konzepts für den strategischen Wettbewerb bedeuten, bestünde der überwältigende Vorteil für die Vereinigten Staaten schlicht darin, das Gesamtrisiko eines bewaffneten Konflikts mit China — sei er zufällig oder geplant — in diesem Jahrzehnt zu verringern. Amerika will keinen Krieg. Die Unsicherheit des Ausgangs ist zu groß, die Möglichkeit einer Eskalation zu gefährlich. In vielerlei Hinsicht hat Amerika als die führende Weltmacht am meisten zu verlieren. Zu groß ist derzeit das Risiko, dass die Vereinigten Staaten in einem einzigen epochalen Ereignis ihre globale Führungsrolle verlieren könnten. Und die schiere Zerstörungskraft eines solchen Flächenbrandes für das amerikanische Militär und die Wirtschaft ist unvorstellbar. Es überrascht nicht, dass sich diese Befürchtungen größtenteils mit denen decken, die derzeit von der chinesischen Führung in Peking geäußert werden. Allein aus diesem Grund spricht alles dafür, jetzt alle notwendigen Vorsichtsmaßnahmen zu treffen, um das Kriegsrisiko deutlich zu verringern. An dieser Stelle kommt der geordnete strategische Wettbewerb ins Spiel.

Einige amerikanische und chinesische nationalistische Politiker und die sie beratenden «Super-Realisten» der Strategiepolitik könnten argumentieren, damit würde man allenfalls «die Büchse weiter die Straße herunterkicken», also die Sache nur aufschieben. Daran ist viel Wahres, es macht diese Überlegungen aber nicht grundsätzlich falsch. Ich würde argumentieren, dass es nichts Falsches, geschweige denn Feiges ist, diesen speziellen Fall, also den Krieg, auf die lange Bank zu schieben. Manche mögen einen solchen Ansatz sogar rhetorisch als eine Form des Appeasements angreifen, aber das Wesen der Beschwichtigungspolitik in Europa bestand darin, zuzusehen, wie ein Stück Territorium nach dem anderen annektiert wurde, ohne darauf zu reagieren. Das ist das genaue Gegenteil dessen, was hier vorgeschlagen wird, weil die durchsetzbaren strategischen Grenzen, die hier in Betracht gezogen werden, klar definiert sind. Der Versuch, die zugrundeliegende politische Konfrontation in den Beziehungen zwischen den Vereinigten Staaten und China zu lösen, indem man einen sofortigen begrenzten Krieg ins Auge fasst, ist ein Irrweg. Dies war eine der nationalen psychologischen Illusionen, die bei Ausbruch des Ersten Weltkriegs durch eine Reihe europäischer Hauptstädte geisterten. Stattdessen lehrt uns die Geschichte, dass Kriege sehr viel eher außer Kontrolle geraten können. Im Gegensatz dazu schafft das Hinauszögern politischen Handlungsspielraum — einen Spielraum, der im Laufe der Zeit eine sich ändernde diplomatische Stimmung aufnehmen kann, die wiederum möglicherweise eine langfristige, friedliche Lösung für den allumfassenden strategischen Wettbewerb herbeiführen könnte, in dem sich die beiden Großmächte des 21. Jahrhunderts derzeit befinden. Eine solche Lösung mag heute jenseits unserer politischen Vorstellungskraft liegen, aber sie könnte im Laufe der Zeit möglich werden. Diese Option geht jedoch sofort verloren, sobald der Krieg ausbricht. Sobald wir die Trommelschläge des Krieges hören und darauf reagieren, wird jede Vernunft außer

Kraft gesetzt, die Planung eines Worst-Case-Szenarios tritt in den Vordergrund, rohe Gewalt setzt ein, und jede Aussicht auf eine friedliche Lösung verschwindet für immer. Dann wird die kollektive politische und persönliche Zukunft sowohl der chinesischen als auch der amerikanischen Führung durch sehr blutige Waffengänge bestimmt werden. Ein geordneter strategischer Wettbewerb ist kein sicherer Mechanismus, um einen solchen Krieg zu verhindern. Er bietet aber die bestmögliche Chance.

STRATEGISCHE US-INTERESSEN IN TAIWAN UND DEM SÜD- UND OSTCHINESISCHEN MEER

Wie könnte sich also ein gemanagter strategischer Wettbewerb auf Amerikas strategische Kerngebiete Taiwan, das Südchinesische Meer und das Ostchinesische Meer auswirken? Die Antwort für die Vereinigten Staaten — wie auch für China — wäre eine Mischung aus Möglichkeiten und Zwängen. In Bezug auf Taiwan gibt es bereits genügend Spielraum, um der Biden-Regierung alles zu bieten, was sie zur Unterstützung der Sicherheit Taiwans benötigt. Die Bekräftigung der langjährigen US-Politik der strategischen Ambiguität durch die Regierung im Juni 2021 hat sich ebenfalls stabilisierend auf die Beziehungen zu Peking ausgewirkt, ungeachtet der scheinbar eindeutigen Äußerungen von Präsident Biden zu dieser Frage im darauffolgenden Oktober. Mit der strategischen Ambiguität lassen die Amerikaner die Frage offen, ob und in welchem Umfang sie in einem möglichen Taiwan-Szenario militärisch intervenieren würden, und verfolgen damit zwei Ziele: Erstens gilt es, China davon abzuhalten, einen Angriff in Erwägung zu ziehen, da es niemals davon ausgehen könnte, dass Washington nicht zur Unterstützung Taiwans eingreifen würde. Zweitens gilt es auch, künftige taiwanesische Regierungen davon abzuhalten, in der Frage der formalen Unabhängigkeit Taiwans von China leichtsinnig zu werden, da Washington sich dann weigern könnte, einen solchen Schritt zu unterstützen — der mit ziemlicher Sicherheit eine chinesische Militäraktion provozieren würde.

Dies würde künftige hochrangige offizielle Kontakte der Vereinigten Staaten mit der taiwanesischen Regierung ausschließen, einschließlich einer direkten militärischen Zusammenarbeit mit den taiwanesischen Streitkräften, wie sie sich unter der Trump-Regierung ausgeweitet hat und unter Biden fortgesetzt wurde. Wenn das vorrangige strategische Ziel der Vereinigten Staaten in Bezug auf Taiwan jedoch darin besteht, künftige chinesische militärische Zwangsmaßnahmen gegen die Insel zu verhindern, dann erfordert die Sicherung dieses Ziels keine Verletzung dieser langjährigen Säulen der Ein-China-Politik. Vielmehr müssten die Vereinigten Staaten das militärische Kräftegleichgewicht mit China im gesamten ostasiatischen Raum wiederherstellen, indem sie Lücken und Schwachstellen in ihrer derzeitigen Streitkräftestruktur und ihren militärischen Fähigkeiten beseitigen. Es würde zudem voraussetzen, dass Taiwan seine militärischen Defizite ernst nimmt, die sich über mehrere Jahrzehnte angesammelt haben und die bisher von keiner Seite der taiwanesischen Politik mit ausreichender Entschlossenheit behoben wurden. Die Vereinigten Staaten, Japan und Taiwan müssten auch mit anderen Partnern, Freunden und Verbündeten zusammenarbeiten, um die taiwanesische Wirtschaft langfristig widerstandsfähiger gegen das Risiko künftiger chinesischer wirtschaftlicher Nötigung zu machen. Keine dieser Maßnahmen würde jedoch durch ein breiteres amerikanisches Einvernehmen mit Peking behindert, das die funktionale Architektur der Ein-China-Politik intakt lässt. An den operativen oder deklaratorischen Bedingungen der Ein-China-Politik herumzudoktern, wäre eher eine Übung in politischer Selbstgefälligkeit und strategischer Torheit als ein hart erkämpfter Fortschritt für die nationale Sicherheit der Vereinigten Staaten. Ein solcher Schritt mag in einigen Teilen Amerikas zwar innenpolitisch nützlich sein, die Situation erfordert aber eine Konzentration auf das grundlegendere Ziel, den strategischen Status quo gegenüber Taiwan zu bewahren, wie es früheren Regierungen im vergangenen halben Jahrhundert erfolgreich gelang.

Im Südchinesischen Meer wären aus amerikanischer Sicht alle quantitativen oder qualitativen Beschränkungen der derzeitigen Grauzonenoperationen der Volksbefreiungsarmee innerhalb des breiteren Rahmens eines gemanagten strategischen Wettbewerbs zu begrüßen. Die Zustimmung Chinas, keine weiteren Gebietsansprüche zu erheben, wäre ein hilfreicher Anfang, auch wenn die Volksrepublik unter keinen Umständen zustimmen würde, ihre Streitkräfte von den sieben «Inseln» abzuziehen, die sie, trotz früherer Zusicherungen gegenüber den Vereinigten Staaten, diese niemals zu militarisieren, bereits geschaffen hat. China könnte jedoch dazu gedrängt werden, eine weitere Militarisierung anderer Gebiete im Südchinesischen Meer zu unterlassen. In Anbetracht der schieren Zahl von chinesischen Schiffen der Küstenwache, des Zolls, der Meeresforschung und der Fischerei, die in den vergangenen Jahren in der Region Position bezogen haben, wäre es eine positive, stabilisierende Maßnahme, sich auf eine Begrenzung der Anzahl chinesischer Seeeinsätze zu einigen. Die Vereinigten Staaten könnten dies mit einer angemessenen, proportionalen und kalibrierten Regulierung der von ihnen geführten Freedom of Navigation Operations (FONOPs) im Südchinesischen Meer beantworten. Die Alternative könnte eine ausdrückliche Warnung an China sein, dass eine weitere Eskalation der chinesischen Grauzonenoperationen zu einer entsprechenden Zunahme der Häufigkeit, der Intensität und des Umfangs sowohl der FONOPs als auch der US-Militärflüge über dem Südchinesischen Meer führen würde.

Über all diese möglichen Maßnahmen hinaus wäre jedoch eine Vereinbarung mit China, seine militärischen und paramilitärischen

Mittel nicht für weitere territoriale und maritime Ansprüche gegenüber den Philippinen (dem einzigen US-Verbündeten mit einem strittigen Anspruch gegenüber China im Südchinesischen Meer) einzusetzen, die wichtigste potenzielle Vereinbarung im Rahmen eines geordneten strategischen Wettbewerbs. Natürlich wird sich China dem wahrscheinlich widersetzen. Doch angesichts der jüngsten Bekräftigung der Integrität seiner vertraglichen Verpflichtungen gegenüber den Philippinen durch die Biden-Regierung und der Tatsache, dass bei künftigen Präsidentschaftswahlen eine Peking weitaus feindlich gesinntere Regierung als die des derzeitigen Präsidenten Ferdinand Marcos Jr. und seines Vorgängers Rodrigo Duterte an die Macht kommen könnte, läge es wohl im Interesse Chinas, seine bisher nach vorn gerichtete Militärstrategie zurückzuschrauben, mit der es seine territorialen Ansprüche gegenüber Manila ins Extrem treibt.

Die strategischen Umstände im Ostchinesischen Meer unterscheiden sich erheblich von denen im Südchinesischen Meer. Wie bereits erwähnt ist Taiwan von den drei maritimen Schauplätzen für Peking und die chinesischen Interessen der wichtigsten. Das Südchinesische Meer (in dem Chinas umstrittene Ansprüche massiv sind und es sich direkt von den Vereinigten Staaten konfrontiert sieht) steht an zweiter Stelle, während das Ostchinesische Meer von geringerer, aber dennoch realer Bedeutung ist. Darüber hinaus waren die direkten Luft- und Marineeinsätze der Vereinigten Staaten in den umstrittenen Gebieten im Ostchinesischen Meer stets begrenzt. Alle Reaktionen auf chinesische Übergriffe in der Luft und auf See in der von Japan beanspruchten ausschließlichen Wirtschaftszone von 200 Meilen um die Senkaku-/Diaoyu-Inseln wurden von den japanischen Selbstverteidigungskräften durchgeführt. Nichtsdestotrotz weisen Chinas Grauzonenaktivitäten gegen Japan einige Ähnlichkeiten mit denen im Südchinesischen Meer auf. Dies zeigt sich an der stetig steigenden Anzahl chinesischer Einsätze zur See und in der Luft, die darauf abzielen, japanische Reaktionsmuster zu testen und gleichzeitig mit der Zeit die Fähigkeit der japanischen Verteidigungskräfte zu erschöpfen, auf jeden einzelnen Vorfall wirksam zu reagieren.

Dennoch könnte China ein gewisses strukturelles Interesse daran haben, seine politischen Beziehungen zu Japan im Rahmen eines gemanagten strategischen Wettbewerbs über weite Strecken des Jahrzehnts zu deeskalieren, anstatt Tokio und Washington noch enger zusammenzuschweißen. So ist China beispielsweise besorgt darüber, dass sich der Quad (der die Vereinigten Staaten, Japan, Indien und Australien verbindet) schneller als von Peking vorausgesagt zu einem multilateralen außen- und sicherheitspolitischen Mechanismus entwickelt. Peking ist zudem generell besorgt über die wachsende Feindseligkeit gegenüber China in vielen asiatischen und europäischen Demokratien als Reaktion auf anhaltende Experimente in Sachen «Wolfskrieger-Diplomatie» und Chinas stärker konfrontativen Ansatz. Darüber hinaus hat die Biden-Regierung, wie schon im Fall der Philippinen, die Anwendbarkeit ihres bilateralen Verteidigungsabkommens auf die von Japan kontrollierten Senkaku-/Diaoyu-Inseln bekräftigt. Das bedeutet, dass Kollisionen zwischen chinesischen und japanischen Schiffen oder Flugzeugen das Risiko einer sofortigen Eskalation mit den Vereinigten Staaten bergen. Wenn sich der jüngste Trend bei der Zahl der chinesischen Einsätze fortsetzt, wird die Wahrscheinlichkeit von Zwischenfällen weiter steigen. Aus diesen Gründen könnten die Vereinigten Staaten am Ende feststellen, dass es doch im chinesischen Interesse liegen mag, die Betriebstemperatur der Beziehungen zu Japan insgesamt zu senken.

China möchte, zumindest unter normalen Umständen, keinesfalls an mehreren diplomatischen Fronten gleichzeitig kämpfen. Ebenso wenig möchte es einen frühen und unnötigen bewaffneten Konflikt mit Japan und den Vereinigten Staaten in einem weniger kritischen, wenn auch immer noch wichtigen Bereich riskieren. Und China weiß, dass es nur eine Möglichkeit gibt, die Spannungen mit Japan wesentlich zu verringern — durch eine Reduzierung der Häufigkeit und Intensität seiner Verletzungen der von Japan beanspruchten ausschließlichen Wirtschaftszone. Vor diesem Hintergrund wäre es für China möglich, seine militärischen und paramilitärischen Aktivitäten gegen Japan innerhalb des größeren Rahmens eines geordneten strategischen Wettbewerbs insgesamt herunterzufahren. Zumindest für die nächsten Jahre wäre ein solches Ergebnis sowohl für Tokio als auch für Washington von Vorteil. Sollte sich China weigern, könnten andere Optionen in Betracht gezogen werden, einschließlich des Beginns direkter US-Einsätze in und um die umstrittenen Inseln, um effektiver auf die chinesischen Übergriffe reagieren zu können. Dies wäre für Peking sicher keine willkommene Entwicklung. Das Risiko einer solchen Eskalation könnte für Peking sogar ein noch größerer Anreiz sein, einen moderateren Ansatz zu verfolgen, um den strategischen Wettbewerb mit den Vereinigten Staaten im Rahmen überschaubarer politischer und militärischer Parameter zu halten.

DIE US-INTERESSEN IM CYBER- UND IM WELTRAUM

Im Cyberspace und im Weltraum gibt es sowohl für Amerika als auch für China einen gewissen Spielraum für praktische Maßnahmen, die längerfristig die strategische Stabilität verbessern würden. Wie bereits ausgeführt ist das Cyberproblem für die Vereinigten Staaten ein zweischneidiges Schwert, sowohl was die chinesischen als auch die amerikanischen Fähigkeiten betrifft. Sollte Washington jedoch in der Lage sein, ein durchsetzbares Cybersicherheitsprotokoll mit Peking zu schließen, um chinesische Cyberangriffe auf private Unternehmen (insbesondere Technologiefirmen) und kritische Infrastruktur zu begrenzen, würde dies die nationalen Sicherheitsinteressen Amerikas insgesamt stärken. Sollte sich dies als unmöglich erweisen, könnte ein alternativer amerikanischer Ansatz darin bestehen, von US-Seite einen umfassenden Cyberangriff auf chinesische Unternehmen und Demonstrationsangriffe auf kritische Elemente der chinesischen Infrastruktur durchzuführen. Dies triebe den Einsatz im sich entfaltenden Cyberkonflikt zwischen den Vereinigten Staaten und China erheblich nach oben, könnte die Parteien jedoch dazu zwingen, ein bilaterales Abkommen neu zu bedenken. Die russische Cyberkompetenz in Verbindung mit den sich rasch entwickelnden Sicherheitsbeziehungen zwischen Russland und China verleiht den seit langem bestehenden amerikanischen Bedenken über diese neue Form der asymmetrischen Kriegsführung eine zusätzliche Dimension. Das Ausmaß, in dem Russland und China sowohl geheimdienstliche Rohdaten als auch destillierte nachrichtendienstliche Informationen und Erkenntnisse austauschen, die sie über Washington und seine Verbündeten gewonnen haben, bleibt zwar unbekannt, die Herausbildung dieser engeren Beziehung ist aber seit 2014 ungebrochen. Um wirksam zu sein, müssten daher auf die Cyberprotokolle mit Peking eine ähnliche Vereinbarung mit Moskau folgen. Leider könnte die Notwendigkeit, Russland mit einzubeziehen, die Aussichten auf allgemeine Fortschritte mit China im Cyberraum auf absehbare Zeit weiter verringern.

Es gibt eine Reihe von Parallelen zwischen den Herausforderungen im Cyberraum in den Beziehungen zwischen den Vereinigten Staaten und China und dem, was sich bei den weltraumgestützten Systemen beider Länder abspielt. Im Einklang mit seiner allgemeinen Strategie ist Chinas derzeitige Politik darauf ausgerichtet, seine Schwachstellen bei weltraumgestützten Aufklärungs-, Verfolgungs- und Überwachungssystemen sowie Satellitennavigationsnetze und Antisatellitenkampfmittel so schnell wie möglich zu überwinden. Es ist unwahrscheinlich, dass China in einem dieser Bereiche an den Verhandlungstisch kommt, bevor es Parität mit den Vereinigten Staaten erreicht hat. Die einzige Ausnahme könnte die Satellitenabwehr sein, die wie Cyberangriffe auf kritische Kommunikationsinfrastrukturen am Boden dazu führen könnte, dass beide Seiten in einer großen Sicherheitskrise geblendet dastünden. Dies könnte wiederum präventive Militäraktionen der einen oder anderen Seite auslösen, weil sie einen Angriff der jeweiligen Gegenseite befürchtet. Ein solcher Zustand wird sowohl in Peking als auch in Washington und Moskau als inhärent destabilisierend angesehen, was die Voraussetzungen für bescheidene Fortschritte in diesem Bereich schaffen könnte.

China und Russland haben den Vereinten Nationen ihren Vorschlag für einen Rahmenvertrag vorgelegt, den Vertrag über die Verhinderung der Stationierung von Waffen im Weltraum und der Androhung oder Anwendung von Gewalt gegen Objekte im Weltraum (PPWT). Darin würden sich die Unterzeichner verpflichten, «keine Waffen im Weltraum zu stationieren» oder «Gewalt gegen Weltraumobjekte anzudrohen oder anzuwenden». Amerikas Verhandlungsführer und politische Entscheidungsträger haben jedoch wenig bis gar kein Vertrauen in den Vertrag, da beide Länder wiederholt Dual-Use-Systeme getestet haben, die angeblich friedlichen Zwecken dienen, aber als Antisatellitenwaffen eingesetzt werden können (zum Beispiel Lasersysteme oder «Scavenger»-Satelliten mit Roboterarmen, die größere Satelliten abfangen können). Sie stellen auch fest, dass sowohl China als auch Russland zu den zwölf Ländern gehören, die sich weigerten, eine UN-Resolution vom Dezember 2020 zu unterzeichnen, die neue Schritte zur «Verringerung von Bedrohungen aus dem Weltraum durch Normen, Regeln und Grundsätze für ein verantwortungsvolles Verhalten» im Weltraum gefordert hatte. Dennoch ist es möglich, dass in einem ersten Schritt ein begrenzteres und spezifischeres bilaterales oder trilaterales Abkommen über den Einsatz von Antisatellitenwaffen erreicht oder zumindest ein Dialogmechanismus zur Erörterung solcher Schritte eingerichtet werden könnte. Abgesehen von den Antisatellitensystemen scheinen jedoch die Aussichten auf nennenswerte Fortschritte bei der Eindämmung der Expansion und des wachsenden militärischen Potenzials chinesischer Weltraumsysteme insgesamt begrenzt zu sein. Dies wird wohl so lange der Fall sein, wie China sich in diesem Wettstreit befindet, ohne die großen Fähigkeitslücken geschlossen zu haben, die es in diesem Bereich immer noch von den Vereinigten Staaten trennt.

AMERIKAS KONKURRENZFÄHIGKEIT

Der Hauptnutzen, den die Vereinigten Staaten aus einer längeren Phase des geordneten strategischen Wettbewerbs zögen, läge jedoch in den wirtschaftlichen, außenpolitischen und menschenrechtsbezogenen Dimensionen ihrer Beziehungen zu China. Die Fähigkeit, die zugrundeliegenden sicherheitspolitischen Konfliktlinien in den Beziehungen innerhalb vernünftiger, überschaubarer und stabiler strategischer Leitplanken zu halten, würde es Washington ermöglichen, sich auf die langfristigen Grundlagen der eigenen nationalen Macht zu konzentrieren, beruhend auf drei übergreifenden Prioritäten. Eine davon ist die Wiederbelebung und Umstrukturierung der amerikanischen Wirtschaft, insbesondere in den Bereichen Technologie, Forschung und Entwicklung sowie bei Investitionen in Bildung und die Infrastruktur der nächsten Generation. Eine weitere Priorität liegt im Wiederaufbau der diplomatischen, handels-, investitions-, technologie- und sicherheitspolitischen Beziehungen der Vereinigten Staaten zu ihren Freunden, Partnern und Verbündeten in der ganzen Welt als Teil einer breit angelegten, politisch tragfähigen internationalen Koalition. Die dritte Priorität wird wohl die Einleitung einer neuen ideologischen Offensive sein, die sowohl im Inland als auch im Ausland auf der Widerstandsfähigkeit und Erneuerung der Demokratie, der Universalität der individuellen Freiheit und der langfristigen Wirksamkeit liberal-demokratischer Regierungsformen beruht — im Gegensatz zu dem, was die Vereinigten Staaten als die Unterdrückung, Brüchigkeit und Korruption der autoritären Alternative definieren würden. Wie bereits erwähnt braucht Amerika in diesen drei kritischen Bereichen Zeit. Damit eine nationale Chinastrategie erfolgreich sein kann, bedarf es ausreichender Zustimmung auf beiden Seiten des amerikanischen politischen Spektrums. Die 2020er Jahre müssten zu einem Jahrzehnt des Wiederaufbaus amerikanischer Macht werden, unabhängig davon, welche Partei im Amt ist. Dies erfordert einen noch nie dagewesenen parteiübergreifenden Konsens, um strategische Kontinuität über mehrere Regierungen hinweg zu gewährleisten, anstatt die US-Strategie auf etwas zu beschränken, das bei jedem Wechsel im Weißen Haus neu ausgerichtet wird.

WIEDER EINMAL: AUF DIE WIRTSCHAFT KOMMT ES AN

Der Motor Amerikas globaler Macht bleibt seine Volkswirtschaft — ihre Größe, Innovationskraft, Effizienz und Wettbewerbsfähigkeit, ihr Einfluss auf den Welthandel und globale Investitionen, die Tiefe ihrer Kapitalmärkte und der anhaltende globale Status des Dollars. Keine dieser historischen wirtschaftlichen Stärken ist in Stein gemeißelt, und alle werden jetzt infrage gestellt. Um mit China konkurrieren zu können, müsste Amerika beispielsweise in großem Umfang seine Einwanderungspolitik reformieren und eine hohe Anzahl an Menschen ins Land lassen, um seinen Binnenmarkt weiter zu vergrößern. Das Land müsste seine internationalen Märkte durch einen neuen Ansatz zur regionalen und globalen Handelsliberalisierung erweitern und seine Innovationskraft durch eine neue Kombination aus Steuer-, Industrie-, Hochschul- und klassischer Innovationspolitik unterstützen. Amerikanische Wettbewerbsfähigkeit würde voraussetzen, dass in der Steuerpolitik ein neues, sorgfältig ausbalanciertes Gleichgewicht gefunden wird, das ideologischen Eifer von links und rechts daran hindert, einen der traditionellen Eckpfeiler des weltweiten wirtschaftlichen Erfolgs der Vereinigten Staaten zu untergraben. Eine neue Effizienz Amerikas verlangt, dass Regierungen auf nationaler wie auf Bundesstaatenebene endlich die Modernisierung der bröckelnden Infrastruktur des Landes in Angriff nehmen und sich Amerika zudem seinen Platz an der Spitze der Fintech-Revolution zurückerkämpft, die die globalen Finanzmärkte erfasst hat. Die US-Notenbank müsste den privilegierten internationalen Status des Dollars in den Griff bekommen, seine weitere Instrumentalisierung für politische Zwecke verhindern und wirksam auf die aufkommenden Herausforderungen im Bereich der digitalen und alternativen Währungen reagieren. Doch vor allem müssten die Vereinigten Staaten eine ausreichende innenpolitische Unterstützung für ein solches längerfristiges Wirtschaftsreformprogramm organisieren, indem sie die amerikanische Mittelschicht stärken und die große Einkommensungleichheit in weiten Teilen des Landes verringern. All das wäre für jede Regierung eine große Herausforderung. Um erfolgreich zu sein, wären daher fortgesetzte und in einigen Fällen radikale innenpolitische Eingriffe notwendig. Das erfordert Zeit und wäre selbstverständlich leichter zu erreichen, wenn potenziell ruinöse größere Konflikte oder Kriege in den kommenden Jahren vermieden werden könnten.

Es handelt sich jedoch nicht nur um ein heimisches wirtschaftspolitisches Problem. Es geht dabei auch um eine internationale wirtschaftspolitische Herausforderung, die Handelspolitik, die Revolution digitaler Märkte und die globale digitale Governance einschließt. Dies ist wohl die schwierigste Komponente einer künftigen amerikanischen Chinastrategie: eine stärkere Öffnung der amerikanischen Wirtschaft gegenüber ihren wichtigsten strategischen Partnern in der ganzen Welt. Amerika hat sich lange Zeit damit gerühmt, eine der offensten und am stärksten globalisierten Volkswirtschaften der Welt zu sein. In Wahrheit ist sie das nicht — und war es auch lange vor den Trump'schen Protektionismusorgien in keiner Weise. Die tarifären und nichttarifären Hemmnisse für den freien Handel, Investitionen, Kapital, Technologie und Talente sind noch immer gewaltig — selbst für Amerikas engste Verbündete. Die Kernaussage lautet dabei: Wenn die Vereinigten Staaten das Zentrum der freien Welt bleiben wollen, dann ist die Schaffung eines nahtlosen internationalen Marktes über die nationalen Grenzen ihrer wichtigsten strategischen Partner und Verbündeten in Nordamerika, Europa und Asien hinweg unerlässlich. Dies könnte mit der Zeit auch für Amerikas wichtigste Partner im Nahen und Mittleren Osten, in Lateinamerika und in Afrika gelten. Von diesen Ländern zu verlangen, ihre wirtschaftlichen Kerninteressen gegenüber China (das bereits ihr größter Handelspartner ist) einfach zu ignorieren und stattdessen in einer immer stärker binären Welt ihre dauerhafte politische Loyalität zur amerikanischen Sache ohne vergleichbaren wirtschaftlichen Nutzen zu bekunden, dürfte immer mehr als außenpolitische Torheit gelten.

Natürlich stößt eine solche Agenda kopfüber in das politische Hornissennest protektionistischer Impulse in ganz Amerika, die Trump durch seine populistische Demagogie meisterhaft ausgenutzt hat. Diese innenpolitischen Untiefen durch einen gespaltenen US-Kongress zu navigieren, ist eine fast unmögliche Aufgabe. Dennoch besteht Bidens große Herausforderung darin, die Vereinigten Staaten zum Beitritt zu umfassenden transatlantischen und transpazifischen Freihandelsabkommen zu bewegen, die zusammen mit dem NAFTA-Abkommen, nunmehr USMCA gennant, im Laufe der Zeit einen Mega-Freihandelsmarkt für einen Großteil der Welt schaffen könnten. Gelingt dies nicht, wird sich die Anziehungskraft des riesigen autoritär-kapitalistischen Marktes Chinas wohl durchsetzen, so wie es Xi Jinping beabsichtigt, wenn wirtschaftliche Erwägungen trotz all der Kompromisse, die dies für viele Länder auf der ganzen

Welt in Sachen Freiheit und Sicherheit bedeuten würde, am Ende über Politik und Werte triumphieren.

Genauso wie Xis politischer Erfolg von der Zufriedenheit der chinesischen Bevölkerung abhängt, muss die Konsequenz einer solchen Handelsliberalisierungsagenda für die Vereinigten Staaten darin bestehen, die Chancen für alle Amerikanerinnen und Amerikaner im eigenen Land wieder zu vergrößern und für mehr Gleichheit zu sorgen. Arbeiterfamilien werden keine Agenda zur Liberalisierung von Handel und Investitionen unterstützen, wenn sie nicht selbst in Form von niedrigeren Preisen, guten Arbeitsplätzen, besseren Löhnen und radikal verbesserten, einheitlichen Bildungs-, Gesundheits- und Umweltstandards davon profitieren. In den vergangenen Jahrzehnten, als die amerikanische Weltmacht noch halbwegs intakt war, war der ungeschriebene soziale Kontrakt zwischen Arbeitgebern und Arbeitnehmern ebenso maßgebend wie verlogen. Dieser «Vertrag» hat sich in den vergangenen Jahrzehnten aufgelöst, da die Zahl der *working poor,* also der arbeitenden Armen, zugenommen, der Reichtum sich stark konzentriert hat, das soziale Vertrauen geschwunden ist, Unterschiede zwischen ethnischen Gruppen immer größer geworden sind und die Umwelt weiter zerstört wurde. All diese Faktoren zusammengenommen erodieren Amerikas soziales Gefüge, das letztlich die Grundlage des Gemeinwesens bildet. Jede wirksame nationale Strategie zur Erhaltung der nationalen Macht Amerikas im 21. Jahrhundert erfordert daher nicht nur die Reparatur der Grundlagen wirtschaftlicher Stärke, sondern auch die des Gesellschaftsvertrags. Das wiederum erfordert Zeit.

AMERIKAS AUSSENPOLITISCHE INTERESSEN

Während die Grundlagen der globalen und regionalen Reaktion Amerikas auf China von der Wirtschaft abhängen werden und insbesondere davon, ob die US-Regierung sich ihren umfassenden wirtschaftspolitischen Herausforderungen stellt, ist klassisches außenpolitisches Engagement ebenfalls von entscheidender Bedeutung. Das zentrale strategische Prinzip, das bei den außenpolitischen Herausforderungen für die Vereinigten Staaten eine Rolle spielt, spiegelt sich darin wider, dass praktisch alle amerikanischen Freunde, Partner und Verbündeten neuralgisch auf die Folgen einer stärker binären Welt reagieren. Aus wirtschaftlichen und — in einigen Fällen — sicherheitspolitischen Gründen wollen die meisten dieser Länder nicht gezwungen werden, eine endgültige Entscheidung zwischen Washington und Peking zu treffen. Auf jeden Fall wollen sie nicht gezwungen werden, die Entscheidung öffentlich zu machen. Afrika hat in vielerlei Hinsicht seine strategische Entscheidung für China bereits getroffen. Aber der gleiche Druck ist auch in Europa, Ostasien, Südostasien, in großen Teilen Südasiens, dem Nahen Osten und Lateinamerika zu spüren. Wenn der Rahmen für einen geordneten strategischen Wettbewerb die geopolitische Temperatur in den Beziehungen zwischen den Vereinigten Staaten und China in den 2020er Jahren senken kann, dann wird dies — in Kombination mit dem Ausbleiben der polarisierenden Auswirkungen der Trump-Regierung — wohl ein günstigeres Umfeld für ein neues bilaterales und multilaterales diplomatisches Engagement Amerikas schaffen.

Ein gemanagter strategischer Wettbewerb wird die zukünftige Entwicklung des Quad als Form der außen- und sicherheitspolitischen Koordinierung in der indopazifischen Region nicht behindern. Er würde auch nicht per se eine künftige Erweiterung des Quad um Südkorea oder vielleicht sogar Indonesien ausschließen. Auch die Bemühungen der Vereinigten Staaten, China im Rahmen der offiziellen außen- und sicherheitspolitischen Agenda der NATO und der Europäischen Union zu einer gemeinsamen Herausforderung zu erklären, würde er in keiner Weise betreffen. Schließlich ist das China durch seine ganz eigenen Bemühungen in den vergangenen Jahren bereits gelungen. Cyberangriffe, Menschenrechte, der jüngste «Teile und Herrsche»-Ansatz gegenüber den Ländern Osteuropas und Westeuropas sowie Handelsbeschränkungen gegen Australien haben international und nicht bloß national Reaktionen gegen Peking hervorgerufen. Infolgedessen haben die Länder versucht, ihre Interessen gegenüber Washington neu auszutarieren, um sich ein größeres Druckmittel gegen die Möglichkeit künftiger chinesischer wirtschaftlicher Nötigung zu verschaffen. Auch wird ein geordneter strategischer Wettbewerb nicht verhindern, dass sich im Laufe der Zeit eine D10 (oder eine Gruppe von zehn bedeutenden Demokratien) als natürliche Weiterentwicklung der G7 herausbildet. In der Tat würde die Aufnahme von Indien, Korea, Australien und Südafrika in diese Gruppe (die möglicherweise zu einer D12 erweitert werden könnte, wenn Indonesien und Mexiko ebenfalls aufgenommen würden) zu einer effektiven Globalisierung der ursprünglichen G7 über ihre europäischen Ursprünge hinaus führen. Natürlich wird China mit seiner globalen Diplomatie genau in die entgegengesetzte Richtung drängen, um jede derartige Anstrengung im Keim zu ersticken. Der außenpolitische Wettbewerb um Einfluss ist aber ein wesentlicher Bestandteil des Gesamtkonzepts eines gemanagten strategischen Wettbewerbs.

Es liegt in der Natur der Sache, dass die Biden-Regierung die Vereinigten Staaten wieder an den breiteren multilateralen Tisch zurückbringen will. Die Regierung hat bereits eine Strategie zur Wiederbelebung der traditionellen Muster multilateralen Engagements eingeleitet. Nichts von alledem würde durch ein Bekenntnis zu den Grundsätzen eines geordneten strategischen Wettbewerbs unterminiert oder behindert. Auch hier ist es viel eher wahrscheinlich, dass ein geordneter strategischer Wettbewerb diese Bemühungen durch den Abbau binärer sicherheitspolitischer Spannungen zwischen China und den Vereinigten Staaten sogar verstärkt. Das amerikanische Engagement wird sich nicht nur auf die Vereinten Nationen, sondern auch auf die Weltbank, den Internationalen Währungsfonds, die WTO, die APEC, den Ostasiatischen Gipfel und die G20 erstrecken (Chinas einziger natürlicher Verbündeter in der G20 ist Russland, obwohl Argentinien, Brasilien und die Türkei in bestimmten Bereichen potenzielle Partner bleiben). Die meisten Länder der Welt würden dies begrüßen, nicht zuletzt angesichts der diplomatischen Trümmer, die die Trump-Regierung in Sachen Menschenrechtspolitik, nachhaltige Entwicklung, nukleare Sicherheit, Handel und Klima hinterlassen hat. Der Schaden, den die «Marke Amerika» in den Augen der Welt erlitten hat, ist beträchtlich, da die Vereinigten Staaten vier lange Jahre lang genau die multilateralen Institutionen massiv beschädigt haben, die sie als wesentliche Mechanismen der internationalen Nachkriegsordnung mühsam geschaffen haben.

Dies lässt sich nicht über Nacht reparieren. Es wird auch einer Führung bedürfen, die mit einer Art intelligenter Bescheidenheit ausgestattet ist, die man in der Vergangenheit selten gesehen hat. Die Reform der WTO-Streitbeilegungsmechanismen, die Rückkehr zum Pariser Klimaabkommen und die weitere Kapitalisierung der Weltbank und des IWF (als alternative Mechanismen zur Asiatischen Infrastruktur- und Investitionsbank und zur Belt-and-Road-Initiative für Entwicklungsländer) zeichnen sich als wichtige Prioritäten ab. Ähnlich verhält es sich mit der Refinanzierung kritischer UN-Organisationen, bei denen China bereits zur zweitgrößten Finanzquelle geworden ist. Was die G20 anbelangt, so könnten sie die Vereinigten Staaten — anstatt eine weitere von ihnen geschaffene Institution zu ignorieren — in Partnerschaft mit anderen nutzen, um die politischen und thematischen Blockaden zu durchbrechen, die historisch die Wirksamkeit der Institutionen einer multilateralen Governance untergraben haben. Es handelt sich dabei nicht nur um Instrumente der amerikanischen (oder chinesischen) *soft power*, sie bergen auch das Potenzial für Verhandlungen, die die Zukunft der amerikanischen *hard power* wesentlich beeinflussen könnten — zum Beispiel in Bezug auf Nordkorea, den Iran, nukleare Proliferation, autonome Waffensysteme und andere Bereiche der Rüstungskontrolle. Wenn sich die Vereinigten Staaten nicht für die Zukunft des multilateralen Systems einsetzen, werden die Vereinten Nationen immer mehr zu einer chinesischen Satrapie, angetrieben durch chinesische Finanzmittel, chinesisches Personal und die schiere Stimmkraft, die die Volksrepublik über die G77 mobilisieren kann. Auch hier gilt, dass der Rahmen für einen geordneten strategischen Wettbewerb zwischen Washington und Peking ein erneutes amerikanisches Engagement für den Multilateralismus nicht nur zulässt, sondern sogar aktiv fördert.

DER KAMPF UM HERZEN UND KÖPFE

In seinem Kern ist der strategische Wettbewerb auch ein grundlegender Test für Ideen und die Wirksamkeit von Systemen. Er ist ein Wettbewerb zwischen zwei einander gegenüberstehenden Sichtweisen auf die Welt: Die eine basiert auf den Prinzipien und Institutionen des liberal-demokratischen Kapitalismus und ist letztlich in der geostrategischen Macht der Vereinigten Staaten verankert, die andere auf der Ideologie des Marxismus-Leninismus, der autoritären Staatsführung und der treibenden Kraft des chinesischen Nationalismus. Der liberale Kapitalismus und die ihm zugrunde liegende amerikanisch geführte Ordnung bieten ein Konzept universeller menschlicher Freiheiten, das am besten in der Allgemeinen Erklärung der Menschenrechte der Vereinten Nationen von 1948 zum Ausdruck kommt. China bietet der Welt unter Xi Jinping ein anderes Entwicklungsmodell, in dem kollektive Erfordernisse wie Wirtschaftswachstum und politische Sicherheit die Unterdrückung politischer Freiheiten rechtfertigen. In den Augen Pekings hat dieses Modell eine neue internationale Legitimität entwickelt, weil China in den vergangenen

40 Jahren eine beeindruckende wirtschaftliche Leistung vollbracht hat. Diese konkurrierenden Erzählungen stehen im Mittelpunkt der ideologischen Debatte zwischen China und der US-geführten liberal-demokratischen Welt. Die wiederholten Äußerungen Xi Jinpings über die zentrale Bedeutung von Chinas Kampf um die internationale Ordnung und die Zukunft der Global Governance haben dies deutlich gemacht.

Seit dem 19. Parteitag 2017 ist Chinas globaler Propagandaapparat voll in die sich entfaltende globale ideologische Debatte eingebunden. Die Vereinigten Staaten und ihre liberal-demokratischen Verbündeten haben sich der Auseinandersetzung erst mit Verspätung gestellt. Der Vorteil eines Rahmens für einen geordneten strategischen Wettbewerb wäre, dass es gelingen könnte, die unmittelbare Intensität militärischer Krisenherde in den Beziehungen zwischen den Vereinigten Staaten und China zu verringern. Dann könnte dieser globale ideologische Wettstreit relativ friedlich verlaufen, also ohne das Risiko, dass der ideologische in einen bewaffneten Kampf übergeht oder die Form von destabilisierenden Stellvertreterkriegen annimmt, die wir in den langen Jahrzehnten des Kalten Krieges zwischen den Vereinigten Staaten und der Sowjetunion erlebt haben. Wenn der Ausgang dieses globalen Wettstreits der Ideen auf der Grundlage ihrer inneren Vorzüge, ihrer unterschiedlichen Erfolgsbilanzen und ihres Rückhalts in der Weltbevölkerung entschieden werden kann, dann möge das bessere System gewinnen. Die liberale Demokratie sollte hier auf ihren eigenen Erfolg vertrauen. Xi Jinping zeigt schließlich das gleiche Vertrauen in sein System.

DIE VORTEILE STRATEGISCHER KOOPERATION

Die große Stärke eines gemanagten strategischen Wettbewerbs als Rahmen für die Beziehungen zwischen den Vereinigten Staaten und China besteht darin, dass er auch eine fortgesetzte internationale Zusammenarbeit zwischen beiden Ländern ermöglichen würde, wenn dies in ihrem nationalen Interesse liegt. Das wäre in einem neuen Kalten Krieg nicht so einfach möglich. Tatsächlich könnte ein bilateraler Rahmen, der weiterhin definierte Bereiche der Zusammenarbeit aktiv einschließt, das beste Mittel sein, um ein Abgleiten in einen solchen Kalten Krieg aufzuhalten oder vielleicht sogar ganz zu verhindern.

Es gibt eine Vielzahl von Bereichen, in denen beide Länder und die internationale Gemeinschaft im Allgemeinen weiterhin ein Interesse an einer Zusammenarbeit haben werden. Das gilt sowohl für die bilateralen Beziehungen als auch für ihr Engagement in multilateralen politischen wie regulatorischen Institutionen. So ist beispielsweise die Kooperation zwischen der US-Notenbank, dem US-Finanzministerium und der Chinesischen Volksbank von entscheidender Bedeutung für das reibungslose Funktionieren des globalen Währungs-, Schulden- und Aktienmarktes. Die schiere Größe der amerikanischen und chinesischen Finanzmärkte, das Ausmaß ihrer derzeitigen Interaktion (ungeachtet der politischen Verwicklungen der vergangenen Jahre) und die Aussichten auf ein weiteres Wachstum in den Zuständigkeitsbereichen der jeweils anderen Seite bedeuten, dass die Regulierungsbehörden beider Länder weiter ein großes Interesse an enger Zusammenarbeit haben werden. Und bei einer weiteren Eintrübung der politischen Beziehungen wird dieses Maß an Kooperation wohl noch stärker an Bedeutung gewinnen. Das gilt insbesondere, nachdem die Vereinigten Staaten und China gezielte Finanzsanktionen gegen einzelne Personen, Institutionen und Unternehmen im jeweils anderen Land verhängt haben. Dies ist in einer Reihe von in Kraft getretenen Gesetzen auf beiden Seiten formal verankert, einschließlich einer detaillierten Liste der Ausfuhrkontrollen der Vereinigten Staaten und des chinesischen Gesetzes gegen ausländische Sanktionen.

Darüber hinaus wird die multilaterale Zusammenarbeit im Finanzbereich im Rahmen der G20-Finanzminister, des Financial Stability Board und des Basler Ausschusses im Laufe der Zeit an Bedeutung eher zu- als abnehmen, da China und Amerika ein gemeinsames Interesse an der künftigen Stabilität der globalen Schuldenmärkte haben und den gemeinsamen Wunsch hegen, eine weitere durch die Zahlungsunfähigkeit von Staaten oder Unternehmen ausgelöste Finanzkrise zu vermeiden. In der globalen Finanzwelt zeichnet sich daher ein gewisses Maß an *mutually assured destruction* zwischen Washington und Peking ab, also analog zu Atomkriegstheorien die «garantierte gegenseitige Zerstörung», da eine vollständige Entwirrung der gegenseitigen Kapitalverflechtungen im Umfang von fünf Billionen Dollar äußerst schwierig wäre — und in der Tat potenziell gefährlich. Aus diesen Gründen wird sich, was auch immer bei einer zukünftigen Entkopplung der globalen Lieferketten zwischen den Vereinigten Staaten und China im Warenbereich geschehen mag, eine parallele Entkopplung zwischen ihren Finanzdienstleistungsindustrien deutlich problematischer gestalten.

Die Zusammenarbeit beim Klimawandel liegt ebenfalls im nationalen Interesse beider Länder. Sowohl das Regime von Xi Jinping als auch die Biden-Regierung erkennen die innenpolitische, umweltpolitische und wirtschaftliche Bedeutung einer weltweiten Reduzierung der Treibhausgasemissionen an. Sie sind sich auch darüber im Klaren, dass der globale Temperaturanstieg in diesem Jahrhundert gefährliche und möglicherweise unumkehrbare Ausmaße annehmen wird, wenn nicht beide Länder ihre Emissionen deutlich reduzieren. Aus diesen Gründen haben die beiden Länder kaum eine andere Wahl, als in Zukunft beim Klimaschutz zusammenzuarbeiten. Schließlich sind sie die beiden größten Emittenten der Welt und werden dies bis weit in die 2030er Jahre hinein bleiben. In Washingtons Interesse liegt es, sein bilaterales Engagement mit Peking im Bereich des Klimaschutzes zu maximieren, um größere chinesische Emissionsreduzierungen im Inland und weniger Unterstützung für Kohleverstromung im Ausland zu erreichen — und mit China im Rahmen der UN-Klimakonvention zusammenzuarbeiten, um andere große Emittenten (wie Indien) unter Druck zu setzen, deutlich mehr beizutragen. Ein gemanagter strategischer Wettbewerb macht eine solche Zusammenarbeit möglich.

Die Stabilität der Finanzmärkte und die gemeinsame Bekämpfung des Klimawandels sind daher zwei wichtige Bereiche für die weitere strategische Zusammenarbeit zwischen beiden Ländern. Diese Kooperation ist sowohl im nationalen Interesse Amerikas wie auch in dem Chinas. Sie fördert zudem die gemeinsamen Interessen der gesamten internationalen Gemeinschaft. Es gibt noch viele andere Bereiche in den Beziehungen, darunter die bilaterale nukleare Rüstungskontrolle, die Nichtverbreitung von Kernwaffen, der Einsatz von Künstlicher Intelligenz in der Kriegsführung, die Bekämpfung von Terrorismus und Drogenhandel, das künftige Pandemiemanagement, Quarantänemaßnahmen, Routineelemente des Handelsrechts und die Zivilluftfahrt. Ein Scheitern der Zusammenarbeit mit China in diesen und anderen Bereichen wäre potenziell schädlich für amerikanische Interessen. Es wäre daher töricht, einen zukünftigen strategischen Rahmen für die Beziehungen zwischen den Vereinigten Staaten und China so zu gestalten, dass er die potenziellen Vorteile für Amerika durch eine fortgesetzte Zusammenarbeit in einer Reihe kritischer Bereiche nicht anerkennt und einbezieht. Möglicherweise könnten unter anderen geopolitischen Rahmenbedingungen Entscheidungen, die jetzt getroffen werden, um das Zusammenwirken in einer bestimmten Reihe von Bereichen der bilateralen Beziehungen weiterhin möglich zu machen, einmal die notwendigen Trittsteine für den Wiederaufbau des bilateralen politischen und diplomatischen Kapitals der Zukunft sein.

MAXIMALER WETTBEWERB MIT LEITPLANKEN

Die dem Konzept des geordneten strategischen Wettbewerbs zugrunde liegende Logik mag manchen widersprüchlich erscheinen, da ein gemeinsam vereinbarter Rahmen für die Ordnung eines strategischen Wettbewerbes sowohl China als auch den Vereinigten Staaten die Möglichkeit bietet, ihre jeweiligen regionalen und globalen Ziele voranzutreiben. Aber genau das ist der springende Punkt. Damit ein solcher Rahmen das Risiko eines bewaffneten Konflikts inmitten des hochdynamischen strategischen Konflikts zwischen beiden Ländern wirksam verringern kann, muss er eine gewisse Chance haben, in beiden Hauptstädten akzeptiert oder zumindest anerkannt zu werden. Andernfalls wäre er kaum mehr als einen müden Applaus wert und von sehr begrenztem strategischem Nutzen für die Stabilisierung der Gesamtbeziehungen. Um seinen zentralen Zweck zu erfüllen, muss der gemanagte strategische Wettbewerb daher einen ausgewogenen Rahmen bieten. Er kann seine Balance nicht ausschließlich in die eine oder andere Richtung ausgestalten. Wäre dies der Fall, so hätte er keine Chance, jemals als gemeinsamer Ansatz akzeptiert oder anerkannt zu werden. Er wäre dann nur eine weitere einseitige Formel, die in der Schublade verstaubt, während die Beziehungen beider Länder auf die Katastrophe zusteuern.

Was den hier angebotenen gemeinsamen Rahmen betrifft, so werden chinesische Kritiker argumentieren, dass er immer noch zu sehr zugunsten amerikanischer Interessen ausgerichtet ist, insbesondere was die Aufrechterhaltung des Status quo in der Taiwanfrage betrifft. Dies sei ein Widerspruch zu grundlegenden chinesischen Glaubenssätzen. Die strategische Realität ist jedoch, dass alles andere als die Aufrechterhaltung der Stabilität in der Taiwanstraße automatisch ebenso starke amerikanische und taiwanesische Einwände hervorrufen würde. Auf der anderen Seite wird eine Reihe amerikanischer Kritiker die vorgeschlagene Formel eines geordneten strategischen Wettbewerbs wohl als naiv angreifen, weil sie davon ausgeht, dass China sich automatisch an die Regeln halten würde, sobald sie vereinbart sind, obwohl ein Großteil der Geschichte der chinesischen internationalen Beziehungen nach 1949 darauf hindeutet, dass die KPCh Vereinbarungen mit dem Westen nicht als bindend betrachtet. Zugleich entspricht es jedoch auch der strategischen Realität, dass es wenig gibt, was im Rahmen eines geordneten strategischen Wettbewerbs nicht ohne weiteres überprüft und genau kontrolliert werden könnte. Vertrauen ist also keine Voraussetzung.

Die entscheidende Logik eines gemanagten strategischen Wettbewerbs besteht darin, einen maximalen Wettbewerb in der gesamten Bandbreite der außenpolitischen, wirtschaftlichen und sicherheitspolitischen Beziehungen zu ermöglichen, allerdings innerhalb fester politischer Leitplanken, die das Risiko von Krisen, Konflikten und Kriegen minimieren. Damit die Bedingungen eines solchen Rahmens für beide Seiten akzeptabel und durchsetzbar sind, muss jede Seite ein gewisses Maß an Vertrauen haben, dass sie innerhalb dieses Rahmens noch wirksam konkurrieren und erfolgreich sein kann. Natürlich würde die individuellen Fähigkeit beider Seiten, ihre Interessen durch einen solchen Wettbewerb innerhalb der vereinbarten Parameter durchzusetzen, vollständig von der Wirksamkeit ihrer Politik abhängen: einer Kombination aus wirtschaftlichem Erfolg, politischer Belastbarkeit, diplomatischem Geschick, technologischem Fortschritt und der Robustheit sowie der globalen Anziehungskraft der konkurrierenden ideellen Rahmenwerke, die jede Seite vorbringt.

Dieser Ansatz ist alles andere als perfekt. Aber an all diejenigen, die damit nicht einverstanden sind, wiederhole ich meine Aufforderung: Die Verantwortung liegt bei den Kritikern, eine tragfähige Alternative vorzuschlagen. Es ist leicht, einseitige Optionen für die Zukunft zu entwickeln, also einer Seite Ratschläge zu erteilen, wie sie sich militärisch gegen die andere durchsetzen kann. Viel schwieriger ist es jedoch, einen gemeinsamen Rahmen für die Zukunft abzustecken, der den Frieden bewahrt, ohne die grundlegenden nationalen Interessen der jeweils anderen Seite zu untergraben. Die Realität ist, dass es in diesem neuen Zeitalter des strategischen Wettbewerbs zwischen China und den Vereinigten Staaten logischerweise nur zwei Alternativen gibt: einen geordneten Wettbewerb mit einigen Spielregeln und einer gewissen Aussicht auf die Wahrung des Friedens oder einen ungeordneten Wettbewerb samt dem Verlust aller strategischen Leitplanken und der wachsenden Gefahr einer Krise, eines Konflikts, oder gar eines Krieges.

«EUROPA IST EIN SWING STATE»: FÜNF FRAGEN AN KEVIN RUDD

Kurz bevor Russland Ende Februar 2022 die Ukraine überfiel, unterzeichneten Xi Jinping und Wladimir Putin in Peking eine Erklärung: Die Partnerschaft zwischen China und Russland, so die Präsidenten, kenne «keine Grenzen». Bei Fragen des russischen Angriffskriegs verfolgt China bislang eine prorussische Neutralität. Wie schätzen Sie Pekings Motivationen ein? Und was bedeutet die Entwicklung für die Chinas strategische Rivalität mit den Vereinigten Staaten?
Die chinesische Führung ist hin- und hergerissen, wie sie sich gegenüber Russland und dem Krieg gegen die Ukraine verhalten soll. Auf der einen Seite hat Xi Jinping sehr viel in seine enge Freundschaft mit Wladimir Putin investiert. Tatsächlich hat er ihn als «meinen besten Freund, meinen Busenfreund» bezeichnet. Die Verbindung zwischen ihnen ist echt. Die beiden Männer denken ähnlich und glauben, dass der Westen und das Eindringen westlicher liberaler Werte in ihre Länder sie bedrohe. Auf strategischer Ebene ist Russland zudem für China ein Schlüsselpartner — und tatsächlich der einzige strategische Partner von Gewicht. Russland liefert China große Mengen an kritischen Rohstoffen, nicht zuletzt Erdöl und Erdgas. Zudem hat Russland einen ständigen Sitz im UN-Sicherheitsrat und arbeitet eng mit China gegen westliche Initiativen zusammen, wenn es zum Beispiel um Sanktionen geht. Russland ist auch ein wichtiger militärischer Verbündeter, sollte es

zum Konflikt mit den Vereinigten Staaten kommen. Und besonders bedeutend: Geographisch teilen sich die Staaten eine lange Landgrenze. Stünde Russland geopolitisch nicht eng an der Seite Chinas, sondern würde sich gegenüber Peking antagonistisch verhalten (was in vergangenen Zeiten durchaus der Fall war), wäre das für China ein strategischer Albtraum. Aus all diesen Gründen hat Xi Vorhaltungen zurückgewiesen, China solle die Unterstützung für Russland aufgeben oder sich gegen Putin wenden.

Auf der anderen Seite bereitet Russlands Krieg Peking allerdings ziemliche Kopfschmerzen. Europa ist für China ebenfalls von großer strategischer Bedeutung — geopolitisch, aufgrund seiner Größe und seiner potenziellen Rolle im amerikanisch-chinesischen Wettbewerb —, aber insbesondere wirtschaftlich. China verspürt gerade starken ökonomischen Gegenwind, es braucht europäische Investitionen und Handel mehr denn je. Im Vergleich dazu ist Chinas Handel mit Russland winzig. Aber Russlands Krieg gegen die Ukraine hat das Ansehen Chinas in Europa schwer beschädigt. Und er hat die Europäerinnen und Europäer sensibler für die Sicherheitsrisiken des Großmächtewettbewerb gemacht. Alles in allem hat der Krieg den Kontinent näher in Richtung Vereinigte Staaten getrieben. Peking ist sich also des Schadens, den Russlands Krieg gegen die Ukraine für seine strategischen Interessen bedeutet, durchaus bewusst. Aber die chinesische Führung ist zwischen widerstrebenden Interessen gefangen: Sie versucht, sehr ungelenk eine neutrale Haltung einzunehmen und gleichzeitig den Forderungen ihres Partners Russland nach Unterstützung nachzukommen. Und sie versucht auch, die Europäer davon zu überzeugen, dass es Peking mit seiner Friedensinitiative ernst meint. Wir sollten allerdings klarsichtig sein und verstehen, dass für China die Beziehungen zu Russland am Ende immer an erster Stelle stehen werden.

Die Affäre um den chinesischen «Spionageballon», der quer über die Vereinigten Staaten flog, hat Anfang 2023 einen Tiefpunkt in den amerikanisch-chinesischen Beziehungen markiert. Wie ordnen Sie diesen Vorfall ein?
Die Ballon-Affäre war ein harter, aber temporärer Rückschlag für die Bemühungen, die Beziehungen zu stabilisieren. Allerdings war schon während des Vorfalls klar, dass es sich wahrscheinlich um einen Aufklärungsballon handelte, der von seiner Route abgekommen war. In den Monaten davor hatten beide Seiten Anstrengungen für einen diplomatischen Push unternommen, um das Verhältnis zu festigen, nicht zuletzt durch einen Pekingbesuch von US-Außenminister Antony Blinken, der dann wegen der Affäre kurzfristig abgesagt wurde. Und offenbar wusste Xi gar nichts von dieser Ballonoperation und war erzürnt über seine Generäle, dass sie diese überhaupt erlaubt hatten. Jedenfalls wurde Blinkens Besuch nach ein paar Monaten der Abkühlung nachgeholt, und beide Seiten haben seitdem ihre Bemühungen fortgesetzt, zum Dialog zurückzukehren.

Die Biden-Regierung hat in jüngster Zeit darauf gedrängt, die Kommunikationskanäle mit der chinesischen Führung wieder zu öffnen und bilaterale Arbeitsgruppen einzusetzen. Erleben wir eine Wende?
Beide Seiten sind sich sehr bewusst, dass das Verhältnis stabilisiert — aber nicht normalisiert — werden muss. Sie wissen um das steigende Risiko, dass die Beziehungen völlig aus dem Ruder laufen und sich zu einer Krise, zu einem Konflikt oder gar zu einem Krieg aufschaukeln. Es besteht also der Wunsch, ein neues Gleichgewicht zu finden, und insbesondere die Biden-Regierung hat darauf gedrängt, Mechanismen zu installieren, um den amerikanisch-chinesischen Wettbewerb «verantwortungsvoll zu managen». Dieser Wettbewerb soll allerdings «ohne Entschuldigungen» weitergehen, wie US-Präsident Joe Biden gesagt hat. Wir sehen nun gewisse Fortschritte, darunter die Wieder-

aufnahme von Dialogen und Arbeitsgruppen, die Peking in Antwort auf den Taiwan-Besuch der damaligen Sprecherin des Repräsentantenhauses, Nancy Pelosi, 2022 gestoppt hatte. Allerdings ist es bislang nicht dazu gekommen, dass es wieder einen substanziellen Dialog zwischen den Militärs beider Seiten gibt, der von entscheidender Bedeutung ist, um militärische Zwischenfälle zu verhindern oder zu managen. Hinzu kommt, dass diese kleinen Schritte in Richtung Stabilisierung auf einem sehr niedrigen Niveau starten, denn das gegenseitige Vertrauen rangiert bei null. Ob es also den beiden Ländern gelingt, einen «neuen Boden» in ihrem Verhältnis einzuziehen, wird davon abhängen, ob es beständige, auf Dauer angelegte Bemühungen auf beiden Seiten in dieser Hinsicht gibt, ähnlich wie die Vereinigten Staaten und die Sowjetunion im Kalten Krieg ihre Rivalität gemanagt haben.

Sie haben über die ungemütliche Lage geschrieben, in der sich Europa befindet. Die Präsidentin der Europäischen Kommission, Ursula von der Leyen, hat im März unter dem Schlagwort de-risking *ihre Vorstellungen zum Umgang mit China skizziert, im Juli hat Deutschland seine Chinastrategie veröffentlicht. Wo steht Europa heute gegenüber China und Amerika?*

Die Lage mag für Europa ungemütlich sein, aber der Kontinent ist ein wichtiger *swing state* im strategischen Wettbewerb zwischen China und den Vereinigten Staaten. Eine Zeit lang schien es, als habe China die Oberhand in diesem Tauziehen um Europas Zuneigung, angesichts der Ausstrahlungskraft des chinesischen Marktes für die europäische Industrie und den Finanzsektor. Als aber Peking 2020 hart gegen Hongkong vorging und Sanktionen gegen Europaabgeordnete verhängte, führte dies dazu, dass das geplante EU-China Investitionsabkommen, bekannt als Comprehensive Agreement on Investment (CAI), auf Eis gelegt wurde. Das CAI wäre eigentlich ein diplomatischer Coup für Peking gewesen. Auch hat China Strafmaßnahmen gegen Litauen wegen dessen Umgang mit Taiwan verhängt, was zu einer europäischen Solidarisierung gegen chinesische Schikanen geführt hat. Kurzum: Für China ist es in Europa zuletzt immer weiter abwärts gegangen, erst recht seit dem russischen Krieg gegen die Ukraine. Daraus resultierend haben wir in den vergangenen Monaten auf nationaler Ebene verschiedener europäischer Staaten, aber auch auf Ebene von EU und NATO, eine Reihe von Strategiedokumenten gesehen, die mit Blick auf China eine viel skeptischere Sprache sprechen, als das in der Vergangenheit der Fall war — wenn es beispielsweise um wirtschaftliche Abhängigkeiten geht, aber auch um Sicherheitsbedrohungen, die von Peking ausgehen, einschließlich in Sachen Technologie. Allerdings muss man auch sagen: Der Begriff *de-risiking* ist letztlich der europäische Versuch, schärfere Forderungen abzuschwächen, die vorher *decoupling* hießen. Europa hat weiterhin bedeutende wirtschaftliche Interessen in China, und diese werden weiter als Bremse gegen einen fundamentalen Bruch mit Peking wirken.

Chinas Volkswirtschaft tut sich derzeit schwer. Voraussagen, sie würde die der Vereinigten Staaten bald überholen, werden neuerdings weniger laut vorgetragen. Wird diese Entwicklung Präsident Xi auf der Weltbühne vorsichtiger agieren lassen, oder ist eher das Gegenteil zu erwarten? Und wird es den strategischen Wettbewerb mit Amerika abschwächen oder nicht?
Ich habe schon viele Jahre lang vorausgesagt, dass der ideologische Angriff Xis auf den chinesischen Privatsektor schwere Folgen für die chinesische Wirtschaft haben wird. Wir sehen nun die Resultate. China kämpft mit starken Widrigkeiten, was das Wirtschaftswachstum angeht, und es zeichnet sich kein klarer Weg ab, der von den gegenwärtigen Trendlinien abweichen würde — zumindest unter Xi

und mit seinen gegenwärtigen politischen und ideologischen Prioritäten, bei denen nationale Sicherheit und «Eigenständigkeit» über Offenheit und wirtschaftlicher Dynamik stehen. Chinas Chancen, die Vereinigten Staaten als größte Volkswirtschaft der Welt überholen zu können, scheinen deshalb zum ersten Mal infrage zu stehen. Dies allerdings wird wahrscheinlich nicht zu einem weniger bestimmten Auftreten Chinas führen, wenn es darum geht, Kerninteressen zu verfolgen, Taiwan eingeschlossen. Allerdings sieht es derzeit danach aus, als würde Xi ein ruhigeres und stabileres äußeres Umfeld bevorzugen, um Zeit und Handlungsspielräume zu gewinnen und um China auf einen stärkeren Wachstumspfad zurückzuführen — er geht davon aus, dass seine Wirtschaftspolitik dazu geeignet ist. Xi wird auch international weiter selbstbewusst auftreten; er hat in den vergangenen Monaten viel in eine diplomatische Offensive investiert, um andere Länder, insbesondere die des Globalen Südens, auf die Seite einer chinesischen Koalition zu ziehen, in dem, was er für ein unvermeidbares Ringen mit den Vereinigten Staaten betrachtet. Wir sahen dies beim BRICS-Gipfeltreffen in Südafrika Ende August. Peking drängte stark darauf, die Gruppe um neue Mitglieder zu erweitern und sie gegen den Westen zu positionieren. Wir sollten also nicht erwarten, dass Xi seine Ambitionen aufgibt, China zu dem zu machen, was er als «starkes Land» auf der Weltbühne bezeichnet.

— September 2023